KB144539

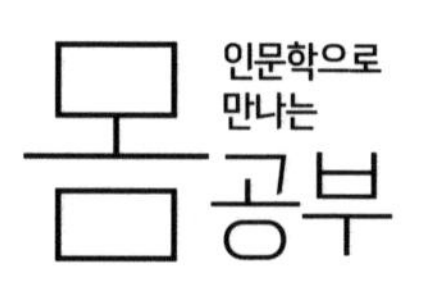
인문학으로
만나는
몸
공부

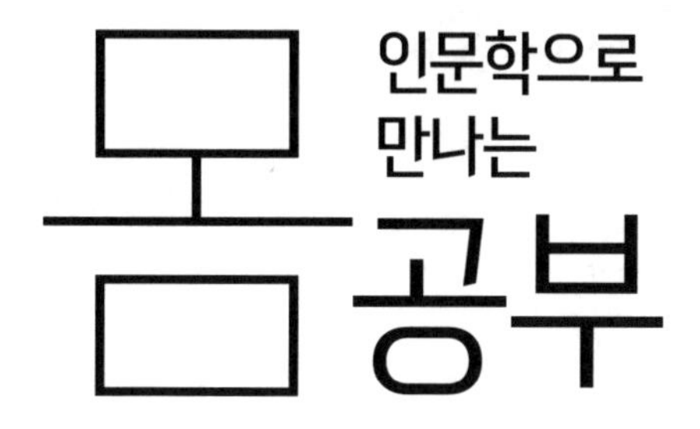

차경남 지음

글라이더

추천의 글▶▶▶

내 몸 공부를 시작할 수 있는 책!

박병모(자생 한방병원 병원장)

예로부터 한의학은 많은 원전과 그 원전들의 번역서, 해석서, 연구 서적, 임상 서적 등 수많은 책과 논문들의 기여로 오랜 기간에 걸쳐 발전해왔습니다. 한의학에는 인체에 대한 단순한 관찰뿐만 아니라 동양 철학의 여러 이론이 녹아 있습니다. 또한, 한의학은 삼라만상과 우주의 법칙, 인간의 사상까지 포함되어 형성된 학문이기도 합니다. 한의학은 근대에 이르러서는 이에 그치지 않고 서양의학의 생리, 병리학, 조직학, 해부학 등을 포괄하여 지속적인 발전을 이뤄냈습니다.

많은 원전의 시작에는 『황제내경』이 있었습니다. 의자醫者들은 이후로도 계속 음양과 오행의 이치로 장부를 설명하고 칠정七情을 논하며 정기신精氣神의 조화를 이야기해왔습니다. 인체를 전인적인 관점에서 바라보는 한의학은 시대적으로 보나 철학적 바탕으로 보나 동양사상과 그 궤를 같이할 수밖에 없습니다. 한의학을 접하면 보통 처음에 논하는 것이 음양입니다. 하지만 잘못된 관습으로 인해 지나친 관념적 사유에만 그치기도 하고 아전인수 격으로 적용하여 잘못을 저지르기도 합니다.

이 책은 동양사상과 서양철학에 대한 깊은 지식과 사유를 심도 있게 풀어내고 있습니다. 그럼에도 독자를 명쾌하게 이해시킨다는 것이 가장 큰 강점입니다. 이 책을 통해 내 몸을 스스로 돌아보고 알기 위해 노력한다면 병이 들기 전 단계인 미병을 치료하는 것(治未病)이 왜 중요한지 깨닫게 될 것입니다.

이 책은 딱딱하고 어려운 의학 전문 서적이 아닙니다. 내 몸 공부와 내 몸을 바라보는 마음공부를 시작할 수 있는 책입니다. 때문에 남녀노소를 막론하고 일독하기를 권합니다. 또한, 소외된 계층을 위해 변호사로서의 변론을 게을리하지 않으면서도 틈틈이 시간을 내어 책을 펴낸 저자의 부지런함에 삼가 경의를 표하는 바입니다.

이제는 모든 것을 조화롭게 누리는 것을 건강한 삶으로 보는 시대, '잘 사는 것'으로 보는 시대가 되었다.
"몸과 마음은 하나요, 불가분의 관계에 있다."
건강해지기 위해서 중요한 것은 조화로운 삶과 습관을 가지는 것이며, 건강해지기 위한 습관을 기르는 것이 중요하다.

– kkandol32

『황제내경』은 처방전을 주는 책이 아니라 몸의 원리를 밝혀주는 책이다. 『황제내경』은 '인간의 몸이란 무엇인가'에 대해 가장 심오한 관점에서 쓰인 책이다.
"과학자는 '실험'을 통해 우주의 근원에 이르고, 구도자는 '수행'을 통해서 우주의 근원에 이르는 것입니다."
앞으로의 건강도 챙길 수 있고, 지금 나 자신의 몸과 마음에 대해서 한번쯤 다시 생각해볼 수 있는 시간을 만들어주는 책을 만난 것 같다.

– tosilbam

'열심히 살지 말자'는 것이다. 저자는 오히려 '무심히 살기'를 추천한다. 열심은 심장에 열이 있는 것으로서 계속 그렇게하면 고혈압, 당뇨, 심장병 등의 병의 원인이 된다고 한다. 무심히 산다는 것은 '평상심을 잃지 않는 것'이라고 정의하고 있다. 명상에 관심을 가진지 거의 20년이 되는데, 제대로 된 책을 이제서야 보다니…! 참 씁쓸하다. 부디 이 책이 베스트 셀러가 되어 한국 사람들의 병을 예방하는 책이 되기를!

- propard

우리가 겪게 되는 기쁘고 슬픈 일 전부가 다 내 책임인 것은 아니라고, 우주적 발현의 원리이고 힘과 힘의 대립문제이니 벗어날 수도 없고, 책임질 수도 없는 부분에 대해서까지 지나치게 고민하거나 슬퍼하지 말라던 글귀가 눈에 참 오래 박혔다.

- kassia

우리 몸에 대해 인문학적인 관점으로 통합적인 접근을 할 수 있었던 책! 특히 나도 이 책을 읽은 뒤로 좀더 동양사상에 입각해 몸을 더욱 건강하게 할 수 방법들, 예를들면 호흡을 깊게 천천히 하기 등과 같은 일상 생활에서 할 수 있는 양생법들을 많이 실천해야겠다는 생각이 들었다. 평소에 동양의학, 한의학쪽에 관심이 많았던 사람이라면 눈여겨 봐도 좋을 책인 듯 싶다.

- 메이콩

실은 피모 이전에 기와 마음을 다스리는 것이 근본이다. 그래서 진정한 명의는 도(道)로써 치유한다고 책은 말한다. 정, 기, 신 삼보(三寶)를 보양하고, 수승화강의 원리로 자율신경계와 몸의 밸런스를 바로잡고, 저자가 말하는 '회광반조'를 통해 내면의 심연을 돌아보는 수행을 하면 어떨까 싶다. 노자의 '허정'과 장자의 '좌망', '심재'의 지혜로, 도로써 병의 근본을 치유하는 관점도 한번쯤 새겨들을 만하지 않을까.

- appusha

내 몸, 온전히 알 수 있는 몸 공부!
이 책 한 권이면 생경하다고 생각되는 모든 걸 쉽게 극복할 수 있을 것으로 기대된다. 책에서는 우리가 쉽게 접할 수 있는 의료관련 상식, 아직은 어렵게만 생각할 수도 있는 고전 속 건강관련 지식(용어)들을 쉽게 이해할 수 있도록 비교하고 비유해 가며 구체적으로 폭 넓게 설명하고 있다. 『인문학으로 만나는 몸 공부』를 통해서 우리 몸을 더듬어 보는 지식은 병난 환자를 고치는 의사의 지식이 아니라 몸 상태, 우리 몸에서 일어나고 있는 유무형의 관련성들을 미리 살필 수 있는 한 발 앞선 몸 공부 지식이 될 거라 기대된다.

– 浮雲(zzzohmy)

방송을 보면 건강해지기 위해서 좋은 음식을 먹을 것을 강조하고 있다. 그건 우리 사회가 자본주의 사회이며 물질을 더 중시하기 때문이다. 그렇지만 건강해지기 위해서 중요한 것은 조화로운 삶과 습관을 가지는 것이며, 건강해지기 위한 습관을 기르는 것이 중요하다.

– 깐도리

현대는 바야흐로 통섭과 융합의 시대다. 상이한 학문들을 황제내경과 융합시켜 기(氣)를 원료로 저자가 진설한 맛깔스런 음식을 천천히 음미하면서 저자의 레시피대로 따라하기만 하면 우리도 기(氣)를 다스리는 대가가 될 수 있다. 병든 현대인에게 '몸 공부' 처방전을 내려준 저자에게 감사드린다.

– lsk3092

한의학에 대한 책을 처음 읽다보니 너무 신기한 내용이 많았다. 스트레스에 지친 몸의 면역력을 높이는 방법이 궁금한 사람들은 누구라도 한 번 읽어볼 것을 추천고 싶은 책이다. 건강을 지키는 기본원리를 알찬 내용의 책으로 펴낸 작가에게 감사드린다.

– 허브

인체에 이토록 많은 철학이 녹아 있다니, 저자의 동 · 서양 철학의 깊이에 경탄할 따름이다.

– 섬사람

호흡법의 중요함을 새삼 깨닫게 해주는 감사한 책이다.

– pig4864

오진액이 서로 어떻게 연결되었는지를 읽어보니 인체가 더 신비하게 느껴진다.

– 터프가이

동양과 서양의 조화로운 건강 내용에 대해 모르는것을 많이 배울 수 있어 좋아요!

– kilssin

노장사상을 통해 인간의 몸과 우주 만물의 원리를 쉽게 알 수 있는 단단한 책!!

– yesorno

황제, 양생의 도를 말하다

고대 동양에 인간과 우주를 탐구하는 두 가지 경향이 있었습니다. 하나는 눈에 보이지 않는 마음을 탐구하는 것이고, 하나는 눈에 보이는 몸을 탐구하는 것이었습니다. 마음을 탐구하다 우주의 큰 도를 깨우친 이가 노자라면, 몸을 탐구하여 또 다른 측면에서 양생의 도를 깨우친 이가 황제라 할 수 있습니다. 우주의 큰 도는 두루 통하여 미치지 않는 곳이 없습니다. 그 도는 하늘에도 미치고 땅에도 미치며, 마음에도 미치고 몸에도 미칩니다. 그러므로 황제의 도는 노자의 도가 될 수 있고, 노자의 도는 황제의 도가 될 수 있는 것입니다. 그만큼 그 둘은 일맥상통합니다. 이를테면 노자가 자신의 깨달음을 철학으로 풀어냈다면, 황제는 같은 깨달음을 의술로 풀어낸 것입니다.

황제가 깨우친 양생의 도, 이것을 책으로 정리한 것이 바로 『황제내경』입니다. 『황제내경』은 위대한 책입니다. 그것은 전 세계에 유일

무이한 몸에 관한 경전이며, 의술의 바이블이며, 양생의 책입니다. 저는 이 위대한 몸의 경전 『황제내경』을 세상에 알리기 위해 이 책을 썼습니다.

천지 만물은 광물, 식물, 동물, 인간 할 것 없이 모두 하나의 기氣로 이루어져 있습니다. 이른바 만물일기萬物一氣입니다. 이 우주적인 기의 거대한 이합집산, 이것이 우리 눈에 천지창조와 천지 괴멸로 나타나는 것입니다. 그리고 그사이에 우리 인간의 생生과 사死가 있으며, 또 생사의 사이에 우리 몸의 노老와 병病이 있습니다. 생은 기가 합해진 것이며, 사는 기가 흩어진 것이고, 노는 기가 쇠해진 것이며, 병은 기가 엉킨 것입니다. 기가 원활히 흐르지 못하고 어느 한 곳에 엉켜 정체되는 것, 이것이 병의 시작입니다. 그래서 『황제내경』은 인간의 병에 대해 이렇게 말합니다.

百病生於氣 (백병생어기)

모든 병은 기에서 시작된다.

이것은 놀라운 말입니다. 세상의 모든 의사들이 병의 시작을 혈액과 종양에서 찾는데, 『황제내경』만은 그것을 기에서 포착합니다. 혈액과 종양에서 병의 시작을 찾으면 이미 늦습니다. 종양은 피血가 탁해져 오는 것이고, 피의 탁함은 기의 탁함에서 오는 것이기 때문입니다.

기氣란 에너지입니다. 서양의학은 세포학에서 시작하지만, 모든 세포 이전에 기가 있습니다. 에너지가 물질이 되듯이, 기가 세포가 되는 것입니다. 그러므로 기가 중요합니다. 『황제내경』을 공부한다는 것은 보이는 몸 너머에 있는 보이지 않는 기에 눈 뜬다는 것을 의미합니다. 그래야만 예방의학이 가능하고, 자가치유가 가능하며, 양생의 도를 익힐 수 있는 것입니다. 인간의 몸은 기를 통해 우주와 연결된 '생명체'이지 근대 서양의학에서 말하는 것과 같은 '살덩어리'가 아닙니다. 인간의 몸을 살덩어리로 보면 단순한 치료의 객체가 될 뿐이지만, 우주적인 에너지가 들락거리는 생명체로 보면 그때부터는 이야기가 달라집니다. 몸은 더 이상 치료의 객체가 아닌 치유의 주체가 되고, 피동적인 수술대상이 아니라 능동적인 예방의학과 양생술의 주인이 됩니다. 우리 인간의 몸에 대해 이런 말을 해주는 책이 바로 『황제내경』입니다. 부디 황제가 전하는 양생의 도를 익혀 장생불사 하시기를 바랍니다.

"몸과 마음은 하나요, 불가분의 관계에 있다."

2017년 9월

경기도 청평에서

제3강 : 음양을 알면 건강이 저절로 따라온다 (음양Ⅰ)

제4강 : 멘델레프는 『주역』을 알았을까? (음양Ⅱ)

제5강 : 천지만물은 오행을 벗어날 수 없다 (오행Ⅰ)

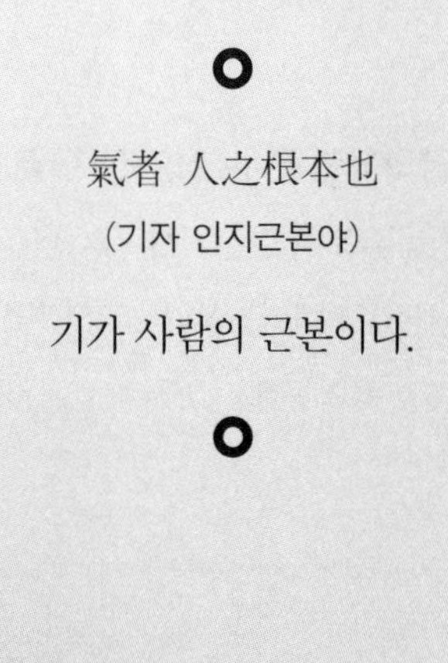
氣者 人之根本也
(기자 인지근본야)
기가 사람의 근본이다.

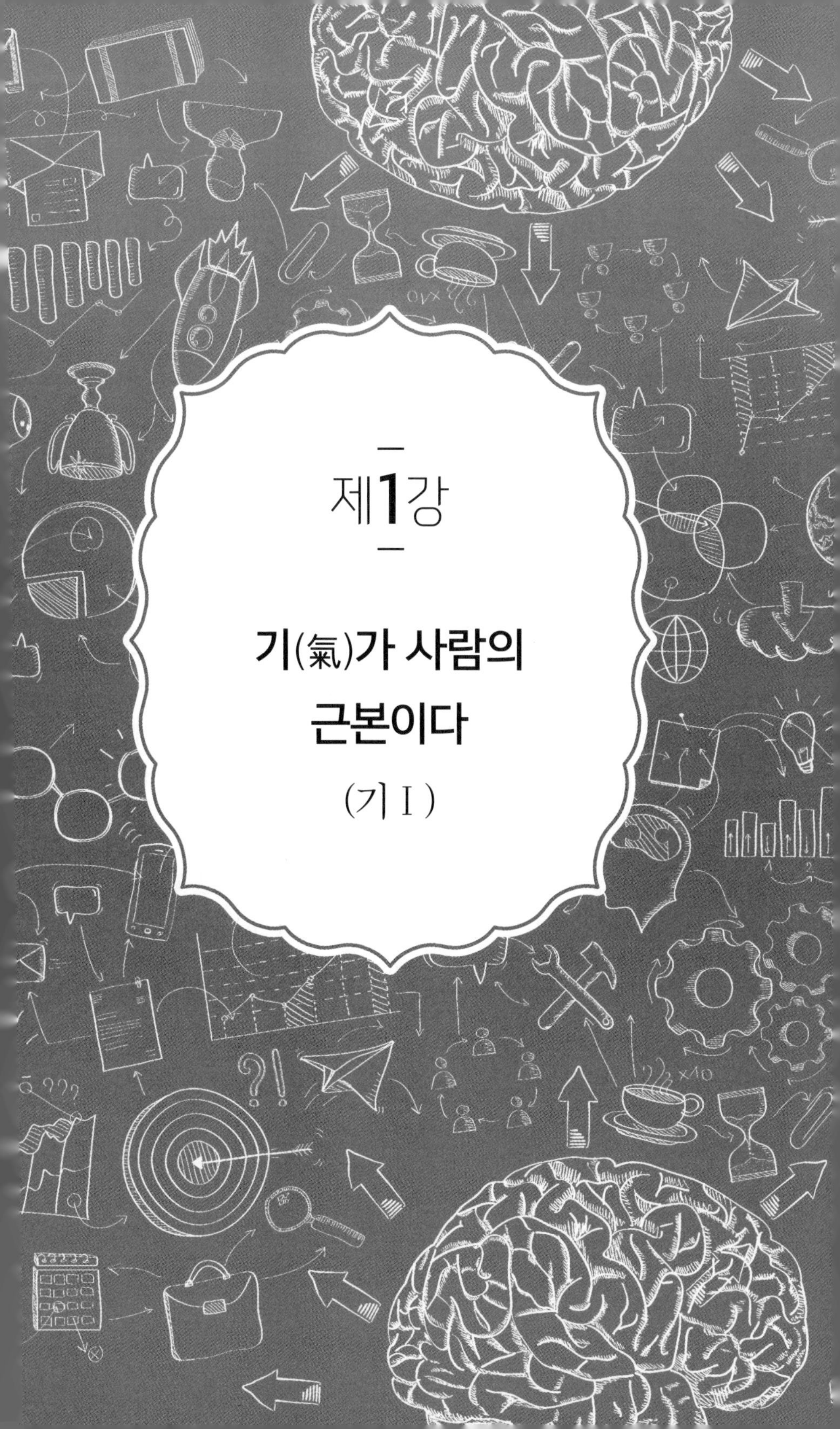

제1강

기(氣)가 사람의 근본이다

(기 I)

1
몸과 천지만물의 원리,
그리고 황제내경

우리가 높고 심오한 공부를 하는 것도 좋지만, 내 몸속의 오장육부도 모르면서 천지 만물의 이치를 논한다는 것이 말이 될까요? 몸이 건강해야 무엇이든 할 수 있습니다. 공부할 때에는 가닥을 잘 잡아야 합니다. 큰 공부 한다고 마음만 앞서가다 쓰러진 철학자, 수행자가 절대로 적지 않습니다. 이들의 특징은 자기가 세상을 구제하려 한다는 것인데, 실상은 자기 몸 하나도 구제 못 해서 허구한 날 어디가 아프다는 소리를 달고 삽니다. 제 몸 하나 제대로 관리 못 하면서 어떻게 가족을 돌보고 사회의 일원으로 세상을 만들어가겠습니까?

그래서 이제부터 하려는 공부가 몸 공부입니다. 어찌 보면 몸 공부 안에 더 생생한 천지 만물의 이치가 들어있는지도 모릅니다.

몸과 마음(결국은 하나지만)에 대한 수행자들의 태도는 조금씩 다릅니다. 불교는 마음공부에 너무 치우쳐 있어서 승려 중에 의외로 환자가 많습니다. 그 좋은 수행을 하는데 왜 환자가 많을까요? 모든 공부에는 절차와 단계가 있는 법인데, 그것들을 모두 무시하고 그냥 돈오돈수頓悟頓修의 세계에 뛰어들기 때문입니다. 이러면 위험합니다. 이렇게 되면 기氣가 역상하는 상기병이 생깁니다. 이 병에는 약도 없습니다.

반면, 도교는 너무 몸에 치우쳐 있습니다. 이들이 추구하는 바는 그저 불로장생이고 웰빙(well-being)일 뿐, 그다음이 없습니다. 이런 삶의 방식은 겉만 번지르르한 것입니다. 이것은 노자, 장자가 추구하던 세계가 아닙니다. 도교는 이러한 점에서 도가(道家, 노자 · 장자의 철학)와 구분됩니다. 도교는 가장 심오한 부분에서 도가의 핵심적 사유를 왜곡시킨 면이 있습니다.

이제 불교와 도교, 이 둘을 하나로 합하는 작업을 할 것입니다. 그러려면 몸 공부가 필요하겠지요? 그래야 우리의 심신이 조화로워집니다.

『황제내경』, 의학의 바이블

『황제내경』의 황제(黃帝, Yellow Emperor)는 중국 전설상의 임금입니다. 그는 노자老子와 동급의 깨달음을 지닌 이로, 같은 깨달음을 노자는 철학으로, 황제는 의술로 풀었습니다. 그래서 황제의 도는 가깝게 다가옵니다. 그는 먼 이야기를 하지 않습니다. 『황제내경』은 가장 오래된 중국의 의학서로, 전설에 따르면 황제는 BC 2000여 년 사람입니다. 하지만 『황제내경』은 AD 1세기경 한漢나라 때의 저작입니다. 즉, 이 책은 노자로부터 500여 년이 지난 이후에 써졌다는 것이 최근의 연구결과입니다. 『황제내경』에는 노자가 말했던 도와 기와 음양

▲후대 화가가 상상해서 그린 황제 모습

黃帝內經

後附靈樞

이 바탕에 깔려있고, 또 무위자연에서 양생의 도를 구하는 태도 등이 나타나는데, 이는 모두 노자의 우주론과 철학을 계승하고 있음을 말해줍니다.

그래서 '황로'(黃老, 황제와 노자)라는 글자는 항상 붙어 다니고 또 그런 연유로 '황로학'(黃老學, 황제와 노자의 학문을 융화시키려는 태도)이 유행했던 것인지도 모릅니다. 황제를 둘러싼 전설과 역사는 확실히 불일치합니다. 그래서 저는 앞으로 황제를 BC 2000년의 신비로운 인물로 다룰 것입니다. 전설적인 임금이 전설적인 명의와 문답을 주고받는 가운데에서 우리는 그들의 대화에 귀를 기울이며 그 안에서 옥석을 가려낼 것입니다.

『황제내경』은 주로 황제와 신하 기백岐伯간의 대화로 이루어진 상하 두 권의 책으로 되어있습니다. 상권이 『소문素問』이고 하권이 『영추靈樞』인데, 『소문』도 81장, 『영추』도 81장으로 되어있습니다.

노자의 『도덕경』 역시 81장으로 되어있습니다. 고대인들은 숫자 9를 최고의 수로 봤기 때문에 이에 9를 곱한 81을 매우 신성시했습니다. 고대에 이 방법을 처음 선보인 사람이 바로 노자입니다.

『황제내경』 두 권이 모두 이러한 『도덕경』의 방식을 계승하고 있습니다. 이것은 『황제내경』의 저자들이 노자에게 바치는 존경의 표시일 것입니다.

『소문』은 양생의 도를 논하는 것인데, 음양오행, 오장육부, 정기신精氣神, 근골피筋骨皮 등을 다룬 것으로 총론이고, 『영추』는 이를 좀 더 구체적으로 다루면서 특히 침술에 대해 상세히 기술하고 있는 각론에 해당합니다. 그러므로 책을 볼 때는 『소문』을 먼저 보는 것이 순서입니다.

『황제내경』은 단순한 의학서가 아닌 자연과 우주에 대한 방대한 지식을 체계화해놓은 자연철학서입니다. 또한 서양의학 서적들과 달리 인간을 분리된 객체로 보지 않고, 자연의 일부로 보고 통합적이고 유기적인 관점에서 인간을 기술합니다.

이 점이 중요합니다. 이것이 우리 시대에 『황제내경』이 지닌 커다란 가치라 할 수 있습니다. 서양의학은 이제야 겨우 이런 유기적 우주관에 눈 뜨고 있습니다. 앞으로는 인간을 분리된 객체로 보는 서양의학적 관점보다 인간을 우주와 연결된 유기적 존재로 보는 동양 의학적 관점이 널리 퍼지게 될 것입니다. 그 흐름의 중심에 놓인 것이 바로 『황제내경』입니다.

2
기,
주술에서 과학으로

『황제내경』은 하늘(天)-땅(地)-인간(人)이 상호연결된 방대한 체계입니다. 그리고 이 방대한 체계 전체는 하나의 개념으로 관통합니다. 그것이 바로 '기氣'입니다. 『황제내경』의 저자는 온 우주가 기로 꽉 차 있다고 보았으며 이 기가 천지인 사이에서 어떻게 작동하는지 음양과 오행으로 풀어냈습니다. 여기서 중요한 것은 인간의 질병에 대해 『황제내경』은 초자연적 · 주술적 해석을 거부했다는 사실입니다. 선사시대에는 질병을 주로 신이나 악령의 소행으로 보았습니다. 그런데 『황제내경』은 이를 철저하게 기 · 음양 · 오행의 개념으로 해석한 것입니다. 이게 중요한 점입니다. 이 책은 오히려 미신에서 과학으로의 이행을 보여주는 책이고 주술에서 의학으로의 발전을 보여주는 책입니다.

『열자列子』에 보면 이런 말이 있습니다.

태초는 기의 시작이며,

태시는 형의 시작이다.

太初者, 氣之始也,

太始者, 形之始也

즉, '태초에 기가 있었다.'는 말입니다. 이는 노자, 장자의 태허일기太虛一氣와 유사한 관념입니다. 열자는 노자, 장자의 제자 격으로 황제와 비슷한 사유 경향을 보입니다. 그에 따르면 기가 있고 형이 있는데 형이란 눈에 보이는 개개의 사물이며 기란 눈에 보이지 않는 에너지라는 것입니다. 즉, 형은 가시계에 있고 기는 가시계 밖에 있다는 것입니다.

기氣 : 에너지 [보이지 않고 만질 수 없음]

형形 : 물질 [보이고 만질 수 있음]

기와 형, 이 두 가지가 동양사상의 2대 축입니다. 동양사상은 철학 · 의학 · 천문학 할 것 없이 모두 이 두 가지 축으로 돌아갑니다. 동양의 현인들은 하나같이 형 이전에 기가 존재한다고 봤습니다. 이것이 동양사상의 현저한 특질입니다. 이에 반해 서양에서는 기의 존재를 인정하지 않았습니다. 정확히 말하자면 기의 존재를 몰랐다고 하는 것이 옳을 것입니다. 서양의 모든 학문은 처음부터 형에서 시작합니다. 형을 쪼개면 그 안에 또 형이 있고 또 쪼개면 그 안에 또 형이 있다는 것이 서양방식입니다. 그러나 동양적 사유방식의 핵심은 '기'에 있습니다. 동양의 현자들은 모든 사물의 배후에서 '기'를 봤습니다.

서양 : 형形 → 형形

동양 : 기氣 → 형形

형에서 형을 찾는 이러한 서양적 사유방식의 시발점은 그리스의 철학자 데모크리토스(Democritos)입니다. 이 사람이 원자론을 확립한 사람입니다. 이 데모크리토스의 원자론을 철학의 영역에서 형이상학적으로 수용한 사람이 바로 플라톤입니다. 플라톤의 이데아론은 데모크리토스의 원자론에서 그리 먼 이론이 아닙니다. 이데아라는 것은 정신의 영역에 있는 원자 같은 것을 찾아보자는 것입니다. 유심히 보면 플라톤의 이데아론(형상이론)도 형의 배후에서 또 다른 형을 찾는 이론에 불과합니다.

데모크리토스(Demokritos, BC 460경~370경) 고대 그리스의 철학자로 원자론 발전에 중요한 역할을 했다.

기(氣)와 형(形)

무극無極 - 태극太極 - 음양陰陽 - 오행五行 - 만물萬物

이것이 동양철학의 전모를 보여주는 단어입니다. 그저 평범한 글자 몇 개로 보이겠지만, 이 안에는 말로 다 할 수 없는 어마어마한 통찰과 사유가 함축되어 있습니다. 이 열 글자를 다 깨우친 사람은 지구상에서 이제 더 이상 배울 것이 없을 것입니다. 이 글자 열 개 안에 천지창조와 천지괴멸이 모두 들어있습니다.

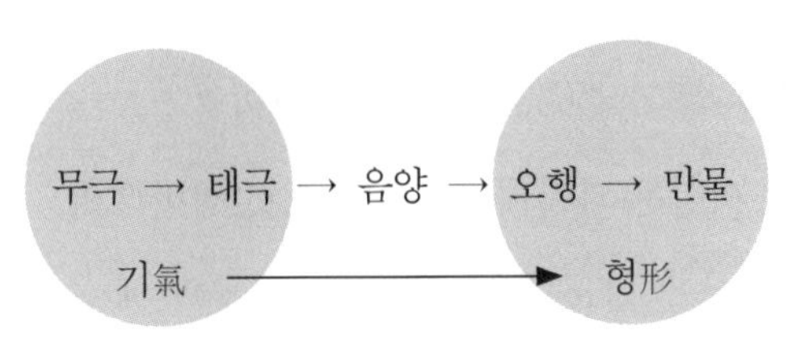

(에너지가 물질화하는 과정)

이 우주는 누가 도깨비 방망이를 들고 뚝딱 만들어낸 것이 결코 아닙니다. 그런 우주는 어린아이들의 동화와도 같은 이야기이며, 우리 인류의 유년기인 석기시대적 사유의 유물입니다. 이 우주는 에너지에서 시작된 것입니다. 우주는 에너지의 자기전개요, 자기 분화입니다. 창조하는 것과 창조되는 것이 절대 다르지 않습니다. 창조하는 것은 에너지요, 창조되는 것은 물질입니다. 우주의 천지창조에서 실제로 행해지고 있는 일은 '에너지(氣)'가 끊임없이 '물질(形)'이 되는 것입니다. 우리의 눈에는 그 과정이 보이지 않지만, 우주의 에너지는 인간의 눈이 미치지 못하는 곳에서 거대한 창조와 괴멸을 준비합니다.

그러나 종래 서양 철학자 중에는 위와 같이 생각하는 사람이 아무도 없었습니다. 그들은, 에너지는 에너지고 물질은 물질이어서 양자가 교류한다는 것은 결코 있을 수 없다고 생각했지만, 동양은 그렇게 보지 않습니다. 동양적 사유에 따르면 에너지가 곧 물질이 됩니다. 동양 철학자들은 이를 '이기교감 만물화생'(二氣交感 萬物化生, 기가 교감하여 물질이 된다)이라고 했습니다.

서양 : 에너지 $\neq$ 물질

동양 : 에너지 $=$ 물질

동양이, 만물이 기에서 시작됐다는 일원론적인 우주론을 견지하고 있는 동안, 서양은 과학이라는 이름으로 정반대의 길로 나아가 이원론적인 우주론에 당도했습니다. 19세기 중반에 '에너지의 형태가 다양하게 변화해도 에너지의 총량은 변함이 없다'는 '에너지 보존의 법칙'을 발견했습니다. "태초에 이 우주를 형성시켰던 에너지의 총량은 결코 변하지 않을 것이며, 눈곱만큼도 줄어들지 않을 것이다. 때로는 화산으로, 해일로, 바람과 천둥번개로 에너지의 형태는 변할지 몰라도 이 우주 에너지의 전체 양에는 아무런 변동도 생기지 않는다." 이것이 에너지 보존의 법칙으로 서양이 발견한 가장 기본적인 물리 법칙 중의 하나입니다.

- 『$E=mc^2$』, 데이비드 보더니스, 생각의 나무, 39쪽 참조

서양에서는 이 '에너지 보존의 법칙'이 발견되기 100년 전에 이미 '질량 보존의 법칙'이 확립되어 있었습니다. 질량 보존의 법칙은 프랑스의 라부아지에(Lavoisier)가 발견했습니다. 질량 보존의 법칙이란 화학반응 전후에 있어서 반응에 참여한 물질의 총 질량과 반응 후 생성된 물질의 총 질량이 같다는 것입니다. 라부아지에는 철이 녹스는 과정을 연구하다 이 법칙을 발견했습니다. 철이 부식되면 녹이 떨어져 나가 무게가 줄어들 줄 알았는데 측정을 해보니 예상과 달리 철의 무게가 늘어난 것이었습니다.

정밀조사 결과 그는 철의 부식이 결국은 산소에 의한 철의 산화라는 점을 알게 되었고, 산화되는 과정에서 철에 달라붙은 산소의 무게만큼 철의 무게가 늘어났음을 밝혀낸 것입니다. 그러니까 처음 반응에 참여한 물질이 철 10그램, 공기 10그램이었다고 한다면 반응 후 생성된 물질은 철 12그램, 공기 8그램으로써 우리 눈이 속은 것뿐이지 물질의 총 질량은 20그램으로 같은 것입니다. 이것이 질량 보존의 법칙입니다.

이것을 질량 불변의 법칙이라고도 하고 물질 불변의 법칙이라고도 합니다. "우주에 있는 여러 물질들(나무, 바위, 철 등)을 태우거나 부수거나 녹슬게 하더라도 그것들은 절대 소멸하는 것이 아니다. 그것들은 우리 눈에 보이지 않는 것뿐이지 다른 물질과 재결합하여 우주를 떠돌아다닌다. 따라서 총질량은 언제나 그대로이다." 이것이 질량보존의 법칙입니다.

에너지 보존의 법칙(law of conservation of energy) 에너지가 다른 물체로 이동하거나 형태가 바뀌어도 에너지의 총합은 변하지 않는다는 법칙.

질량 보존의 법칙(law of conservation of mass) 물질이 화학 반응에 의해 다른 물질로 변화하여도 반응 이전 물질의 모든 질량과 반응 이후 물질의 모든 질량은 변하지 않고 항상 일정하다는 법칙. 1774년에 라부아지에가 발견하였으며, 근대 과학의 기초가 되었다.

라부아지에(Antoine-Laurent Lavoisier, 1743.8~1794.5) 프랑스의 화학자이다. 근대화학의 창시자로 과학의 여러 분야뿐만 아니라 공공분야에서도 많은 업적을 남겼다.

3
아인슈타인과 동양사상

질량 보존의 법칙은 18세기에 나온 것이고, 에너지 보존의 법칙은 19세기에 나온 것입니다. 그런데 문제는 이러한 훌륭한 이론들이 각자 상호 간에 아무런 연결도 없다는 점입니다. 둘은 단절된 이론입니다.

'에너지는 에너지고 질량은 질량이다.' 이것이 서양의 기본 관점입니다. 그래서 서양에서는 이 중요한 두 개의 법칙이 완전히 다른 것으로 취급되어 그 후 200여 년간 따로 놀게 되었던 것입니다. 이 점이 동양과 매우 다른 점입니다.

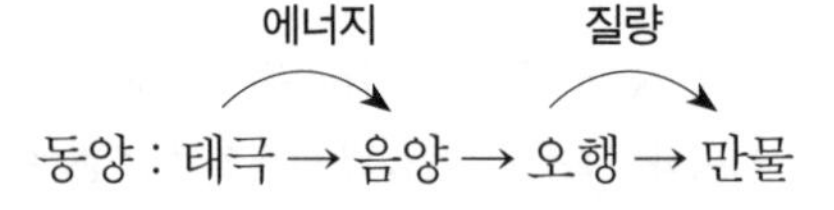

서양 : 에너지 보존의 법칙 ≠ 질량 보존의 법칙

위의 정리된 내용을 보면 동양은 '에너지(氣)=질량(形)'이고, 서양은 '에너지≠질량'이라는 것인데 동양과 서양 중 어느 쪽이 맞는 것일까요? 이 의문을 해결하는 데에는 200년의 시간과 한 사람의 천재가 필요합니다. 그 천재는 바로 아인슈타인입니다.

알버트 아인슈타인(Albert Einstein, 1879.3~1955.4) 독일 태생의 미국 이론물리학자이다. 그의 일반 상대성이론은 현대 물리학에 혁명적인 지대한 영향을 끼쳤고, 1921년 광전효과에 관한 기여로 노벨 물리학상을 수상하였다.

아인슈타인의 상대성 이론은 잘 알다시피 $E=mc^2$입니다. 여기서 E는 에너지이고 m은 물질의 질량입니다. c는 빛의 속도로 상수입니다. 그러므로 이 공식은 에너지(氣)와 물질(形)이 상호 교환된다는 뜻을 가집니다. 아인슈타인의 상대성 이론이란 에너지와 물질이 상호 단절된 것이 아니라 서로 통하고 연결된다는 것입니다. 그는 서양에서 에너지와 물질이 서로 교류한다는 것을 처음 발견했고 그의 '특수 상대성 이론'은 서양을 큰 충격과 혼란 속에 빠뜨리며 등장한 이론입니다. 그 이론의 내용이 다분히 동양 철학적이었기 때문인데요, 종래의 서양철학과는 너무나 달랐습니다.

원래 동양철학에서는 만물을 기의 이합집산으로 설명합니다.

'우주의 기는 모이면 물질이 되고 흩어지면 허공이 된다.'는 것입니다. 그렇지 않다는 것이 바로 데모크리토스의 원자론인데, 원자론은 물질은 물질이고 허공은 허공이라는 이론입니다. 그래서 입자(물질)는 결코 허공이 될 수 없다는 것입니다. 그런데 갑자기 아인슈타인이 나타나더니 데모크리토스를 내던지고 저 구닥다리 동양 철학적 관점을 들고나온 것입니다. 그게 바로 $E=mc^2$입니다.

$$E \underset{\text{팽창}}{\overset{\text{농축}}{=\!=\!=}} mc^2$$

에너지(E)가 농축되면 질량(m)이 되는 것이며 질량이 팽창하면 에너지가 되는 것입니다. 그 교환의 비율은 c^2배(혹은 $1/c^2$배)입니다. 그러므로 우리는 아인슈타인의 특수 상대성 이론을 '에너지와 질량 상호교환의 법칙'이라고 불러도 무방합니다.

에너지와 물질의 '호환성互換性'을 말해주는 아인슈타인의 공식이 인류역사상 최초로 드러난 곳이 노자의 『도덕경』일 것입니다.

『도덕경』 제42장을 보면 노자가 이렇게 말합니다.

道生一 (도가 하나를 낳고)
一生二 (하나가 둘을 낳고)
二生三 (둘이 셋을 낳고)
三生萬物 (셋이 만물을 낳는다)

여기서 도道란 무극이고, 하나(一)란 태극이며, 둘(二)이란 음양이며, 셋(三)이란 음양에다 충기沖氣를 합한 세 가지 기운입니다. 이러한 우주의 세 가지 기운이 조화되어 만물이 생성된다는 것입니다. 즉, '도'에서 부터 일, 이, 삼까지는 에너지(E)이고 이 에너지로부터 만물의 질량(m)이 나온다고 노자가 말한 것입니다. 노자의 이 말은 얼핏 보면 아무것도 아닌 것 같지만 내용을 알고 보면 실로 엄청난 이야기를 담고 있는 것이라 할 수 있습니다. 노자는 형 배후에 근원적 참 실재로서 기가 존재함을 이렇게 표현했던 것입니다.

위의 설명은 도교의 설명방식인데 그렇다면 불교의 설명방식으로는 무엇이 있을까요? 『불경』 중에도 아인슈타인의 $E=mc^2$의 기본 통찰을 선취하고 있는 구절이 있습니다. 『반야심경』의 '색즉시공色卽是空'이 바로 그것입니다.

色卽是空(색즉시공) 색이 즉 공이다.

색色이란 물질(m)이고 공空이란 에너지(E)입니다. 그러므로 '색즉시공 공즉시색色卽是空 空卽是色'이란 물질이 곧 에너지요, 에너지가 곧 물질이라는 의미입니다. 불교의 창시자 석가모니와 도교의 창시자 노자는 2,500년 전에 지구의 다른 쪽에 살면서 거의 동시에 비슷한 말을 남겼습니다.

석가모니는 이것을 물리 실험을 통해서 안 것이 아니라 도를 깨우쳐서 알게 된 것입니다. 그는 도를 깨우쳐 물질을 넘어선 경지에까지 갔습니다. 그리하여 그는 완전히 물질을 넘어선 어떤 궁극의 자리에까지 가서 거기서 거대한 에너지를 발견했던 것입니다. 그렇지 않으면 이런 말을 할 수가 없습니다. 자기가 보고 체험했기 때문에 이렇게 말할 수 있는 것이지요. 그래서 석가모니는 '색즉시공'을 자기 철학의 핵심으로 삼게 된 것입니다.

석가모니는 이렇게 말했습니다.

"물질은 영원하지 않다. 물질은 언젠가는 해체될 수밖에 없다. 해체된 물질은 거대한 에너지로 돌아갈 것이다. 그리고 그 에너지는 언젠가 다시 원인과 조건을 따라 물질이 될 것이다."

지금껏 우리는 아인슈타인과 노자와 붓다가 거의 비슷한 관념을 가졌음을 살펴보았습니다.

아인슈타인 : $E=mc^2$

노자 : 道生一, 一生二, 二生三, 三生萬物

붓다 : 色卽是空 空卽是色

이 세 개의 공식은 존재의 가장 깊은 의미에서 하나로 통하고 있습니다. 저 위대한 세 인물은 각자 자신의 말에 방점을 찍는 부분이 다르겠지만 그런데도 그들의 말은 근원에서 일치합니다.

즉, '우주의 근본은 기氣이다'라고 말하고 있습니다.

『황제내경』과 $E=mc^2$

천지 만물의 배후에 기가 있습니다. 이 기가 우주에 가득 차 있습니다. 기는 뭉치면 입자가 되고 흩어지면 허공이 되는 우주적 에너지입니다. 반면에 물질은 기의 이합집산에 따른 일시적 가합물입니다. 이것이 노자가 보는 기와 형의 관계입니다.

그러나 서양 사회에서는 이와는 반대되는 데모크리토스의 원자론 관점이 주류를 이루었습니다. 그의 이론에 따르면 한 번 입자는 영원한 입자라는 것입니다. 그 후 데모크리토스의 이 원자론이 과학의 정설로 굳어져 2,000년간 서구학문 전체를 지배했습니다. 그 결과 서양은 입자론적 세계관을 갖게 되었고 동양은 파동론적 세계관을 갖게 되었습니다.

노자와 데모크리토스는 서로 얼굴도 본 적 없고 말 한마디도 섞어보지 못했지만 둘은 근본에 있어서 대립했던 두 개의 정신입니다. 이 대립하는 정신으로 동양과 서양은 완전히 다른 세계가 되었습니다. 그렇게 2,000년의 세월이 흐른 최근에서야 두 세계가 다소 가까워지기 시작했는데, 그것은 20세기에 출현한 양자역학과 상대성이론 덕택이었습니다.

아인슈타인은 독일 철학자 쇼펜하우어(Schopenhauer)의 글을 즐겨 읽었다고 하는데, 그의 책을 읽다 보면 쇼펜하우어 이야기가 심심찮게 나옵니다. 쇼펜하우어는 당대 유럽에서 불교와 도교에 대해 가장 해박했던 인물입니다. 그의 책 곳곳에서 그가 『불경』, 『도덕경』, 『주역』을 연구했음을 보여주는 글귀들을 허다하게 발견할 수 있습니다.

$E=mc^2$(E = 에너지, m = 질량, c = 진공 속의 빛의 속도) 에너지 = 질량x광속의 제곱

'질량 – 에너지 등가(mass-energy equivalence)는 모든 질량은 그에 상당하는 에너지를 가지고 그 역 또한 성립한다(모든 에너지는 그에 상당하는 질량을 가진다)'는 개념인데, '질량이 에너지가 된다는 공식'이 아니라 질량도 에너지의 일종이라는 것을 말해주는 공식이다. 프리츠 하즈넬의 1904년 논문에서 $E=8/3mc^2$의 꼴로 처음 발표된 뒤 알베르트 아인슈타인의 1905년 논문에서 $E=mc^2$ 로 발표되었다. 후에 하즈넬은 계산실수를 찾아 $E=4/3mc^2$로 고쳐 논문을 다시 냈지만 여전히 $E=mc^2$ 과 모순되는 결과를 보인다. 이에 대한 해석은 아직도 완벽하게 해결되지 않고 있다.

아마 그런 점에서 아인슈타인이 쇼펜하우어의 영향을 받았다고도 볼 수 있을 것입니다.

$E=mc^2$라는 공식은 과학자만이 아니라 일반인들에게도 무언가 의미심장한 것을 상기시켜줍니다. 그것은 다름 아닌 '이 우주 만물은 기氣로 이루어졌다'라는 사실입니다. '우주의 근본은 기이다'라는 것이 노자의 관점이자 아인슈타인의 관점이며 『황제내경』의 관점입니다.

형의 배후에서 기를 보는 것이, 『황제내경』이 인체를 보는 관점입니다. 『황제내경』은 이렇게 말합니다.

氣者 人之根本也

기가 사람의 근본이다.

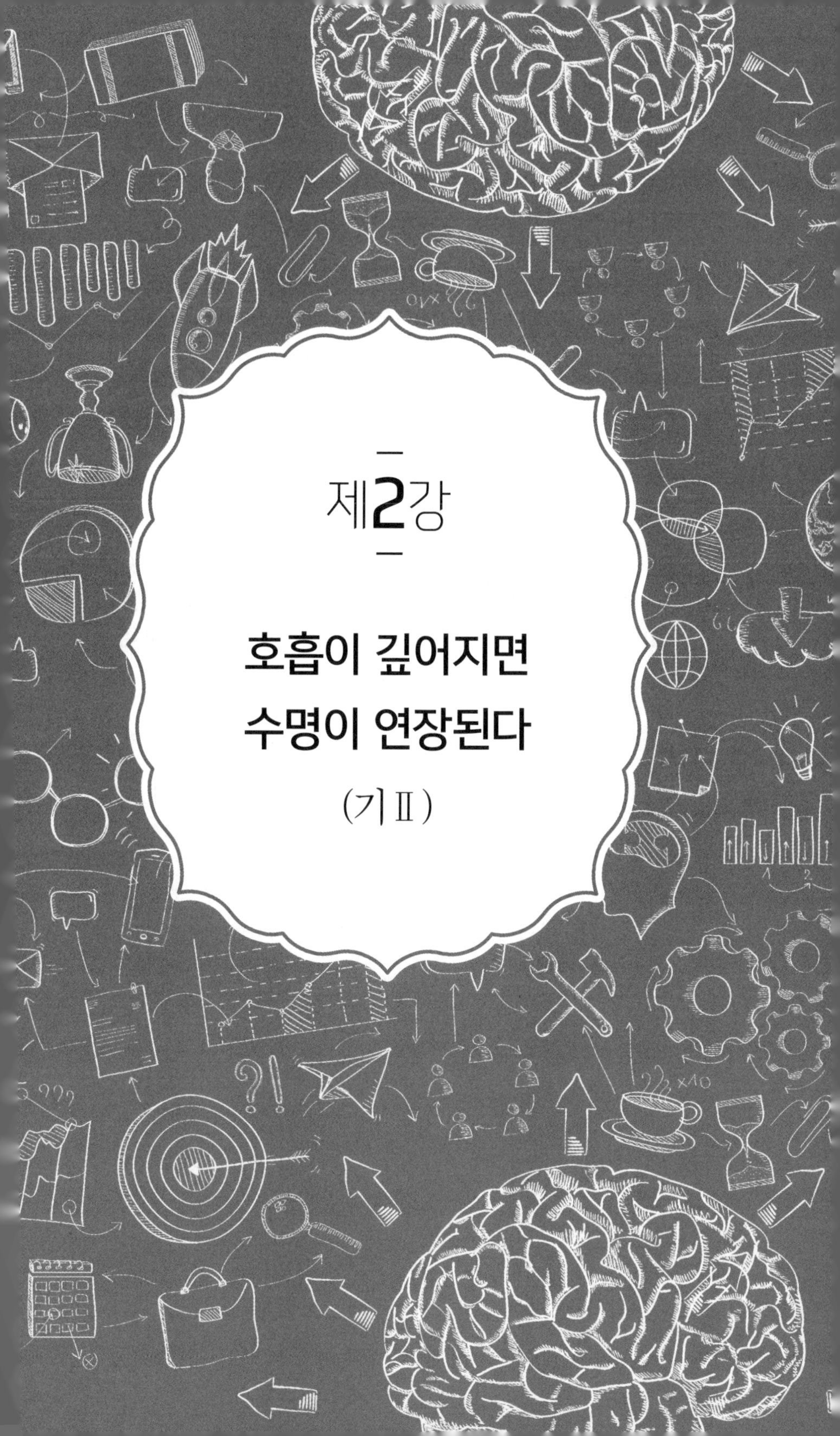

제2강

호흡이 깊어지면 수명이 연장된다

(기 Ⅱ)

1 기로 보는 몸과 마음

몸이란 무엇입니까? 사람들은 몸을 단순히 '육체'로만 생각합니다. 그러나 사람의 몸은 육체로만 끝나는 것이 아닙니다. 인간의 육체는 우리 눈에 보이는 것과는 다르게, 더 깊은 층계가 있습니다. 인간의 육체는 단순한 '물질'이 아니라 '에너지'의 덩어리입니다. 이것이 단순히 물질로 보이는 것은 우리 감각의 한계 때문입니다. 피부의 한 겹 아래만 뚫고 들어가도 인간의 몸이 '물질(matter)'이 아닌 '에너지(energy)'의 진동체임을 알 수 있습니다. 즉 육체의 근본 바탕에 '에너지 층'이 존재하고 있는 것입니다. 인류역사상 이것을 최초로 발견한 사람이 2,500년 전의 노자와 장자입니다. 여기서 동양학 전체의 출발점이라 할 수 있는 '기 이론'이 시작된 것입니다.

이것이 노자 · 장자가 보는 우주의 모습이며 인간의 몸입니다. 가장 표면에 '육체(physical layer)'가 있습니다. 이것은 물질로 되어있습니다. 보통 의사들은 이것만 알고 있으며, 보통 의학 서적들도 이것만 기술하고 있습니다. 그러므로 인간의 몸을 깊이 있게 이해하지 못합니다.

몸의 아래층에는 '에너지체(energy layer)'가 있습니다. 이것이 기의 세계입니다. 이 영역에서 이른바 동양의 경락과 침술이 발견되었습니다. 몸의 근본에 이르려면 이것을 알아야 합니다. 이 영역을 아는 이들이 명의입니다. 도가 서적들이 이 영역까지 폭넓게 아우르고 있습니다.

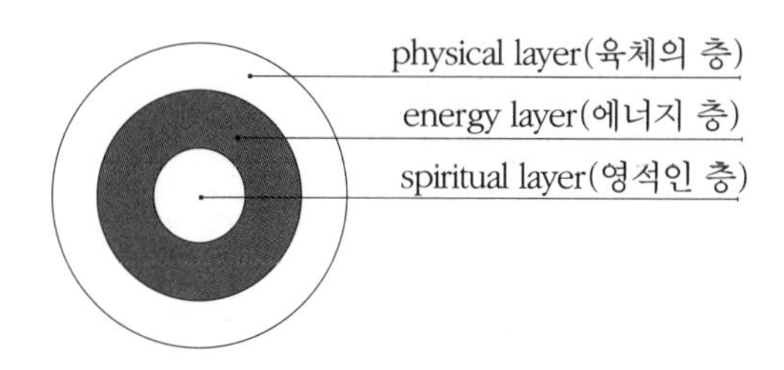

가장 깊은 곳에는 '영체(spiritual layer)'가 있습니다. 이것은 정신의 세계, 계시의 세계입니다. 이 세계는 깊고 심오합니다. 불교 서적들은 여기에 치우쳐 몸을 무시하는 경향이 있습니다. 그러다 보니 몸에 관한 공부가 부족해 조금 위험합니다. 거두절미하고 무작정 덤벼드는 돈오돈수 같은 것은 별로 좋지 않습니다. 그러다 잘못되면 병들어 쓰러지는 것입니다.

물질층, 에너지층, 의식층 이렇게 우주를 3중으로 보는 것이 노자 · 장자의 관점이며 『황제내경』의 관점입니다. 이 관점의 핵심은, 물질과 의식은 별개의 것이 아니며 그 중간의 에너지층을 매개로 하여 상호 연결되어 있다는 것입니다. 즉, 영육을 대립시키는 것이 아니라 기를 매개로 하나로 연결하는 것입니다. 이것을 가리켜 '심신일원론心身一元論'이라 합니다. 동양의 전통적인 입장입니다.

이에 반해 서양은 영육을 대립시킵니다. 그들은 의식층(靈)과 물질층(肉) 밖에 모릅니다. 에너지층(氣)이 없습니다. 양자를 매개시켜줄 에너지층이 없다 보니 의식과 물질은 서로 분리되고 대립합니다. 이것이 전형적인 서양의 관점입니다. 서양인들은 에너지층, 이른바 기를 알지 못했습니다. 이들이 에너지층을 알게 된 것은 양자물리학을 통해서입니다. 이것이 20세기의 일입니다. 서양 인체론의 시작은 원래 17세기의 데카르트(Descartes)에서부터 비롯된 것인데, 데카르트는 영과 육을 완전히 분리된 별개의 것으로 보고 몸을 멍청한 기계 정도로 생각하고 무시했습니다. 이것이 데카르트의 이른바 '심신이원론(心身二元論)'입니다. 이 개념은 무려 300년간이나 계속되었습니다.

오늘날 서양의 추세는 동양식의 '심신일원론'으로 바뀌고 있습니다. 그들은 이것을 소위 '심신의학(mind-body medicine)'이라 부르고 있습니다. 하버드 의대의 허버트 벤슨 교수 등이 주도하고 있는 현대의학의 흐름이 이것인데, 이는 일종의 패러다임의 전환으로 볼만한 사건으로 요컨대 육체만 봐서는 육체를 알 수 없고 마음을 봐야 육체를 알 수 있다는 입장입니다. 다시 말해 이제 동양이든 서양이든 몸을 보는 방식이 '심신일원론'으로 통합되고 있다는 것입니다. 이것은 매우 좋은 현상입니다. 동양에서는 옛날부터 이런 의학을 해왔습니다.

서양의 세계관, 동양의 세계관

동양과 서양은 그동안 많은 면에서 서로 다른 생각을 가지고 살아왔습니다. 그중에 대표적인 것이 우주의 근원을 무엇으로 여기는가

하는 점입니다. 서양인들은 우주의 근원을 '입자'로 여깁니다. 이에 반해 동양인들은 우주의 근원을 '에너지'로 여깁니다. 이 에너지가 기입니다. 기는 입자가 아닙니다. 기는 입자 이전의 상태입니다. 입자는 모습이 있지만, 기는 파동을 통해서만 존재를 드러낼 뿐 모습이라고 할 것이 없습니다. 그것은 말하자면 우주의 대양에서 끓고 있는 수프 같은 것이며 죽 같은 것입니다. 그것이 나중에 굳어 어떤 입자가 될지, 어떤 모습이 될지는 아무도 모릅니다.

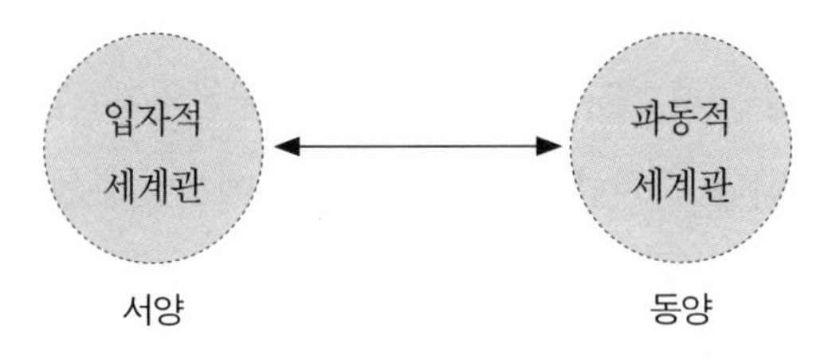

입자적 세계관의 대표자는 데모크리토스입니다. 반면 파동적 세계관의 대표자는 노자입니다. 이 둘은 전적으로 대립되하는 세계관입니다. 입자는 불연속체인 반면 기는 연속체입니다.

입자 : 불연속체

기 : 연속체

서양인들은 "입자와 파동이 절대 같을 수가 없다"라고 2,000년 동안 생각해왔는데 이 둘이 같은 것이라고 어느 날 문득 밝혀졌습니다. 입자(물질)와 파동(기)이 같다는 것을 밝혀낸 이론이 바로 양자물리학입니다. 덴마크의 닐스 보어(Niels Bohr, 1922년 노벨물리학상을 수상한 양자물리학자), 독일의 하이젠베르크(Heisenberg, 1932년 노벨물리학상을 수상한 양자물리학자), 오스트리아의 슈뢰딩거(Schrödinger, 1933년 노벨물리학상을 수상한 양자물리학자) 등이 이 분야의 선구자들입니다. 이들이 겪었던 정신의 과정은 굉장히 혼란스러웠습니다. 그들은 자신들이 서양물리학의 금과옥조인 '원자론'을 폐기하고 고색창연한 동양의 노자 · 장자의 '기이론'으로 향하게 될 줄을 처음에는 미처 몰랐을 것입니다. 그러나 이들의 작업결과는 데모크리토스와의 결별이며 노자 · 장자 철학으로의 귀환이었습니다.

그들은 물질을 파고들면 그 마지막에서 '근본입자' 즉 원자를 찾아낼 줄 알았습니다. 하지만 그들이 물질의 끝에서 마주친 것은 놀랍게도 입자가 아닌 '에너지'였습니다. 이때 그들이 받은 충격은 굉장했습니다. 그들은 자연의 불가해한 모습 앞에서 움찔했습니다. 하이젠베르크 같은 사람은 그때의 정신적 충격을 나중에 책에서 이렇게 술회했습니다.

> '태초에 입자가 있었다'는 문장으로 고쳐 쓸 수 있는 데모크리토스의 표상을 우리는 항상 믿어왔던 것이다. 모든 물질은 더 작은 단위로 결합되어 있으며, 계속 분할해 나가면 결국 사람들은 데모크리토스가 '원자'라고 불렀던 최소의 단위에 도달할 것이다. 그래서 이것은 오늘날 소립자라고 불리는 단위, 예컨대 '양성자' 혹은 '전자'라는 단위로까지 내려온 것이다. 그러나 이 철학은 그 자체가 틀린 것인지도 모른다. 더 이상 분할할 수 없는 최소의 단위는 도대체가 존재하지 않는 것인지도 모른다. 계속 분할을 해나가면 종국에는 그것

은 '입자'가 아니라 '에너지'를 물질로 변화시킨 것이 된다.

－『부분과 전체』

우리는 하이젠베르크의 진술을 통해서 서구인들의 세계관 자체가 통째로 변화되고 있음을 감지할 수 있습니다. 그는 다른 책에서 이렇게도 탄식합니다.

자연이란 것이 원자실험에서 우리에게 보인 것과 같이
그렇게도 불합리한 것인가!

－『철학과 물리학의 만남』

입자라는 것은 보면 보이고, 들으면 들리고, 잡으면 잡히는 것입니다. 과학자들이 실험실에서 행하는 각종 실험이라는 것들도 실은 이것의 가능성을 믿기 때문에 행하는 것입니다. 그런데 하이젠베르크는 황당한 꼴을 당한 것입니다. 하이젠베르크는 실험에 실험을 거듭해서 마침내 물질의 끝에 이르러 자기가 궁극의 무언가를 발견했다고 생각했는데, 이 '무언가'가 도무지

보려고 해도 보이지 않고
들으려 해도 들리지 않고
잡으려 해도 잡히지 않았던

것입니다. 왜 그랬을까요? 이유는 간단합니다. '입자가 아니기 때문

에' 그런 것입니다. 우주의 근원은 입자가 아니라 에너지, 즉 기입니다. 그것은 '희미'해서 잘 안 보이는 것입니다. 이것이 자연의 본모습입니다. 그런데 서구학자들은 처음부터 자연의 본모습을 입자로만 생각하고 2,000년간 실험을 계속하다보니 양자물리학에 와서 엄청난 충격과 혼미가 발생한 것입니다. '우주의 근원은 입자가 아니라 에너지이다.' 이것이 양자물리학의 결론입니다. 그러나 이 양자물리학의 결론은 우리로서는 전혀 새로운 것이 아닙니다. 왜냐하면 이것은 이미 2,000년 전에 노자가 다 이야기해놓았기 때문입니다.

> 視之不見 名曰夷(시지불견 명왈이)
> 聽之不聞 名曰希(청지불문 명왈희)
> 搏之不得 名曰微(박지부득 명왈미)
> 보려고 해도 보이지 않나니, 이름하여 이夷라 한다.
> 들으려 해도 들리지 않나니, 이름하여 희希라 한다.
> 잡으려 해도 잡히지 않나니, 이름하여 미微라 한다.
>
> -『도덕경』, 제14장

하이젠베르크가 그 무렵에 노자의 『도덕경』 제14장을 우연히 봤다면 그는 아마 기절초풍했을 것입니다. 이보다 더 데모크리토스의 원자론과 반대되는 사유방식은 이 지구상에 존재하지 않기 때문입니다. 자연의 본모습은 시지불견視之不見이요, 청지불문聽之不聞입니다. 그것은 비입자요, 비물질입니다. 그것은 인간의 감각으로 보거나 들을 수 있는 것이 아닙니다. 노자는, 자연의 참모습은 '어슴푸레(夷)하고, 희미해서' 잘 안 보인다고 말했습니다.

- 본인의 저서 『진리는 말하여질 수 없다』, 215쪽 참조

노자는 과학자도 아닌데 이것을 어떻게 알았을까요? 실험은 과학자만 하는 것이 아닙니다. 구도자도 실험을 합니다. 다른 점이 있다면 구도자는 '자기 몸'을 가지고 실험을 한다는 것입니다. 이것이 수행입니다. 즉, 과학자는 '실험'을 통해 우주의 근원에 이르고, 구도자는 '수행'을 통해 우주의 근원에 이르는 것입니다. 이른바 깨달음이라고 하는 것은 이것을 말합니다. 노자 · 장자 같은 이들은 깨달음을 통해 '우주의 에너지층'에 들어간 것입니다.

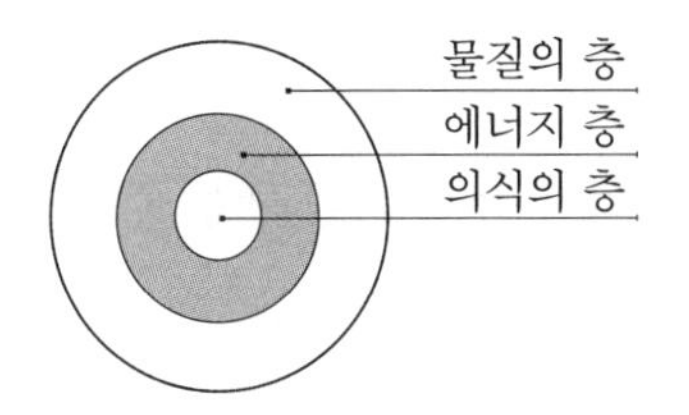

깨달음이라는 현상은 의식의 층에서 심오한 질적 변화가 일어나 에너지층을 정화하고 그 힘이 물질의 층까지 전달되는 것인데, 이 과정(① 의식 → ② 에너지 → ③ 물질)은 깨달음만이 아니라 질병에도 그대로 적용됩니다. 즉, 질병이라는 현상은 마음(心)에 동요가 생겨 이로 인해 에너지 혼탁(氣)이 오고 다시 이로 인해서 혈액혼탁(血)이 와서 결국 병(病)이 나는 것입니다.

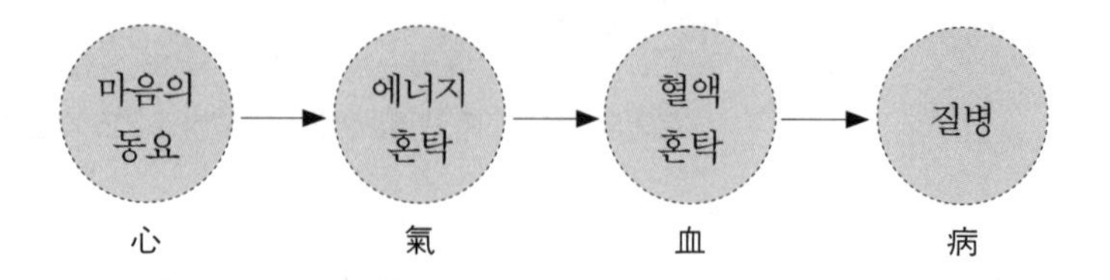

그러므로 질병은 깨달음과는 정반대의 길을 가는 것이라고 할 수 있습니다. 이 과정을 수행의 관점에서 정리한 사람이 '노자'라면 질병의 관점에서 파악한 사람이 '황제'입니다. 특히 황제는 기에 주목하며 이렇게 말했습니다.

> 百病生於氣(백병생어기)
> 모든 병은 기에서 온다

이것은 『황제내경』의 가장 중요한 구절 중 하나입니다. 이 구절 하나에만 제대로 주목해도 사람들은 병에 훨씬 덜 걸릴 것입니다. 이만큼 기가 중요한 것입니다. 그렇다면 기란 무엇일까요?

2 사람과 기(氣)

갈홍이 쓴 『포박자』라는 책에 보면 이런 구절이 있습니다.

> 一人之身 一國之象(일인지신 일국지상)
> 心如君也 氣如民也(심여군야 기여민야)
> 民散則國亡 氣竭則身死(민산즉국망 기갈즉신사)
> 한 사람의 몸은 한 국가의 형상이다.
> 마음은 임금과 같고 기는 백성과 같다.
> 백성이 흩어지면 나라가 망하듯이
> 기가 고갈되면 몸이 죽는다.

임금이 죽으면 새로 임금을 세우면 되지만, 백성이 흩어지면 그 나라는 더 이상 어떻게 해볼 수 없이 망합니다. 나라에서 제일 중요한 것은 백성이듯이 몸에서 제일 중요한 것은 기입니다. 또 선서仙書에 보면 이런 말이 있습니다.

人生氣中 如魚在水(인생기중 여어재수)

水濁則魚疾 氣昏則人病(수탁즉어질 기혼즉인병)

사람은 기 속에서 사는데,

그것이 마치 물고기가 물속에 사는 것과 같다.

물이 탁해지면 물고기가 병들 듯

기가 혼란해지면 사람이 병든다.

사람은 기 안에서 사는 것입니다. 물고기가 물 밖에 나오면 숨을 헐떡이는 것처럼, 사람도 기 밖으로 나오면 숨을 헐떡입니다. 사람은 기를 떠나서는 한시도 살 수 없습니다. 기가 통해야 삽니다. 기가 막히면 사람이 죽습니다.

『포박자』에서 말하는 '기갈氣竭', 선서에서 말하는 '기혼氣昏', 이런 것들이 다 기가 막히고 끊기는 현상들입니다. 기는 막힘없이 흘러야 합니다. 그 흐름이 끊기는 것이 바로 병입니다.

기의 흐름이 끊기는 것에는 두 가지 방식이 있습니다.

첫째는 급격히 끊기는 것이고, 둘째는 누적되어 끊기는 것입니다. 급격히 끊기는 것은 마음입니다. 이것은 스트레스를 포함한 칠정이 일으키는 일입니다.

반면에 누적되어 끊기는 것은 몸입니다. 이것은 잘못된 생활습관과 자세 때문에 생기는 일입니다. 여기서 더 위험한 것은 스트레스와 칠정 쪽입니다. 그것은 일격에 사람을 쓰러뜨릴 수 있습니다. 중풍 · 뇌졸중 · 심장마비 등이 다 이것과 관련 있습니다.

스트레스와 칠정을 주로 다스리는 것이 명상이고 참선입니다. 생활습관과 자세 등을 주로 다스리는 것은 도인술이고 요가입니다. 도가양생법의 하나인 '도인술導引術'이란 무언가를 잡아당긴다는 뜻인데, 우주의 기를 끌어(導) 당기는(引) 방법입니다. 인도의 요가(yoga)라는 것도 원래 우주와 나를 '연결시킨다(yoke)'는 뜻입니다. 모두 기의 끊김을 방지하려는 것들입니다.

요즘 아이들은 컴퓨터를 많이 하기 때문에 기의 끊김이 자주 발생합니다. 또 어른들도 직장에서 컴퓨터를 쓰다 보니 같은 문제가 발생합니다. 몸이라는 것은 늘 움직이게 되어있는 것인데, 컴퓨터를 할 때처럼 꼼짝 않고 앉아있으면 우선 허리와 목에 부담이 집중되고, 그다음으로는 눈에도 안 좋고 위장에도 안 좋습니다.

한 자세를 오래 하고 있으면,
①맨 처음 그 부위에 기가 정체되어 이른바 '사기邪氣'가 쌓이고,
②그러면 피에 '어혈'이 생기고,
③어혈이 제때 배출이 되지 않으면 그것이 '병'이 됩니다.
모든 질병의 단초가 기에 있습니다.

백병생어기(百病生於氣)

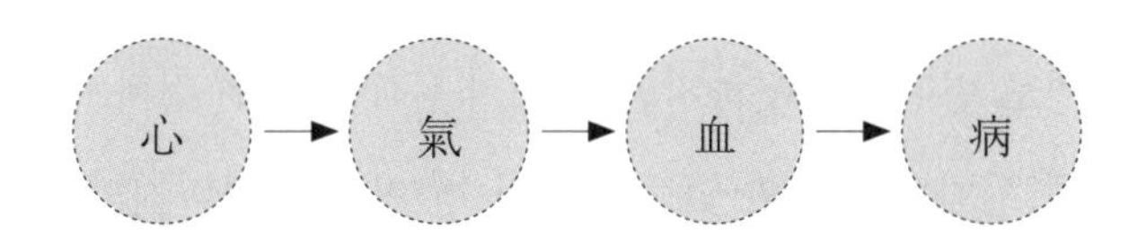

이것이 『황제내경』의 질병 4단계론입니다. 그럼 단계별로 하나씩

살펴보겠습니다.

먼저 심을 볼까요? 사람이 스트레스를 받으면 칠정이 일어나 마음에 동요가 생깁니다. 이렇게 마음에 동요가 생기면 이로 인해 기가 탁해져 몸 안에 사기가 쌓입니다. 따라서 마음의 단계에서 오욕칠정五慾七情을 다스려 독이 생기지 않도록 미연에 방지하는 것이 가장 좋은 방법입니다.

> 怒則氣上 甚則吐血(노즉기상 심즉토혈)
> 분노하면 기가 위로 솟구치는데
> 심하면 바로 피를 토한다

마음의 동요가 얼마나 위험한 것인지 『황제내경』에서 단적으로 보여주는 구절입니다. 그래서 노자 · 장자 · 부처와 같은 인류의 최고 의사들은 마음을 치료함으로써 병을 낫게 했던 것입니다. 이 치료법이 바로 노자의 '허정虛靜'이고, 장자의 '심재心齋 · 좌망坐忘'입니다. 『황제내경』에서 말하는 의료의 최고 경지인 '진인이도치병(眞人以道治病, 진인은 도로써 병을 치료한다)'이 바로 이것을 가리키는 말입니다.

두 번째는 기입니다. 기에는 정기精氣가 있고 사기邪氣가 있습니다. 정기는 맑은 기운이고 사기는 탁한 기운입니다. 정기가 몸에 가득하면 어떤 병도 범접하지 못하지만, 사기가 몸에 쌓이면 점차 병들게 됩니다. 몸에 사기가 들어와 있는 상태가 병 자체는 아니지만, 이 사기를 몰아내지 않고 그대로 방치하면 병드는 것입니다. 질병으로 가느냐 마느냐 하는 갈림길이 기의 단계 안에 들어있는 것입니다. 그래서 황제가 '백병생어기'라고 했던 것입니다. 그러므로 사기를 제때 배출하는 일이 무엇보다 중요한 일입니다. 그럼, 무엇으로 사기를 배출할 수 있을까요? 바로 '호흡'입니다. 호흡으로 탁기를 몰아내고 사기를 몰아낼 수 있습니다. 그만큼 호흡법이 중요합니다. 여러 가지 양생술이 있지만, 양생술 중에서 가장 중요한 것이 호흡법입니다.

다음으로 혈을 볼까요? 두 번째 단계인 기에서 치료 시기를 놓치면 사기가 몸 안에 오래 머물게 되어 피에 어혈이 생깁니다. 어혈은 죽은 피이며 그 자체로 이미 독입니다. 그러므로 재빨리 이 독을 배출해야 합니다. 독의 배출에는 전통적으로 세 가지 방법이 있습니다. 한汗·토吐·하下가 그것입니다.

첫째 독이 몸의 표면에 있을 때는 '한(汗, 땀 흘리는 것)'으로 그 독을 배출합니다. 찜질방에 가는 것, 두꺼운 이불을 뒤집어쓰는 것, 온열기기의 열을 쬐는 것 등 활용할 수 있는 것들이 많습니다.

둘째 독이 몸의 중간까지 내려간 상태에서는 '토吐' 해줘야 합니다. 이것을 몸 안에 담고 있으면 장기에 손상이 옵니다. 술을 못 마시는 사람들이 술을 마시면 토하는데, 이것은 말하자면 몸이 스스로를 보호하는 자동조절장치 같은 것입니다.

셋째 독이 몸의 맨 아래까지 내려간 상태에서는 하제下劑 등을 써서 '아래로' 배출해줘야 합니다.

한汗·토吐·하下 세 가지 방법을 시의적절하게 잘 활용하면 큰 병을 미리 예방할 수 있습니다. 독을 제때 배출시키지 못해서 독이 오장육부 속으로 들어가면 그때는 위험해집니다. 『황제내경』에 이런 구절이 있습니다.

가장 잘 치료하는 자는 피모(皮毛, 피부와 털)에서 치료하고
그 다음은 기육(肌肉, 살)에서 치료하고
그 다음은 근맥(筋脈, 근육과 혈맥)에서 치료하고
그 다음은 육부六府에서 치료하고
그 다음은 오장五臟에서 치료하는데
오장에 와서 치료하면 반은 살고 반은 죽는다.

마지막으로 병입니다. 독이 어혈의 단계에서 배출되지 못하면 이제 병이 됩니다. 어혈 없는 병은 없습니다. 모든 병은 어혈에서 옵니다. 어혈이 배출되지 못하고 점점 덩어리지면 그것이 종양이 되는 것입니다. 종양 중에 증식 속도가 유난히 빠른 악성종양이 바로 암癌입니다. 암에 걸리면 치료법이라는 것이 의사가 와서 칼로 찌르고(수술), 원자폭탄 쏘고(방사능 치료), 독약 먹이는(항암제 치료) 것입니다. 그런데 과연 이런 치료법으로 생명이 온전할 수 있을까요? 이런 것들은 실은 '치료'라기 보다 '파괴'에 가까운 것입니다. 파괴의 기술이 정교해서 목표물만 공격하면 좋겠지만 그렇게는 되지 않아 일종의 무차별 공격을 가해 그 일대를 초토화시키는 것입니다. 이러니 '병은 나았는데 환자는 죽어버리는 일'이 비일비재하게 일어나는 것입니다. 이것이 오늘날 대형병원에서 행해지고 있는 암 치료의 현주소입니다. 이런 치료법으로는 생명을 본래의 길로 온전히 되돌릴 수 없습니다.

3
호흡,
병을 치유하는 길

우리 몸을 병들게 하는 것은 결국 '독毒'입니다. 그러므로 무병장수의 비결은 독을 제거하는데 있다고 볼 수 있습니다. 심기혈병心氣血病 4단계론도 독의 관점에서 해석하면 명확해집니다. 사기도 독이고 어혈도 독이며 병도 독입니다. 하지만 사기는 좀 더 유동적인 파동상태의 독이어서 다루기 쉽고, 어혈은 좀 더 고정화되어 있는 입자상태의 독이므로 다루기가 어렵습니다.

암은 이보다 한 단계 더 고정화 · 고체화 된 독이므로 다루기가 매우 곤란한 상태입니다. 황제가 '백병생어기'라고 말했던 것도 기의 단계가 유동적이기 때문에 이때를 잘 다스려 병을 예방하라는 뜻이었다고 생각됩니다.

호흡이란 기가 들고 나는 것입니다. 맑은 기를 빨아들이고 탁한 기를 내보는 것이 호흡입니다. 호흡만 잘해도 탁기濁氣와 사기邪氣를 몸에서 배출할 수 있습니다. 만약 심호흡, 복식호흡을 할 수 있다면 사기의 배출을 훨씬 더 용이하게 할 수 있습니다. 사기를 제때 잘 배출하면 어혈이 안 생기고, 어혈이 안 생기면 병들 일이 없습니다. 그러므로 호흡법만 잘 익혀도 건강할 수 있습니다. 부처는 호흡으로 제자들의 100가지 병을 치료했다고 전합니다. 호흡은 생명현상의 한 가운데 있는 것입니다. 이 세상에서 호흡보다 중요한 것은 없습니다.

사람이 하루 중에 가장 많이 하는 행위가 호흡입니다. 『황제내경』에는 사람이 하루에 호흡을 13,500회 한다고 합니다. 단식은 최대 70일까지 할 수 있고 물은 5일까지 안 먹고 버틸 수 있습니다. 그러나 공기는 불과 5분만 안 마셔도 죽습니다. 그만큼 호흡은 생명과 직결되어 있습니다.

또 호흡은 맥박과도 관계가 깊습니다. 호흡 1회를 내쉴 때 맥박은 2회 뜁니다. 또 호흡 1회를 들이쉴 때도 맥박은 2회 뜁니다. 즉, 호흡 대 맥박의 비율은 1:4입니다. 성인들의 분당 평균 호흡수가 18회니까 맥박수는 대략 72회라는 계산이 나옵니다. 평균적으로 보면 성인의 호흡은 분당 18회이며, 맥박은 70회(±10) 입니다.

호흡을 1회 들이쉴 때 마시는 공기의 양은 약 500밀리리터로 작은 물병 하나 크기입니다. 즉, 사람이 1분에 500밀리리터 18병을 마시면 1분에 대략 10리터를 마시는 것이고, 1시간이면 600리터, 하루면 14,400리터를 마시는 것입니다. 14,400리터면 200리터 드럼통으로 약 70개에 해당합니다.

공기 흡입량
- [1분 : 10리터(500밀리리터짜리 18병)]
- [1시간 : 600리터(500밀리리터짜리 1,200병)]
- [1일 : 14,400리터(500밀리리터짜리 28,800병)]

엄청난 양입니다. 하루에 이렇게 많은 양의 공기가 우리 폐를 통과하니 공기 자체도 굉장히 중요한 것입니다. 좋은 공기를 마시는 것도 중요하지만 이보다 더 중요한 것은 호흡법입니다.

『황제내경』에 따르면 우리 인간은 하루에 13,500회의 호흡을 하는데 호흡법을 잘못 길들이면 하루 13,500번의 호흡을 잘못하게 되는 것입니다. 13,500번의 호흡이 누적되면 그 손해가 얼마나 크겠습니까? 하지만 대부분의 사람들은 호흡의 중요성을 잘 모릅니다. 호흡은 무의식적으로 진행되는데, 대개 잘못된 호흡들이 많습니다. 이 잘못된 호흡들을 피해야 합니다. 그러면 잘못된 호흡은 어떤 것일까요? 그 대표적인 것이 흉식호흡입니다.

흉식호흡은 오늘날 대다수의 사람들이 행하고 있는 호흡이며, 사람들의 95퍼센트가 이 호흡을 하고 있습니다. 이것은 가슴으로 하는 얕은 호흡으로, 이 호흡을 오래 하다보면 기를 충분히 빨아들이지 못하기 때문에 기혈의 순환이 활발하지 못해 결국 사기가 누적되어서 병을 초래합니다. 이 호흡의 특징은 '횡격막'이 움직이지 않는다는 것입니다. 그만큼 호흡이 얕다는 뜻입니다. 횡격막은 호흡과 밀접한 관계가 있습니다. 사람이 엄마 뱃속에 있을 때는 코가 있어도 태胎로 호흡합니다. 이것이 태식胎息입니다. 그 다음 태어나서 갓난아이일 때는 복식腹息호흡을 합니다. 깊은 호흡을 하는 것입니다. 그 후 점점 자라 성인이 되면 흉식胸息호흡을 합니다. 그 후 노인이 되면 목구멍으로 호흡합니다. 호흡이 극도로 얕아지는 이른바 후식喉息입니다.

태아(태식) → 유아(복식) → 성인(흉식) → 노인(후식)으로 태아에서 노인이 되면서 호흡이 점점 얕아집니다.

이 과정에서 점점 퇴화하는 기관이 바로 횡격막입니다. 태식에서 복식을 거쳐 흉식·후식으로 가는 동안 호흡은 점점 얕아지는 것이며, 횡격막은 점점 퇴화되는 것입니다. 횡격막橫隔膜이란 말 그대로 흉강(가슴)과 복강(배)을 가르는 격막인데 횡으로 되어있습니다. 이것이 움직이는 것이 복식호흡(단전호흡)입니다.

복식호흡을 하면 횡격막이 상하로 움직이는데, 이로 인해 흉곽의 수축·팽창 운동이 일어나게 됨으로써 혈액·호르몬·임파선 등이 잘 순환하고 그 결과 혈압과 혈당도 내려갑니다.

또 횡격막이 오장육부를 마사지하듯 상하운동을 하기 때문에 소화도 잘 됩니다. 만성소화불량에 걸린 사람들의 특징이 명치끝에 꼭 뭐가 걸려 안 내려간다는 것인데, 이 명치끝이 바로 횡격막입니다. 횡격막이 안 움직이고 꽉 막혀있으니까 소화가 안 되는 것입니다. 이 막힌 횡격막을 뚫는 방법이 바로 호흡이며 그 방식이 복식호흡이고 단전호흡입니다. 소화불량이 있는 사람은 복식호흡을 꾸준히 하면 좋습니다. 이 호흡법을 『동의보감』에서는 예스럽게 '태식법'이라고 부릅니다.

태식법

사람은 코로 호흡을 할까요? 태로 호흡을 할까요? 지금은 코로 하지만 엄마 뱃속에 있을 때에는 태로 했습니다. 그때는 코가 있어도 코로 호흡하지 않고 엄마의 탯줄을 통해 호흡했습니다.

이것이 '태식'입니다. 그리고 이 태식에 착안해서 도가수행자들이 만들어낸 호흡법이 '태식법'입니다. 입과 코를 덜 쓰고 뱃속의 태아처럼 배꼽으로 호흡하는 방법입니다. 가급적 태아처럼 배꼽으로 호흡한다는 것은 그만큼 호흡이 '깊고 고요하다'는 뜻입니다. 고요한 가운데 배가 들고 나는 것입니다. 호흡이 단전까지 내려가는 것입니다. 그래서 이것을 복식호흡 혹은 단전호흡이라 합니다. 이 셋은 다 같은 것입니다.

그럼, 이 태식법을 어떻게 익힐 수 있을까요? 사실 배울 필요가 없습니다. 기억만 더듬으면 됩니다. 이 호흡은 우리가 예전에 어머니 뱃속에서 무려 10개월 동안이나 했던 것입니다. 머리는 기억하지 못한다 해도 몸은 그때의 일을 다 기억하고 있습니다. 그럼 다 같이 기억을 더듬으며 어머니 뱃속으로 들어가 볼까요?

지금 아이가 엄마 뱃속에 편안하게 있습니다. 온 천지가 평온하고 사랑으로 가득 차있습니다. 아이는 아무런 근심걱정이 없습니다. 그곳은 천국이며 유토피아입니다. 지금 아이와 엄마를 연결시켜주는 것은 탯줄입니다. 이 탯줄이 아이 쪽으로는 배꼽에 연결되어 있고, 엄마 쪽으로는 임맥任脈에 연결되어 있습니다.

배꼽 ← 탯줄 → 임맥 → 폐 → 코 : [들숨] [날숨]

『동의보감』에 보면 이 상황을 이렇게 정리해놓았습니다.

> 사람이 태중에 있을 때는 입과 코로 호흡하지 않고, 탯줄이 어머니의 임맥에 연결되어 있어 그 임맥이 폐와 통하고 폐는 코와 통하므

로 어머니가 숨을 내쉬면 태아도 내쉬며, 어머니가 들이마시면 태아도 따라서 들이마시게 되는데, 그 기는 모두 배꼽을 통해 왕래하는 것이다.

–『진전(眞詮)』

엄마 뱃속에서는 이렇게 탯줄이 있어서 만사가 순조로웠는데, 10개월이 다 차고 아이가 밖으로 나오게 되면 어떤 상황이 벌어질까요?

사람이 처음 생명을 받아 태어날 때, 태중에서는 모母의 호흡을 따라 호흡하다가 이윽고 태어나 탯줄을 가위로 자르면 한 점의 신령한 기운이 배꼽 밑에 모인다.

–『정리(正理)』

결국 배꼽(臍)이 중요하고, 단전이 중요합니다. 가위를 들고 탯줄을 자르면 그 순간 어린 생명을 이끌어가던 일점신령지기一点神靈之氣가 '제하(臍下, 배꼽아래)'에 모입니다. 이곳이 바로 '단전'입니다. 그래서 단전을 가리켜 '제하단전臍下丹田'이라 하는 것입니다.

태식법이란 바로 이 단전에 모인 한 점의 신령한 기운을 일깨우려는 호흡법입니다. 태식법을 집중적으로 연구한 사람이 『포박자』를 쓴 진晋나라의 갈홍(葛洪, 283~343)입니다. 그는 이렇게 말합니다.

항상 숨을 들이마시고 내쉴 때 코끝에 기러기 털을 붙이고, 이른바 홍모부동(鴻毛不動, 기러기 털이 움직이지 않음)의 상태가 되어야 한다.

점차적으로 이 훈련이 익숙해지면 마음속에서 헤아리는 수가 천에 달하게 된다. 천에 달하게 되면 늙은이가 젊어지게 된다.

– 『포박자』

갈홍의 이야기 중에 특히 '홍모부동'은 사람들 사이에 상당히 인기였던 것 같습니다. 『동의보감』 인용구에는 이런 구절도 있습니다.

코끝에 기러기 털을 붙이고 움직이지 않게 한다. 이렇게 호흡을 300번 하면 … 마음이 무념의 상태가 된다. 이렇게 되면 한서寒暑가 침범하지 못하고, 벌과 전갈의 독이 들어오지 못하며, 수壽 360세를 살게 된다.

– 『팽조』

호흡과 수명

사람의 수명(壽)은 호흡과 관련이 있습니다. 모든 유기체는 태어날 때 고유의 작동연한, 즉 수명을 갖고 태어납니다. 수명을 갖고 태어난다는 말은 일정한 횟수의 '호흡수'를 가지고 태어난다는 뜻입니다.

가령 조물주가 우리를, 호흡을 4억 번까지 할 수 있도록 만들었다고 생각해봅시다. 호흡을 급하게 하면 할수록 그만큼의 수명이 짧아지는 것입니다. 반대로 호흡을 천천히 해서 호흡수를 줄이면 그만큼 수명이 길어지는데 이것이 바로 수명의 이치입니다.

그러므로 호흡을 급격하게 하는 일을 가급적 피해야 합니다. 과격한 운동을 하던 운동선수들 중에 장수한 사람이 별로 없다는 것도 이러한 점을 잘 말해줍니다.

『황제내경』을 보면 사람이 하루에 13,500번을 호흡한다고 되어있습니다. 그러나 이것은 오늘날 안 맞습니다. 현대인들의 호흡수는 하루 25,000번입니다. 이것을 분당 계산해보면, 『황제내경』 시절에는 분당 약 9회 정도인데, 현재는 분당 18회입니다. 거의 두 배에 이르고 있습니다. 이것은 큰일입니다.

『황제내경』이 지금부터 대략 2,000년 전에 나온 책이라고 보면, 우리 인류는 2,000년 사이에 호흡이 두 배 빨라진 것입니다. 그러니 옛사람에 비해 수명이 반으로 줄어들고, 각종 질병에 시달리는 것입니다.

저도 『황제내경』의 호흡수 13,500이라는 숫자를 보고 여러모로 놀랐습니다. 앞으로도 인류의 진화가 계속 이런 방식으로 진행된다면 지금부터 2,000년 후에는 인간의 호흡수가 하루에 50,000번이 된다는 것인데 이렇게 되면 곤란합니다. 이러면 두 배 빨리 망가지는 불량품 같은 기계가 되는 것입니다. 이 말은 인간의 몸 자체가 더 병약한 형태로 변화, 즉 퇴화되어 간다는 뜻입니다. 인간의 몸이 점점 병약한 약골의 형태로 변해간다면 의료기술만으로는 이런 문제들을 다 감당할 수 없을 것입니다.

인간의 수명은 호흡수와 반비례관계에 있습니다. 인간만이 그런 것도 아닙니다. 자연계 전체에 공통되는 사항입니다. 장수하는 거북이 · 학 · 코끼리와 같은 동물들은 호흡이 느립니다. 반면 수명이 짧은 개 · 고양이 · 토끼 · 쥐와 같은 동물들은 호흡이 가쁩니다.

그러므로 호흡수를 줄이는 것이 좋습니다. 호흡수를 줄이기 위해서는 호흡을 '깊고 고요하게' 해야 합니다. 동물들은 호흡의 전체과정이 자연의 족쇄 아래 완전히 묶여 있어서 기계적으로 행할 뿐 호흡을 조절하지는 못합니다.

오직 인간만이 자신의 의지로 호흡을 조절할 수 있습니다. 이것이 중요합니다. 호흡중추는 팔 · 다리와 달라서 오장육부와 연결돼있는 것으로 원래 '불수의근'(不隨意筋, involuntary muscle)인데, 오직 인간만이 이것을 '수의근'(隨意筋, voluntary muscle)화 할 수 있습니다.

장출식(長出息)

수명과 호흡의 관계는 다음과 같은 공식으로 표시할 수 있습니다.

$$L = \frac{d}{f} \quad (\text{L : 수명, d : 호흡의 깊이, f : 호흡의 빈도})$$

즉, 수명은 호흡의 깊이와 비례하며, 호흡의 빈도와 반비례합니다. 옛 사람들은 본능적으로 이 공식을 알고 있었습니다. 그래서 방사와 술사들이 '홍모부동'이다, '폐기(閉氣, 호흡을 멈춤)'다 하면서 호흡법에 열을 올렸던 것입니다. 그러나 여기에는 함정이 있습니다. 각별히 조심해야 할 것이 있습니다. 호흡법 공부하다 과욕을 부리면 큰 화를 입게 됩니다.

호흡법 공부하는 사람들은 '우주의 기'를 체내에 오래 품으려는 과욕을 가집니다. 그들은 우주 근원의 에너지를 오래도록 지니고 있으면 그만큼 더 좋을 것이란 생각에 들이마신 기를 내뱉지 않으려 갖은 애를 썼습니다.

즉, 호흡을 들이마신 채로 오랫동안 억지로 숨을 참는 것입니다. 이것이 소위 '홍모부동'이고 '폐기'입니다. 까딱 잘못하면 누구나 이렇게 생각할 수 있습니다. 이 사람들은 오래 참을수록 좋은 걸로 착각하여 누구는 마음속으로 300을 헤아리고 누구는 1,000을 헤아렸습니다.

그러나 그 사람들이 한 가지 간과한 중대한 사실이 있습니다. 그것은 숨을 들이쉰 후 호흡을 멈추면 그 순간 몸 안에 독소가 차오른다는 사실입니다. 그들의 생각은 새 기운을 오래 머금는다는 것인데 실은 이것이 큰 착각입니다.

들숨이 끝나는 순간 우리 몸 안에서는 탄산가스가 생성됩니다. 이것은 일종의 독으로 빨리 내보내야 합니다. 그래서 날숨이 있는 것입니다. 그런데 이 사람들은 날숨을 안 쉬려고 합니다. 결국 그 사람들은 새 기운을 머금고 있는 게 아니라 독가스(이산화탄소 등)를 머금고 있는 것입니다. 그것도 300 혹은 1,000을 헤아리면서 최대한 오랫동안 그러고 있는 것입니다. 그러니 얼마나 위험하겠습니까?

지금부터 약 30~40년 전에 삼각산 무문관(無門關, 한번 들어가면 3년 동안 나오지 못하는 독방 수행처)에서 참선 수행하던 젊은 승려 세 사람이 죽은 일이 있습니다. 숨을 너무 오래 참은 나머지 뱃속에 나쁜 독소가 가득차서 뼈 속의 골수까지 썩어 결국 사망한 사건입니다. 그중 한 사람은 숨을 한 시간 반을 쉬고, 한 사람은 두 시간을 쉬고, 한 사람은 세 시간을 쉬었다고 합니다. 나중에 병원에 가서 해부해봤더니 독가스 때문에 창자 등이 부패해서 썩어 없어졌다는 것입니다.

-『신농본초』, 김일훈, 481쪽

'홍모부동' 또는 '폐기' 등은 위험천만한 것입니다. 호흡법 잘못하다 생사람 잡는 일이 생길 수 있습니다. 저 젊은 승려 세 사람도 누구에게 잘못된 비법을 전수 받고 변을 당한 것입니다.

호흡법 하면 인도인들도 빠지지 않습니다. 그런데 인도의 요기(yogi)들도 이와 똑같은 실수를 저지릅니다. 그들은 우주의 에너지를 '프라나(prana)'라고 부르는데 이것은 우리의 기와 같은 것입니다. 요기들도 이 프라나를 체내에 오래 보유해 두는 것을 좋은 것으로만 생각한 나머지 '쿰바카(kumbhaka, 止息)'에 집착하는 사람들이 많습니다.

쿰바카란 숨을 참는 것으로 우리의 '폐기'와 똑같은 것입니다. 요가를 하는 사람들 중에 '쿰바카' 같은 잘못된 비법을 전수받고 열심히 연마하는 사람들이 있는데 이 역시 위험한 것입니다. 다시 말해, 홍모부동 · 폐기 · 지식 · 쿰바카, 이런 것들은 모두 자연의 순리에 역행하는 것으로 득보다 실이 많은 호흡법입니다.

이런 호흡법들을 통틀어서 '장입식(長入息, 들이쉬는 숨을 길게 하는 호흡)'이라고 합니다. 장입식은 위험한 호흡법입니다. 장입식을 오래하면 결국 몸에 병이 올 수밖에 없습니다. 병이 안 오더라도 두통이 오고 불면증이 오며 상기증이 옵니다.

몸을 살리는 호흡은 장입식이 아니라 '장출식'(長出息, 내쉬는 숨을 길게 하는 호흡)입니다. 무턱대고 길게 하는 호흡이 좋은 것이 아닙니다. 어떤 호흡을 길게 하느냐가 관건입니다. 여기서 생각을 까딱 잘못하면 '장입식'으로 기울게 됩니다. 삼각산 무문관 승려들이 그랬던 것입니다. 그동안 모르고 '장입식'을 해왔다면 오늘 이 시각 이후부터는 '장출식'을 고요히 행해보십시오. 모든 것이 편안해지고 제자리로 돌아올 것입니다.

'장출식'은 무슨 특별한 호흡이 아닙니다. 인간이 할 수 있는 가장 자연스러운 호흡이 장출식입니다. 내쉬는 숨을 길게 내뿜는 것이 장출식입니다. 호흡에 있어서 모든 인위적인 것, 작위적인 것들을 다 거둬내면 결국 남는 것이 장출식입니다. 장입식은 교감신경을 활성화시켜 몸의 긴장과 불안을 유발시키지만, 장출식은 부교감신경을 활성화시켜 몸과 마음을 이완시키고 침착하게 해준다는 것이 최근 신경학분야의 연구결과입니다. '장출식', 이것이 실은 복식호흡의 핵심이며 단전호흡의 진수입니다. 부처가 했던 아나파나사티(anapanasati)도 바로 이것입니다.

호흡법이란 모든 명상수련의 시작과 끝입니다. 이 세상 모든 명상법은 호흡에서 시작해서 호흡으로 끝납니다. 부처도 호흡법을 통해 깨달음을 얻었고, 깨달은 후에도 호흡법을 버리지 않았습니다. 노자老子도 마찬가지입니다. 노자의 『도덕경』에는 이런 말이 있습니다.

> 綿綿若存 用之不勤(면면약존 용지불근)
>
> 끊어질 듯 이어질 듯 호흡하되, 억지로 힘들여 하지 마라.
>
> -『도덕경』, 第6장

이것이 바로 노자의 호흡법입니다. 호흡법의 요체가 이 짤막한 문장 안에 다 들어있습니다. 이것이 바로 '장출식'입니다.

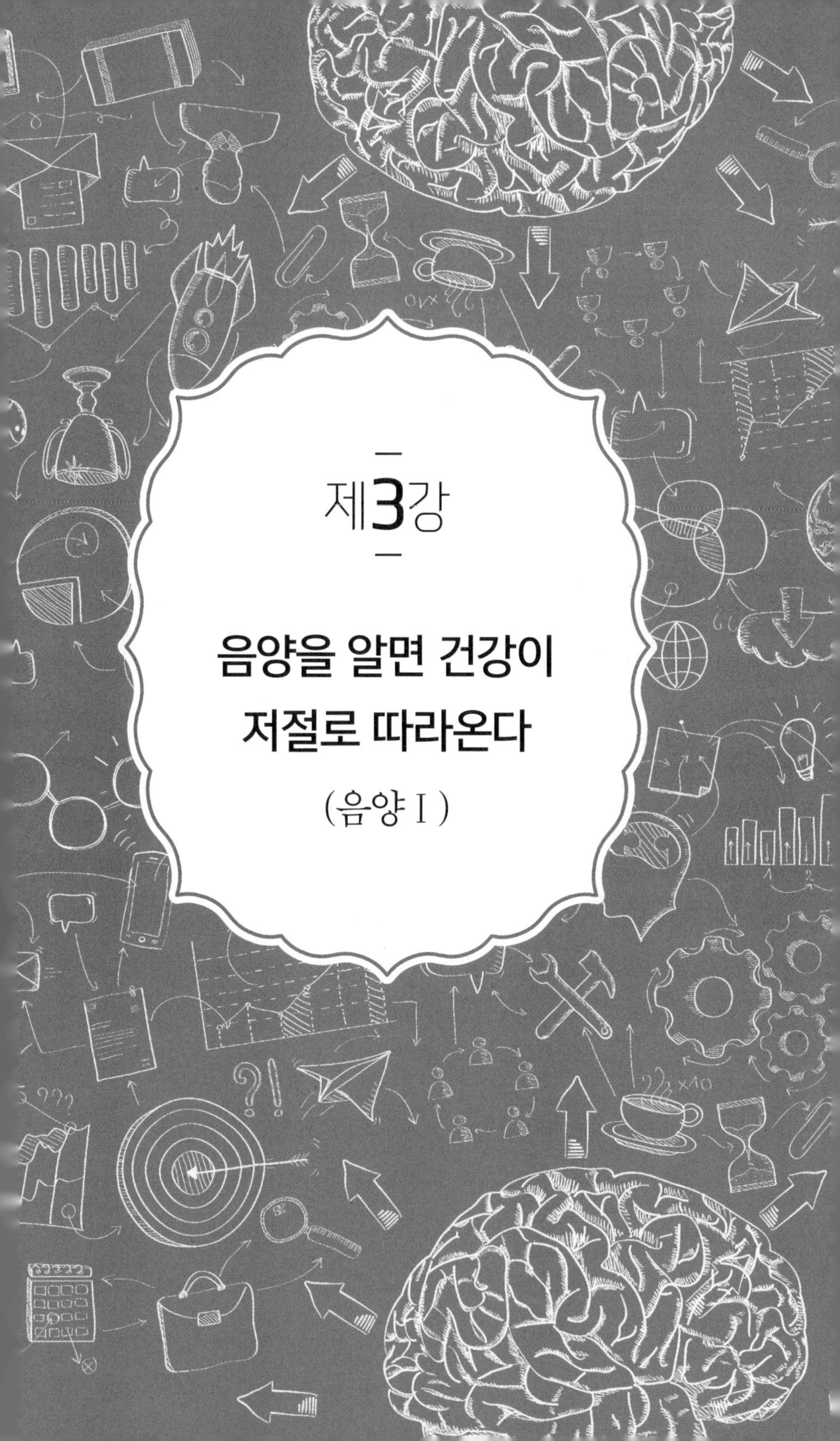

제3강

음양을 알면 건강이 저절로 따라온다

(음양 I)

1
우주라는 원심분리기와 태극

이 우주는 일종의 거대한 원심분리기 같은 것이라 할 수 있습니다. 시작도 끝도 없이 계속 회전하고 있습니다. 이 회전력 때문에 우주에는 두 가지 힘이 발생합니다. 하나는 원심력이고 다른 하나는 구심력입니다. 바다에 물이 가득 차있는 것처럼 우주에는 기가 가득 차있는데, 여기에 회전력이 소용돌이치면서 원심력과 구심력이 작동하면 무슨 일이 생길까요?

기의 분리가 일어납니다. 가벼운 것은 위로 뜨고 무거운 것은 아래로 가라앉습니다. 이것을 고서에서는 "가볍고 맑은 기운(輕淸之氣)은 위로 떠서 엷게 흩어져 하늘이 되고, 무겁고 탁한 기운(重濁之氣)은 아래로 쳐져 굳어가지고 땅이 된다."(『회남자』, 천문훈 참조)라고 합니다. 즉, 우주의 회전력으로 인해 하늘과 땅이 구분되었고 여기서 하늘은 양이 되고 땅은 음이 된 것입니다. 이렇게 해서 하나의 기로부터 음양이 최초로 생겨납니다.

그런데 이 우주는 태초의 한 시점에서만 회전을 하고 멈춘 것이 아니고 수 십, 수 백억 년이 지난 지금도 쉬지 않고 계속 돌고 있습니다. 크게는 별, 태양계, 은하계 작게는 원자, 분자 할 것 없이 이 우주는 끝없이 돌고 있습니다. 은하계가 도는 모습, 원자의 세계가 도는 모습, 그리고 우리 주변에서 태풍이 도는 모습, 물이 도는 모습 등을 자세히 보면 모두 '태극문양'과 관계가 있습니다.

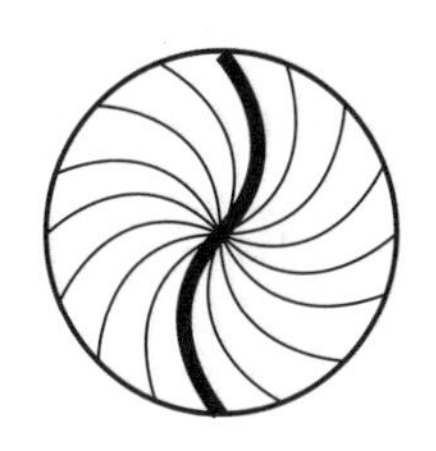

이것이 태극문양의 원초적인 형태입니다. 쉼 없이 돌아가는 영원한 우주의 회전력을 보여줍니다. 원 안에 반S자 곡선이 많이 있습니다. 이렇게 보면 복잡하니까 가운데 있는 반S자 곡선 하나만 남겨놓고 이것( )을 '태극太極'이라 부릅니다. 이것은 어디까지나 설명의 편의를 위한 것이고, 태극 문양 안에는 원래 무수한 소용돌이가 들어있는 것입니다. 우주의 회전력은 한시도 그치는 법이 없기 때문입니다.

태극의 흔적

우주의 회전력은 우리가 이 세상에 태어날 때에도 당연히 작동했습니다. 우주의 회전력을 보여주는 태극 문양의 흔적 역시 우리에게 남아있습니다. 그것도 세 군데에나 남아있습니다. 첫째가 정수리, 둘째가 손끝, 셋째가 발끝입니다. 이 세 군데에는 태극 문양의 흔적이 역력합니다. 이것들은 우리가 태어나던 순간에 우주의 회전력이 우리 몸에 남긴 흔적들입니다. 정수리의 가마, 손끝의 지문, 발끝의 족문, 이것들은 말하자면 살아 움직이는 우주의 기의 혓바닥이 우리 몸을 핥고 지나간 흔적들입니다.

하늘의 별자리는 매순간 조금씩 달라지기 때문에 천지의 기운이 달라지고 또 천지의 기운도 달라지기 때문에 우리 인간은 자기의 태어난 연월일시 별로 저마다 다른 지문과 가마를 갖는 것입니다. 이 세상에 지문과 가마가 같은 사람은 단 한사람도 없습니다. 우주의 회전력이 우리에게 흔적을 남겼다고 했는데 그렇다고 해서 그것들이 꼭 죽어있는 화석 같은 것은 아닙니다. 그것들은 지금도 모종의 기능을 합니다. 수행을 꾸준히 하는 사람들은 별로 어렵지 않게 자신의 손바닥과 정수리 위에서 기의 소용돌이를 느낄 수 있습니다. 우리 몸이 우주와 교신이 아주 끊긴 것은 아니라는 증거입니다.

인체의 태극

앞서 태극의 흔적을 찾아보았는데, 이제 흔적이 아닌 실제로 기능하는 인체의 태극을 찾아보겠습니다. 인체에 있는 태극이란 무엇일까요? 그 태극은 다름 아닌 두 개의 신장腎臟입니다. 두 개의 신장은 왼쪽이 음이고 오른쪽이 양으로, 척추를 사이에 두고 마주하고 있습니다. 두개의 신腎에서 음양이 갈마드는 것이 마치 태극과 닮았다는 것입니다. 또 두 개의 신장 모양은 태극 모양과도 비슷합니다.

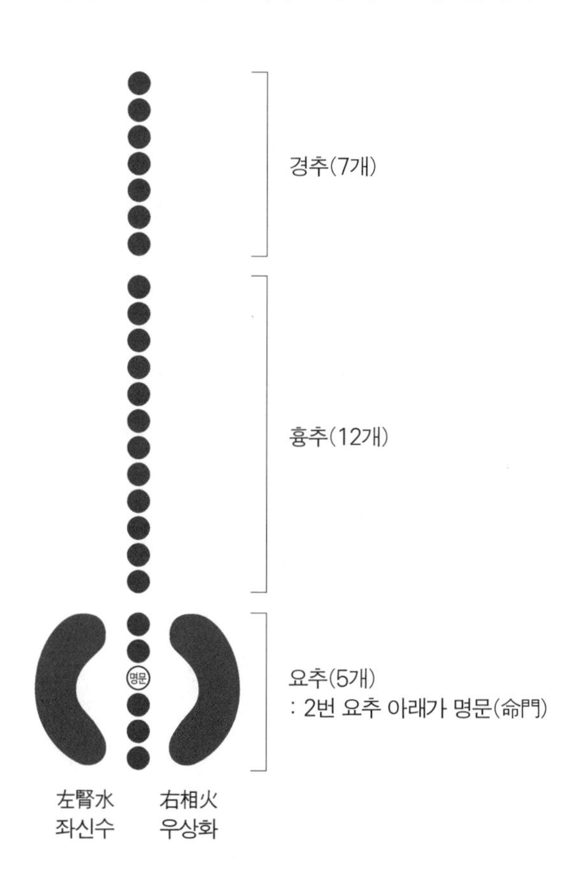

우리 등에는 24개의 등골뼈(경추7개, 흉추12개, 요추5개)가 마치 구슬을 이어놓은 듯 정연하게 연결되어 있는데, 명문은 2번 요추 아래 자리 잡고 있습니다. 두개의 신장은 이 명문을 둘러싸고 있는 형국으로 좌우로 대치하고 있습니다. 왼쪽 신장은 수水를 주관하기 때문에 좌신수左腎水라 하고, 오른쪽 신장은 화火를 주관하기 때문에 우상화右相火라 합니다. 여기서 수와 화가 일수일화一水一火하면서 밤낮으로 끊임없이 움직이며 태초의 원기를 오장육부에 공급합니다. 그래야 생명이 살고 이것이 멈추면 죽습니다. 이렇듯 신장과 명문은 생명의 원천을 이룹니다. 이런 뜻에서 두 신장과 명문을 합해 인체의 태극이라 부릅니다.

좀 더 근원으로 올라가서 살펴보겠습니다. 태아는 엄마 뱃속에 있을 때 코가 있어도 코로 호흡을 하지 않고 탯줄로 호흡을 합니다. 10개월이 다 되어 태아가 세상에 나오면 탯줄을 자르는데, 이때 생명의 근원인 '일점신령지기一点神靈之氣'가 단전에 모입니다. 이 단전과 연결된 혈이 바로 명문혈입니다. 이 명문을 감싸고 있는 장기가 바로 두 개의 신장(腎)입니다. 그래서 이 둘을 합쳐 인체의 태극이라 합니다.

2
신간동기(腎間動氣), 생명 에너지의 근원

단전, 명문, 신장 이 셋은 떼려야 뗄 수 없는 관계입니다. 앞에서 보면 단전이고 뒤에서 보면 명문입니다. 서로 연결되어 있습니다. 또 명문은 양신의 중간에 위치해 있습니다. 이 사이에 '일점신령지기'가 어디로 가게 될까요? 결국 단전을 거쳐 명문을 따라 양 신장 사이에 잠복합니다. 이를 옛 고서에서는 이렇게 말합니다.

> 兩腎中間(양신중간) 두 신장 중간에
> 一点動氣(일점동기) 한 점의 움직이는 기가 있는데
> 大如箸頭(대여저두) 그 크기는 젓가락 머리만 하다
>
> –『의학입문』

'일점신령지기'의 크기까지 말하고 있으니 신기하고도 오묘합니다. 여기서 중요한 것은 엄마 뱃속에 있을 때 태아의 생명을 이끌어 가던 우주의 '일점신령지기'가 탯줄이 잘린 후에는 '양신중간 일점동기(兩腎中間 一点動氣)'가 되어 두 신장 사이로 파고든다는 사실입니다. 이것이 바로 한 인간이 태어날 때 부모로부터 받는 '태초의 원기', 이른바 '선천지기先天之氣'입니다. 그런데 『황제내경(난경)』에서는 이것을 더 간단하게 줄여 '신간동기(腎間動氣, 양신중간의 움직이는 기운)'라고 부릅니다.

'신간동기', 별로 알려진 이름이 아니라서 생소하겠지만 실은 이것이야말로 중요한 물건입니다. 이것은 기의 형태로 되어있는 생명의 원천입니다. 따라서 서양의학에서는 절대 알 수가 없습니다. 사실 서양의학 안에는 이와 유사한 개념조차 존재하지 않습니다. 왜냐하면 이것은 해부학적 실체가 아니기 때문입니다. 서양해부학의 본질적인 한계가 여기에 있습니다. 해부학은 가장 중요한 것을 보지 못합니다. 해부학이란 죽은 사체를 다루는 학문입니다. 그러나 『황제내경』은 살아있는 생명을 다룹니다. 이점이 동서양의 가장 큰 차이점입니다.

이른바 '살아 움직이는 기'(動氣)는 사체에서는 아무리 들여다봐도 발견할 수가 없는 것입니다. 『황제내경』은 해부학이 접근할 수 없는 생명의 영역에 깊숙이 가 닿아있습니다. 『황제내경(난경)』은 '신간동기'에 대해 있을 수 있는 온갖 귀중한 언사를 총동원하여 이렇게 설명합니다.

오장육부의 근본(五藏六府 之本)이며

십이경맥의 뿌리(十二經脈之根)이며

호흡이 드나드는 문(呼吸之門)이며

삼초의 근원(三焦之原)이며

사기를 물리치는 신(守邪之神)이다

-『난경(難經)』

신간동기, 즉 기가 얼마나 중요한 것인지 한눈에 봐도 알 것 같습니다. 몸속의 어떤 것 하나를 이보다 더 높이 찬미할 수는 없을 것입니다. '신간동기'는 첫째로 오장육부의 근본입니다. 우리 몸에서 제일 중요한 곳이 오장육부입니다. 이 오장육부의 근본이 '신간동기', 즉 기라는 것입니다.

둘째, '신간동기'는 십이경맥의 뿌리입니다. 십이경맥은 온갖 기혈이 순환하는 통로로써 이것이 원활히 가동되면 건강하고 이것이 막히면 병이 옵니다. 그러니 십이경맥이 얼마나 중요하겠습니까? 이 십이경맥의 뿌리 역시 '신간동기'입니다.

셋째, 신간동기는 호흡이 드나드는 문입니다. 정작 호흡을 하는 코는 얼굴에 달려 있는데, '호흡지문呼吸之門'이라니 이건 또 무슨 소리일까요? 그 점은 이렇게 생각해야 합니다. 호흡은 생명현상의 중심에 있는 활동입니다. 이 중요한 활동을 코가 할 수는 없습니다. 코는 다만 호흡이 드나드는 통로인 것입니다. 실질적인 생명활동으로서의 호흡은 '신간동기'에 의해 행해지는 것입니다. 쉽게 말하면 기(氣, 신간동기)가 다 소모되고 없으면 호흡할 힘도 없어 죽게 됩니다.

넷째, 신간동기는 삼초의 근원입니다. 삼초는 다소 이해하기 어려운 개념이지만 중요한 기능을 합니다. 삼초는 일단 상초 · 중초 · 하초로 구분되는데, 상초는 호흡을 주관하고 중초는 소화를 주관하고 하초는 배설을 주관합니다. 그러므로 삼초에 기가 끊기면 사람은 죽는 것인데, 이 삼초를 가동시키는 근원이 바로 신간동기라는 것입니다.

다섯째, 신간동기는 사기를 물리치는 신입니다. 사기야 말로 만병의 근원인데, 이 사기를 물리쳐주는 힘이 바로 신간동기에서 나온다는 뜻입니다. 질병과의 관계에서 우리가 특히 주목해야 할 부분이 바로 이 부분입니다. '사기를 물리치는 신'을 현대의학에서는 '면역력'이라 합니다. 면역력이 강하면 암도 건드리지 못하지만 면역력 약하면 온갖 질병에 쉽게 걸립니다. 면역력만큼 중요한 것은 없습니다. 면역력이야 말로 건강의 핵심요소입니다.

우리는 멋없이 그냥 '면역력'이라 부르지만 옛 선인들은 여러 개념을 포괄적으로 파악해서 이름을 상징적으로 멋있게 지었습니다. 옛 선인들은 질병을 크게 정기와 사기의 싸움으로 파악해서, 정기가 사기를 물리치면 건강이고 거꾸로 사기가 몸 안으로 파고들면 질병이라고 봤습니다. 그래서 정기 안에 깃들어있는 '사기를 물리치는 신령한 기운'을 수사지신守邪之神이라 불렀습니다.

사기를 물리치는 신(守邪之神)이란 생명력, 활동력, 질병퇴치력, 예방력, 면역력 등을 포괄적으로 지칭하는 개념이라 할 수 있습니다. 면역력보다 훨씬 더 크고 넓은 개념입니다. 요컨대, 질병을 일으키는 것이 사기인데, 그 사기를 물리치는 힘이 바로 신간동기에서 나온다는 것입니다.

이 모든 역할을 하는 것이 '신간동기'입니다. 신간동기가 없으면 우리는 다 죽습니다. 생명의 원천이자 생명 에너지의 근원입니다. '신간동기'란 생명의 핵심근원에 깊숙이 가 닿았던 어떤 비범한 인물이 아니면 알 수 없는 물건입니다. 들을수록 오묘하고 신통방통한 이야기입니다. 우리는 이런 이야기들을 『황제내경』에서나 들어볼 수 있지, 서양의학에서는 도저히 기대할 수 없는 부분입니다. 서양의학의 어느 누가 『난경』처럼 생명의 근원자리에 도달해서 이렇게 인체 전체를 훤히 꿰뚫어 보는 놀라운 이야기를 해줄 수 있겠습니까? 인간의 몸에 관한 이런 깊고도 심오한 관점을 알아야 인류는 질병으로부터 벗어날 수가 있는 것입니다.

동양과 서양은 여러 면에서 많이 다릅니다. 의학도 마찬가지입니다. 서양의학은 '병리학'에 기초를 두고, 동양의학은 '생명학'에 기초를 두고 있습니다. 서양은 말하자면 지고 들어가는 싸움을 하고 있는 것입니다. 먼저 병나고 그 다음 치료하는 것입니다.

이것은 결코 권장할만한 방법이 아닙니다. 반면에 동양의학은 병리학에 그다지 관심이 없습니다. 대신 생명에 관심이 많습니다. 병이 오기 전에 병이 될 만한 싹을 찾아 치료해버리는 것입니다. 이것이 황제가 생각하는 진정한 치료의 개념입니다.

3
침술,
위대한 발견

동양에서는 2,500년 전에 인체의 경락을 발견했습니다. 그리고 이 경락을 기초로 침술이 출현했습니다. 경락과 침술의 발견, 이것은 인류 역사상 획기적인 사건이라 할 수 있습니다. 어떻게 해부학도 없던 시절에 인간이 이런 심오한 인체의 비밀을 알게 되었는지 지금 생각해도 놀라울 따름입니다. 그런데 이 경락과 침술의 발견에는 하나의 기본 전제가 있습니다. 기의 발견이 그것입니다. 경락과 침술은 발견은 기의 발견을 그 전제로 두고 있습니다.

서양에는 기라는 개념이 존재하지 않았습니다. 그러니 서양인들은 당연히 경락과 침술을 발견할 수가 없었던 것입니다. 발견을 못했다는 것까지는 좋은데 이 사람들은 또 의심이 많아서 침술을 믿지 않았습니다. 지금은 사정이 많이 다르지만, 20세기 중반까지만 하더라도 서양인들은 동양인들이 침 끝에 몰래 마약 같은 것을 묻혀서 찌르는 것으로 의심했습니다. 그들의 머리로는 도저히 납득이 안 되는 행위였기 때문입니다.

‘신경성 대장염’이라는 병명을 들어보셨나요? 이 병명은 세계 2차 대전 이전에는 존재하지 않았습니다. 이 병은 2차 대전 당시 미국 군대 내에서 생겨난 것입니다. 전쟁이 개시되었는데 병사들이 자꾸만 배를 움켜지고 화장실을 가는 것입니다. 지휘관들도 처음에는 꾀병인 줄 알았습니다. 그런데 전쟁이 진행되는 과정에서 ‘아랫배가 살살 아픈’ 병사들이 점점 증가하는 것입니다. 그래서 미육군성에서 전군을 상대로 이 이상한 질병에 대해 전수조사를 실시했습니다. 그 결과, 일부 지역이 아닌 전군에 이런 환자가 다수 있으며, 전투가 임박하면 그 수가 더 늘어난다는 사실을 알게 됐습니다. 대장 부위에 발병했으니 대장염은 대장염인데, 무언가를 잘못 먹어서 그런 것은 아니었기 때문에 신경성이란 말을 붙여 ‘신경성 대장염’이라 부르게 된 것입니다.

군대라는 곳은 민간과는 상황이 약간 다릅니다. 부상을 많이 입게 되고 그로 인한 통증 문제도 빈번해지다 보니 군대에서는 마취제며 진통제며 통증 제거를 위한 연구들을 많이 합니다. 그런데 신경성 대장염은 총을 맞은 것도 아닌데 통증을 호소하니 상당히 심각한 문제로 군부에서 새롭게 주목했던 것입니다. 이것이 1940년대의 상황입니다.

1970년대 핑퐁 외교시대에 접어들면서 미국 대통령 닉슨(Nixon)이 중국을 방문한 적이 있습니다. 이때 중국은 침술이 무엇인지 닉슨에게 보여주었습니다. 초등학생 아이의 뇌를 수술하는 장면을 전 세계로 생중계하기도 했습니다. 한의사가 나와 아이의 귀 밑에 침을 한 방 놓고 난 뒤, 아이의 두개골 뒷부분을 열어 양방의사들이 피범벅이 된 종양을 제거했는데 이런 상황에서도 아이는 손에든 콜라병에 빨대를 꽂아 콜라를 마시고 있던 것입니다. 이 장면이 텔레비전을 통해 전 세계로 퍼져나갔고 당연하게도 전 세계에서는 난리가 났습니다. 특히 서양의학계가 경악했습니다. 중국이 서양사회를 상대로 회심의 일격을 날린 것입니다. 침 한 방으로 아이의 뇌를 마취시켜 침술이 무엇인지 확실하게 보여준 것입니다. 이 사건 이후 침술에 대한 서양인들의 태도가 180도 바뀌었습니다.

이와 관련해서 미국 내에서 맨 먼저 움직인 집단은 미국의사협회가 아닌 미육군성이었습니다. 미육군성은 앞에서 언급한 것처럼 통증 문제에 관심이 많았습니다. 그러다 중국 침술의 놀라운 마취 효과를 보고 눈이 번쩍 뜨인 것입니다. 전쟁터에서 마취제나 진통제를 운반하는 것은 양도 한정되어 있을 뿐더러 불편한 일이었습니다. 하지만 침은 휴대성이 좋아 그런 문제들을 해결해 줄 수 있을 것이라 생각한 것입니다. 그래서 미육군성은 직접 나서서 민간에 연구 위탁을 주었습니다. 대학 의과팀들에게 연구비를 지원한 것입니다. 그때 참여했던 교수 중에 한 사람이 쓴 책이 있는데 거기 보면 이 사람들이 맨 처음 측정했던 경락이 '수양명대장경手陽明大腸經'으로 나와 있습니다. 경락이란 것이 존재한다는 것을 자기들 관점에서 처음으로 확인한 것입니다.

> 마리아가 측정한 첫 번째 경락, 각 팔의 위와 아래 부분 표면 위의 수양명대장경을 따라서, 측정된 혈들의 절반에서 전기적 특성이 예견된 대로 나타났다. 가장 중요한 것은, 시험한 모든 사람들에게서 같은 결과가 나왔다는 것이었다. (중략) 그리하여 적어도 침술 경

락도의 주요한 부분들이 '실질적인 객관적 토대'를 갖고 있음이 판명되었다.

–『생명과 전기』(로버트 베커) 291쪽

십이경락(十二經絡)

앞서 '신간동기(腎間動氣, 간단히 말하면 氣)'가 십이경맥의 뿌리라고 했는데, 그렇다면 이번에는 십이경맥에 대해 알아보도록 하겠습니다. 우리 몸은 12경락, 360혈로 이루어져 있습니다. 열두 가닥의 경락이 있고 360개의 혈자리가 있는 것입니다. 경락이란 무엇일까요? 사람의 몸을 나라라고 한다면, 경락은 철도와 같은 것입니다. 우리나라에 경부선, 호남선 등이 있는 것처럼 우리 몸에는 열두 개의 노선이 깔려 있습니다. 이것이 12경락입니다. 그럼, 혈자리란 무엇일까요? 혈자리(경혈)란 노선 위에 있는 기차역과 같은 것입니다. 이것이 360혈입니다. 이곳을 달리는 기차가 기에 해당합니다. 온갖 생필품을 가득 실은 기차가 시발역을 출발해서 여러 역을 거쳐 물품도 전하고 소식도 전하는 것처럼 생명 에너지를 가득 실은 기는 12경락을 따라 온몸의 360혈을 구석구석 쉼 없이 순환하는 것입니다.

원래 혈이란 구멍이란 뜻입니다. 즉 혈자리는 비어있는 구멍입니다. 딱딱한 뼈나 단단한 근육부위는 혈이 될 수가 없습니다. 뼈와 뼈 사이의 이음매, 근육과 근육 사이의 빈공간이나 접합부 같은 곳이 혈입니다. 그러니까 이곳에 기가 모일 수 있는 것입니다. 또 그렇기 때문에 혈은 그대로 급소가 되기도 합니다. 말하자면 혈은 사람을 죽일 수도 있고 살릴 수도 있는 곳입니다. 침술이란 바로 이 혈자리에 침을 꽂아 몸의 음양을 조절하는 것입니다.

경락은 왜 열두 가닥일까요? 우리 몸의 장부가 열두 개이기 때문입니다. 우리 몸을 오장육부라고 합니다. 오장은 간肝, 심心, 비脾, 폐肺, 신腎 다섯 가지를 가리킵니다. 실은 심포心包 한 가지가 더 있습니다. 한의학에서는 심장을 곁에서 싸고 보호하는 기능을 갖는 것으로 봅니다. 그러면 오장이 아니라 육장이 됩니다. 또, 모든 장기는 자기 짝이 있습니다. 이것이 바로 육부六府입니다. 대장, 소장, 삼초, 위, 담, 방광이 그것입니다. 육장육부, 그래서 12경락이 되는 것입니다.

그럼 12경락의 상호관계를 한 번 살펴볼까요? 12경락을 이루는 6장과 6부가 서로 짝이 된다는 것을 미리 말씀드렸는데, 그러면 이들은 실제로 어떤 방식으로 서로 짝을 이루고 있을까요? 장-부 사이의 짝을 찾는 것은 2,500년 전 동양의 어떤 위대한 신인神人이 최초로 행했던 것인데, 우리도 이 즐거운 통찰에 한 번 참여해봅시다. 참고로, 서양의학에는 장부 사이의 짝이라는 개념이 전혀 없습니다.

간의 짝은 담입니다. 그래서 '간담'은 한 팀이 되는 것이고 서로 표리가 되는 것입니다. 흔히 '간담이 서늘하다'는 말을 사용합니다. 또 '간에 붙었다, 쓸개에 붙었다 한다'는 표현도 씁니다. 이게 다 우리 조상들은 간담이 서로 짝이라는 것을 알았다는 증거입니다.

그러면 비의 짝은 무엇일까요? 바로 위입니다. '비위가 상했다', '비위짱이 안 맞는다'는 표현도 흔히 쓰는 말입니다.

다음으로 신장의 짝은 방광입니다. 신장 · 방광은 한의학에서 같이 가는 개념입니다. 신장에 문제가 생기면 방광에 문제가 생깁니다. 신장에서 물을 잘 걸러주지 못하는데 방광이 소변을 제대로 배출할 수는 없는 일입니다.

여기까지는 쉬운데 다음 세 가지는 좀 어렵습니다. 먼저 심포는 삼초와 표리를 이룹니다. 심포는 무언가를 저장하는 기능이고 삼초는 무언가를 배출하는 기능입니다. 이렇게 되면 이 모임에서 아직 짝을 못 찾은 것은 폐와 심 두 가지 뿐입니다. 그리고 그 상대로는 소장과 대장이 남았습니다.

폐는 대장과 짝을 이룹니다. 한의학에서 폐 · 대장은 같이 가는 개념입니다. 폐는 다 쓴 공기의 찌꺼기를 내보내는 곳이고, 대장은 다 먹은 음식 찌꺼기를 내보내는 곳입니다. 하나는 기체고 다른 하나는 고체지만 기능이 비슷합니다. 또, 유방암 · 폐암에서 가장 많이 전이되는 곳이 대장입니다. 그래서 유방암과 폐암에 걸렸던 사람들은 나중에 대장암을 조심해야 합니다. 물론, 반대의 경우도 마찬가지입니다.

마지막으로 심과 소장小腸입니다. 한의학에서 '심 · 소장'은 짝으로 겉과 안의 관계에 있습니다. 심장에 화가 가득 찬 사람은 영양물의 운반 공급이 잘 안되며 또 오줌이 붉은 빛이 돌아 심하면 피가 나오게 됩니다. 이처럼 우리 몸 안에는 6짝이 있는데 이들이 서로 싸우지 않고 잘 지내야 우리 몸도 조화와 균형을 이룰 수 있습니다.

우리 인체에는 장藏과 부府가 있습니다. 그럼 무엇을 기준으로 장과 부를 나눌까요? 장과 부의 형태를 보면 답을 알 수 있습니다. 장은 모두 속이 꽉 차있는데 반해 부는 속이 텅 비어 있습니다.

즉, 간 · 심 · 비 · 폐 · 신 오장은 속이 꽉 찬 덩어리처럼 생겼고, 담 · 소장 · 위 · 대장 · 방광 · 삼초 육부는 속이 빈 공처럼 생겼습니다. 이것도 생각하면 할수록 신기한 일입니다. 장기 열두 개가 어떻게 반씩 갈라져서 여섯 개는 꽉 차고 여섯 개는 텅 비어있을까요? 이 장부 열두 개를 지배하는 힘은 무엇일까요? 이 전체를 관통하는 힘은 다름 아닌 '음양'입니다. 사물이 꽉 찬 것은 기의 응취凝聚를 보여주는 것이기 때문에 음입니다. 사물의 가운데가 텅 빈 것은 기의 발산發散을 보여주는 것이기 때문에 양입니다. 사실, 글자 자체에 이미 그 뜻이 들어 있습니다. 장藏이란 무언가 가득 차있다는 뜻이고 부府란 비어있는 창고란 뜻입니다. 여하튼 오장육부의 조화라는 것은 결국 음양의 조화입니다.

짝	
장藏	부府
간	담
심	소장
비	위
폐	대장
신	방광
심포	삼초

오장육부를 합하면 도합 12장부가 됩니다. 12경락은 이 장부 열두 개에 저마다 경락이 하나씩 흐른다는 것입니다. 폐의 기운이 흐르는 열차길이 폐경락(수태음폐경)이고, 대장의 기운이 흐르는 열차길이 대장경(수양명대장경)이고, 간의 기운이 흐르는 열차길이 간경락(족궐음간경)입니다. 이 열차길 열두 가닥은 노선이 딱 정해져 있어서 열

차가 절대 다른 노선으로 다니지 않습니다. 오로지 자기 소속의 열차만이 자기 소속의 물품을 싣고 자기 소속의 노선으로 운행됩니다. 이 점은 통상 열차와도 똑같습니다. 만약 호남선 열차가 경부선으로 뛰어들면 큰 사고가 나는 것처럼 경락이 엉키면 몸에 큰 사고 나는 것입니다. 그래서 그런 일은 일어나지 않습니다.

가령, 위경락은 몸의 앞면에 분포해있는데 얼굴까지 연결되어 있습니다. 그래서 위에 통증이 생기면 바로 얼굴을 찡그리는 것입니다. 또 담경락은 몸의 옆면에 분포되어있는데 이 경락은 말 그대로 담력과 관련이 있습니다. 그래서 군대에서 군가를 부를 때에는 담력을 기르기 위해 옆구리에 딱 손을 짚고 노래를 부르는 것이죠. 또 방광경은 몸의 뒷면에 분포되어 있는데 이 경락은 공포와 관련이 있습니다. 그래서 사람이 두려움과 공포를 느끼면 등줄기 부분에서 무언가가 쭉 아래로 내려가는 느낌을 받는 것입니다.

손과 발 역시 12경락과 관련이 있습니다. 12경락은 손에 6경락, 발에 6경락이 흐릅니다. 횡격막을 기준으로 사람 몸은 가슴과 배로 나누어지는데, 폐, 심장, 심포 셋은 횡격막 위(가슴)에 있고, 비장, 간장, 신장 셋은 횡격막 아래(배)에 있습니다. 위(가슴)에 있는 폐, 심장, 심포는 경락이 손을 따라 흐르고 아래(배)에 있는 비장, 간장, 신장은 경락이 발을 따라 흐릅니다. 이 또한 얼마나 사리에 합당합니까?

커플은 자기 짝을 따라가기 마련입니다. 대장(폐의 짝), 소장(심장의 짝), 삼초(심포의 짝)도 경락이 손을 따라 흐릅니다. 다만, 폐, 심장, 심포 세 경락은 음경락이 되고 대장, 소장, 삼초 세 경락은 양경락이 됩니다. 위(비의 짝), 담(간의 짝), 방광(신의 짝)도 자기 짝을 따라 경락이 발을 따라 흐릅니다. 마찬가지로 비, 간, 신 세 경락은 음경락이 되고 위, 담, 방광 세 경락은 양경락이 됩니다. 이 정도면 12경락에 관한 큰 흐름을 거의 다 훑어본 것입니다.

십이경락	손	3음	폐경
			심포경
			심경
		3양	대장경
			삼초경
			소장경
	발	3음	비경
			간경
			신경
		3양	위경
			담경
			방광경

이것이 우리 몸의 12경락과 오장육부와 수족 간의 상호관계입니다. 오장육부와 12경락의 배치가 얼마나 오묘하고 질서정연한지 마치 톱니바퀴가 맞아 돌아가는 모습을 보는 듯합니다. 이것이 조물주가 만든 우리 몸의 내부구조입니다.

4 임맥과 독맥

우주의 음양이 사람 몸에서 가장 뚜렷이 나타나는 경락이 두 가닥 있는데, 그것이 바로 임맥과 독맥입니다. 인간 몸에서 중심축이 중요한데, 중심축을 따라 앞으로 흐르는 경락이 임맥이고 뒤로 흐르는 경락이 독맥입니다.

정수리에 백회百會혈이 있는데, 이 백회가 하늘과 닿는 곳입니다. 독맥은 백회에서 아래로 내려옵니다. 반대로 우리가 앉은 자세에서 맨 아래 있는 것이 회음會陰혈인데, 이 회음이 땅과 닿는 곳입니다. 독맥은 하늘의 기운을 받아 양이고, 임맥은 땅의 기운을 받아 음이 됩니다.

양(天의 기운) : 독맥(백회에서 아래로 내려옴)

음(地의 기운) : 임맥(회음에서 위로 올라감)

우리 인간의 몸에서 가장 중요한 2대 중추가 뇌중추와 성중추입니다. 뇌중추는 자기 생존을 도모하는 것이고, 성중추는 후손의 생존을 도모하는 것입니다. 독맥, 임맥은 이것과 관련된 것입니다. 독맥은 뇌와 연계되어 있고, 임맥은 자궁과 연계되어 있습니다. 12경락도 중요하지만, 임맥과 독맥은 더욱 중요한 것입니다. 임맥과 독맥은 우리 삶에 지대한 영향을 끼치는 것으로써 정확히 알아야 합니다. 또, 임맥과 독맥은 나중에 공부하겠지만 명상법, 수행법과도 깊은 관계가 있습니다.

독맥의 독督 자에는 눈 목目 자가 들어있습니다. 즉, 독맥이란 사물을 쏘아보는 강한 양의 기운으로 관리 · 감독하고 의심 · 경계하는 기능을 합니다.

독맥은 남성적 · 공격적이며, 항상 No라고 말하는 부정적 상태입니다. 'No'를 제대로 못하는 것은 독맥의 기능이 죽은 것입니다. 반대로, 임맥의 임任 자는 맡길 임 자로서 믿고 맡긴다는 뜻입니다. 여기에 계집 여女 자를 추가하면 임신할 임姙 자가 됩니다. '임任' 자는 그냥 사람한테 무언가를 믿고 맡기는 것이고 '임姙' 자는 특별히 어떤 여자한테 무언가를 맡기는 것입니다. 무엇을 맡길까요? 아이를 맡기는 것입니다. 못 믿을 여자에게 어떻게 아이를 맡기겠습니까? 그러므로 임맥은 무한히 포용하는 대지와 같이 순하고 부드러운 음의 기운을 지닌 것으로 여성적 · 평화적이며 항상 Yes라고 말하는 긍정적 상태를 대표합니다. 독맥을 영어로 governor vessel, 임맥을 conception vessel이라고 하는데 governor란 감독관 · 통치자라는 뜻이고 conception은 임신이란 뜻입니다. vessel은 관 · 도관이란 뜻입니다.

– 임 · 독맥이 마주치는 곳이 어디인가?

우리 몸에서 임 · 독맥이 마주치는 곳이 있는데, 그곳이 어디일까요? 우리 몸에 임맥은 모두 24혈, 독맥은 모두 28혈이 있습니다. 임맥은 맨 아래 회음에서 시작해서 관원 · 석문 · 기해(단전)를 지나 배꼽(신궐) · 명치(구미) · 전중을 타고 올라 입술 밑의 오목한 부위인 승장承漿에서 끝납니다. 즉, 회음에서 시작해서 승장에서 끝나는 것입니다. 승장의 장漿이란 물水 중의 장군將이란 뜻인데, 바로 침을 가리키는 것입니다. 침을 금장옥액金漿玉液이라고도 하는데, 이 장漿이 바로 그 장漿입니다. 즉 승장이란 침漿이 흘러내려오는(承) 곳이란 뜻입니다.

반대로 독맥은 꼬리뼈 아래에 있는 장강長强에서 시작해서 명문을 타고 올라 대추, 아문, 풍부를 지나 백회百會에 이르고 여기서 다시 아래로 내려와 인중(수구)을 지나 입술 속에 있는 은교에서 끝납니다. 즉, 장강에서 시작해서 은교에서 끝나는 것입니다. 은교의 은齦이란 잇몸이란 뜻인데, 좌우의 잇몸이 만나는 중심에 있기 때문에 교交 자를 써서 은교齦交라고 합니다.

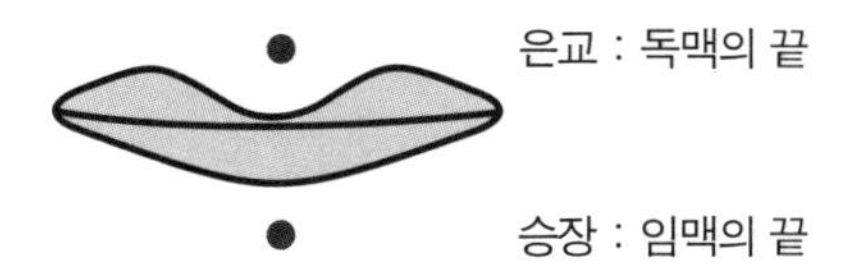

임 · 독맥이 마주치는 곳이 입술입니다. 양의 기운(독맥)은 윗입술에서 그치고 음의 기운(임맥)은 아랫입술에서 그치는 것입니다. 인간의 입술은 예민한 곳입니다. 속마음은 감출 수 있어도 입술은 감출 수 없습니다. 인간의 감정은 아무리 감추려 해도 입술에 다 나타납니다. 아랫입술은 뭔가 긍정적이고 사랑스럽고 평화로운 기운이 몸을 감쌀 때 자연스럽게 가동됩니다. 가령, 할머니가 사랑스러운 손자를 오랜만에 보고 "오냐, 내 새끼"하면서 포옹을 할 때 아랫입술이 두툼해지면서 앞으로 쭉 나옵니다. 임맥의 긍정적이고 포용적인 기운이 경락의 맨 끝인 아랫입술까지 퍼지는 것입니다.

반면에 윗입술은 뭔가 부정적이고 공격적이며 불쾌한 기운이 몸을 감쌀 때 가동됩니다. 이것이 독맥의 기능입니다. 가령, 조폭이 말 안 듣는 부하를 꾸짖을 때 "이 자식, 죽고 싶어!"하면서 욕설을 퍼부을 때는 반드시 윗입술이 아랫입술을 덮으면서 앞으로 튀어나옵니다. 독맥의 부정적인 기운이 백회를 타고 내려와 윗입술까지 도달한 것입니다.

이처럼 몸 안의 음양은 부지불식간에 우리 온 몸을 지배합니다.

때문에 사람의 표정을 잘 관찰하고 있으면 그 사람이 지금 무슨 생각을 하는지 대충 알 수 있게 됩니다. 가령, 어떤 사람이 무언가를 결정하지 못하고 고민할 때 어떤 표정을 지을까요? 이 상황은 임 · 독맥이 충돌하는 상황이기 때문에 그 사람은 두 입술을 삐죽거리며 입을 내밉니다. 받아들일까(임맥), 아니면 내칠까(독맥) 고민하며 임 · 독맥 둘이 서로 싸우는 모습이 입에 나타나는 것입니다.

그러다 예스(yes)로 결정이 나면 "좋다, 하자"면서 침을 꿀꺽 삼키는 반면, 노우(no)로 결정이 나면 "에이, 때려치우자"면서 침을 탁 뱉습니다. 왜 그럴까요? 마음이 긍정으로 돌아서면 침이 달콤해지는데 반해 마음이 부정으로 돌아서면 그 순간 침이 써지기 때문입니다.

- 사람이 죽으면 열리는 구멍 두 곳은 어디인가?

결론부터 말하자면 입과 항문입니다. 원래 입에서는 위에서 본 것처럼 은교(독맥)와 승장(임맥)이 단절되어 있고, 항문에서는 회음(임맥)과 장강(독맥)이 단절되어 있는 상태입니다. 사람이 죽으면 음양이 흩어지는데 이에 따라 임 · 독맥도 흩어집니다. 그래서 위에서는 입이 열리고 아래에서는 항문이 열립니다. 평소에 입과 항문에서 임 · 독맥을 연결시켜주는 것이 중요한데, 여기에 두 가지 운동법이 있습니다.

첫째는 고치법叩齒法으로 은교와 승장을 연결시켜주는 좋은 운동입니다. 치아를 부딪쳐줌으로써 끊겼던 독맥(은교)과 임맥(승장)이 연결되어 침이 잘 나오게 됩니다.

둘째는 케겔운동(항문 조이기 운동)으로 이는 끊겨있는 회음과 장강을 연결시켜주는 것입니다. 임맥과 독맥이 서로 분리되어 제멋대로 날뛸 때 케겔운동을 하면 심신이 안정됩니다.

- 독수리는 임맥이 발달했을까, 독맥이 발달했을까?

이제 우리는 어떤 동물을 보면 임맥이 발달해있는지 아니면 독맥이 발달해있는지 유추해 볼 수 있습니다. 신체부위 어딘가에 반드시 특징이 들어있기 때문입니다. 독수리와 매는 당연히 독맥이 발달했습니다. 독수리와 매, 솔개나 부엉이 등 포식자들의 생김새를 유심히 살펴보면 윗부리가 발달했음을 볼 수 있습니다. 사람으로 치면 윗입술입니다. 포식자들은 독맥이 발달해있기 때문에 윗부리가 아랫부리에 비해 훨씬 크고 강합니다. 윗부리가 아랫부리를 거의 뒤덮고 있는 형국입니다.

▲펠리컨(위)과 독수리

반대로 펠리컨이나 오리는 임맥이 발달한 동물입니다. 펠리컨과 오리의 부리는 독수리나 매의 그것과는 정반대로 생겼습니다. 펠리컨과 오리의 아랫부리는 크고 넓적해 윗부리가 가려 거의 안 보일 지경입니다. 이것이 전형적으로 임맥이 발달한 모습입니다.

그렇다면 독수리와 매는 새끼 수가 많을까요, 적을까요? 임맥이 발달되지 않았기 때문에 당연히 적습니다. 반대로 펠리컨과 오리는 새끼 수가 많습니다. 임맥이 매우 발달되어 있기 때문이지요. 포식자의 새끼 수가 적고, 먹잇감의 새끼 수가 많다는 것은 자연의 오묘한 조화입니다. 만약 반대로 포식자의 새끼 수가 더 많으면 이 천지만물의 균형은 유지되지 않을 것입니다.

-「사암도인침술원리」, 금오, 111쪽 참조

– 철학자는 임맥이 발달했을까, 독맥이 발달했을까?

철학자는 독맥이 발달합니다. 철학자는 이 세상 만물을 따져보고 의심해보는 사람입니다. 데카르트는 아예 "회의한다, 고로 존재한다."라고 했습니다. 철학자가 독맥이 발달하지 못하면 남의 철학을 베끼기만 할 뿐 독창적인 철학을 창조해내지 못합니다. 그러면 종교인은 어떨까요? 종교인은 임맥이 발달합니다. 종교인은 항상 "믿습니다"라고 외치는 사람입니다. 임맥이나 독맥 한 쪽으로만 치우지면 반쪽짜리 인간성밖에 안되는 것입니다.

– 그러면 노자 · 장자는 임맥이 발달했을까, 독맥이 발달했을까?

노자, 장자는 임맥과 독맥이 조화를 이룬 사람들입니다. 이들은 어느 한쪽으로 치우치지 않고 인간성의 전체를 완성시킨 사람들입니다. 이런 이들을 일러 '음양화평지인陰陽和平之人'이라 합니다. 노자 『도덕경』 제28장에 이런 말이 있습니다.

> 知其雄 守其雌 爲天下谿(지기웅 수기자 위천하계)
> 爲天下谿 常德不離 復歸於嬰兒(위천하계 상덕불리 복귀어영아)
> 그 남성적인 것을 알면서 그 여성적인 것을 지키면
> 천하의 골짜기가 될 것이니라.
> 천하의 골짜기가 되면 영원한 덕이 떠나지 않으며
> 어린아이로 돌아가게 될 것이니라.

'그 남성적인 것'이란 독맥이며 '그 여성적인 것'이란 임맥입니다. 그 남성적인 것을 알면서 그 여성적인 것을 지킨다 함은 독맥과 임맥의 균형을 유지한다는 뜻인데 정확히는, 너무 독맥을 쓰려 하지 말라는 뜻입니다. 그 남성적인 것(雄), 즉 독맥을 쓰고 싶을 때 한 번 참고 그 여성적인 것(雌), 즉 임맥을 쓰라는 말입니다. 그러면 천하의 골짜기가 되어 위대한 덕이 나를 떠나지 않고 마침내 순진무구한 동심의 세계로 돌아갈 수 있다는 것입니다. 이런 사람이 바로 '음양화평지인'입니다.

– 한 집안에서는 임 · 독맥이 어떻게 작용하는가?

지금까지는 수신修身의 관점에서 살펴본 것이고, 이제부터는 제가齊家, 치국治國, 평천하平天下의 관점에서 살펴보겠습니다.

먼저, 임 · 독맥의 기능은 한 집안에서 어떻게 작용할까요? 이 질문에 앞서 한 가지 질문을 더 던져보겠습니다. 여러분들 집에서는 누가 '악역'을 담당합니까? 남편입니까, 부인입니까? 집안의 '악역'을 남편이 담당하고 있다면 그 남편은 그것만으로도 상을 받아야 합니다. 대한민국 남편들은 악역담당을 포기한지 이미 오래됐습니다. 대한민국 가정의 90퍼센트 정도가 이런 모양새입니다. 이렇다보니 여자가 나서서 악역을 담당하는 것이 우리나라의 현실입니다. 생각해봅시다. 선천적으로 별로 있지도 않은 독맥을 발달시켜서 여자가 악역을 담당하려니 얼마나 힘들겠습니까? 의학적으로 보면 이건 여자가 병드는 구조입니다. 남자들이 책임을 방기하는 사이에 여자들이 병드는 것입니다.

그런데 옛날에는 이렇지 않았습니다. 옛날에는 남자들이 악역담당을 확실히 했습니다. 아빠가 무서운 역할을 하고, 엄마가 감싸 안아주는 역할을 하는 구조, 이게 전통적인 '엄부자모嚴父慈母'구조입니다. 이것이 아이들을 기르는 아주 효율적인 구조이고, 또 자연의 이치에도 맞는 구조입니다. 그런데 요즘은 거꾸로 가고 있습니다. 그러니 가족 구성원 모두가 힘들어집니다.

아이들이 성장하는 과정에서 잘못을 할 때가 왕왕 있습니다. 그러면 이럴 때 아버지가 나서서 호통 한 번 치고 정리를 확실히 해줘야 합니다. 그러고 나면 그 다음에 엄마가 나서서 찔끔거리고 있는 아이를 따뜻하게 사랑으로 감싸줘야지 좋은 구조입니다. 이렇게 하면 아이들도 잘못되는 일이 없습니다. 그런데 요즘은 이런 구조를 가진 집이 점점 희귀해졌습니다. 요즘은 반대로 '친구 같은 아버지'가 각광받는다고 하는데, 실은 이게 별로 좋은 것이 아닙니다. 나중에 자식들이 '아버지 같은 아버지'를 필요로 할 때가 생기면 그때는 그런 아버지를 어디에 가서 빌려올까요? 자연스러운 것이 가장 좋은 것입니다. 자연의 이치에 따르다 보면 내 몸에도, 내 집에도 평화가 옵니다.

– 한 나라에서는 임 · 독맥이 어떻게 작용하는가?

국가적인 차원에서 임 · 독맥의 기능은 정말로 중요합니다. 국방과 외교 분야에는 독맥이 딱 서있어야 합니다. 날카롭게 쏘아보면서 외적들에 대해 감시 · 의심 · 경계태세를 늦춰서는 안 됩니다. 이것이 국방과 외교가 할 일입니다. 국방부가 뇌물이나 받고 부패하면 그 나라는 끝장난 것이나 다름없습니다. 이렇게 되면 국방부로부터 오히려 나라를 지켜야하는 상황이 될 수도 있습니다. 또 외교관도 마찬가지입니다. 대사니 총영사니 하는 사람들이 자국민이 해외에서 사고를 당하면 나 몰라라 하고 현장에 나타나지도 않고 자국민을 보호하기는커녕 외국 눈치나 살살 보면 그 나라는 잘못돼도 한참 잘못된 나라입니다.

반면, 내무와 행정 분야는 임맥이 원활히 가동되어야 합니다. 생활의 전체적인 영역에서 국민을 따뜻하게 배려하고 감싸 안아야 합니다. 이것이 내무 · 행정이 할 일입니다. 그런데 현실은 거꾸로 임맥이 아닌 독맥이 가동되어 국민을 호령하고 내치고 버리는 일이 비일비재합니다. 이러면 민심이 이반해서 나라가 망합니다.

선진국이란 임 · 독맥이 제 기능을 하는 나라입니다. 강대국에는 할 말 하고, 자국민에게는 늘 겸손한 나라가 선진국입니다. 이러면 그 나라는 잘 굴러갑니다. 자기 나라에 대한 자부심이 있으니 국민들도 자연히 국가에 대한 충성도가 높아집니다. 반면 후진국은 임 · 독맥이 거꾸로 된 나라입니다. 강대국에는 할 말 못하고, 자국민에게만 큰소리치는 나라가 후진국입니다. 나라가 꼭 돈이 많아야 선진국이 되는 것이 아닙니다. 아무리 돈이 많아도 정신이 올바르지 못하면 후진국인 것입니다.

– 천하에서는 임 · 독맥이 어떻게 작용하는가?

천하를 다스릴 때는 독맥을 앞에 내세우면 안 됩니다. 항상 신중한 태도로 한 발짝 물러서서 임맥을 가동할 줄 알아야 합니다. 말하자면 큰 골짜기가 되어 모든 강줄기를 제 품에 쓸어안아야 합니다. 노자의 『도덕경』 제61장에 이런 말이 있습니다.

> 큰 나라는 강의 하류, 천하만물이 모두 모이는 곳이다.
> 大國者下流 天下之交

그런데 현실적으로 세계의 대국 중에 이렇게 하는 나라가 하나도 없습니다. 이들은 노자의 충고를 알지 못한 채 저마다 '상류'를 고집합니다. 미국도 중국도 다른 모든 나라도 '상류'가 되려고만 합니다. 그렇기 때문에 천하만물이 모두 모이지 못하고 흩어지고 싸우는 것입니다. 세상에 혼란이 가중되는 것은 어찌 보면 자연스러운 일입니다.

한고조 유방이 천하를 거머쥔 것은 임맥을 썼기 때문입니다. 그런데 임맥은 별로 멋이 없어 보입니다. 독맥이 멋있습니다. 독맥은 이마에서 번쩍번쩍 광이 나고 목에 육중한 깁스를 두르고 있습니다. 그래서 사람들이 다 독맥을 쓰려합니다. 그러나 독맥에는 결정적인 약점이 있습니다. 독맥은 큰 것을 품지 못합니다. 큰 것을 품는 것은 임맥입니다.

유방은 이 점을 알았던 것입니다. 유방의 책사 장량이 도가사상에 정통했다는 것은 널리 알려진 사실입니다. 그 장량이 유방에게 노자철학의 심원한 부분을 틈틈이 이야기해줬습니다. 장량을 가리켜 흔히 '문 밖을 나가지 않고도 천하를 아는(不出戶 知天下)' 인물이라는 표현을 쓰는데, 이 말 자체가 『도덕경』 제47장에서 그대로 따온 말입니다.

유방은 임맥형 인물입니다. 그는 천민 출신이고 가진 것이 없었기에 그만큼 유연했습니다. 반면 항우는 독맥형 인물입니다. 그는 귀족출신이고 잘났고 총명했습니다. 항우가 말을 타고 함양을 지나면 모든 여자들이 쓰러질 지경이었습니다. 항우는 임맥을 쓸 필요를 전혀 느끼지 못했습니다. 그는 유방과 수십 번을 싸워 수십 번 다 이겼습니다. 그러다가 맨 마지막 전투인 해하 전투에서 딱 한 번 유방에게 지고 그 길로 무너져 자살하고 말았습니다.

큰 것을 품는 것은 임맥입니다. 독맥은 멋있지만 경직되어 있습니다. 반면 임맥은 어리숙하지만 유연합니다. 독맥은 총명한 까닭에 늘 먼저 이기지만 나중에 지기 쉽고, 임맥은 총명을 내세우지 않기 때문에 결국 끝에 가서 승자가 되는 것입니다.

眞人以道治病
(진인이도치병)
참사람은 도(道)로써
병을 치료한다.

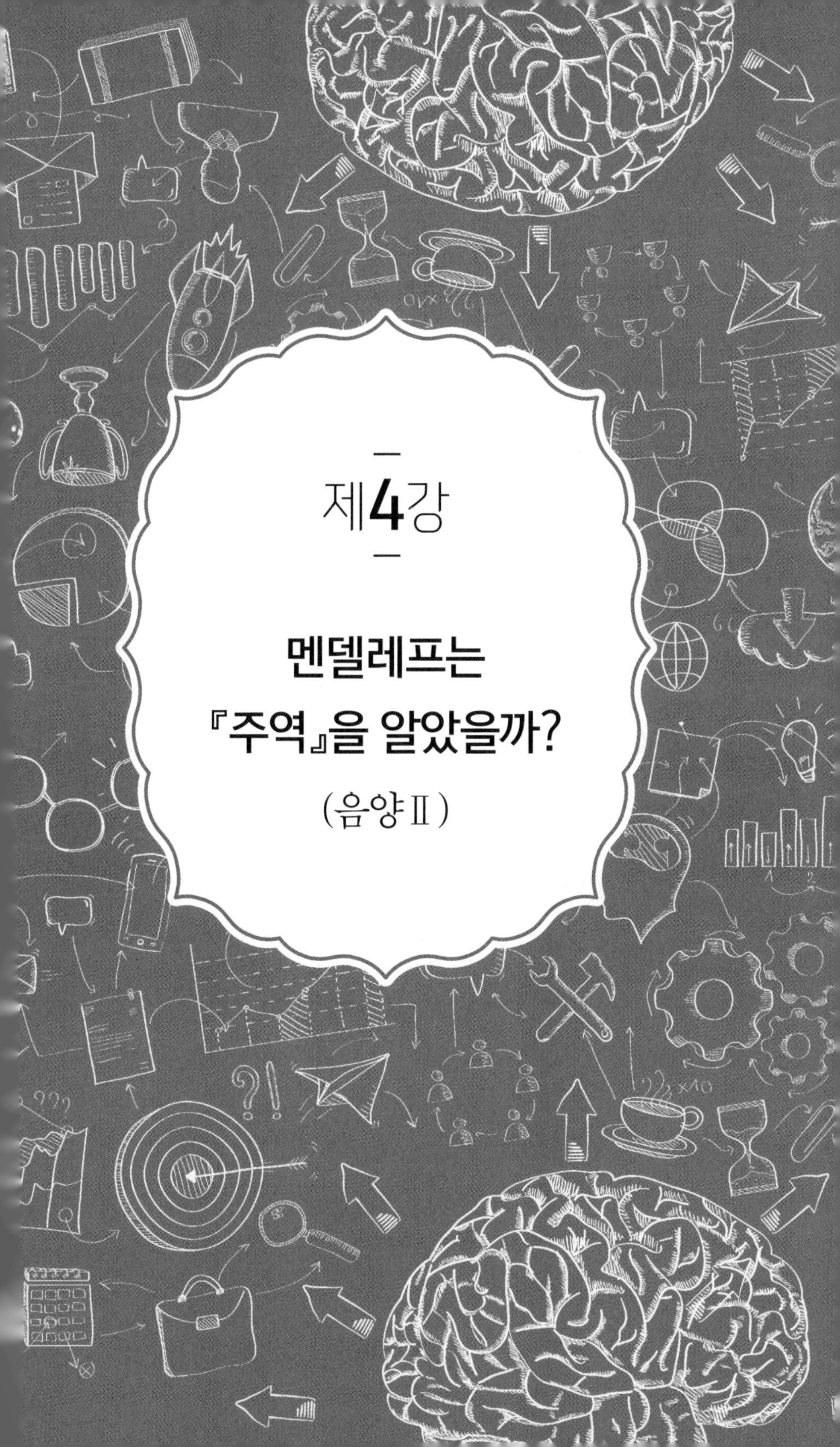

제4강

멘델레프는 『주역』을 알았을까?

(음양Ⅱ)

1
우주 속 음양

이번에는 사물의 음양을 살펴보도록 하겠습니다. 이 우주는 처음부터 음양으로 짜여 있습니다. 음양을 벗어난 것은 우주 안에 하나도 없습니다. 비유적으로 말하자면 지금 우주는 천지만물이라는 큰 피륙을 짜고 있는데, 이러한 우주의 모든 피륙은 음과 양이라는 실로 짜여 있는 것입니다. 그래서 그 실 두 가닥을 알면 삼라만상의 변화를 알 수 있습니다.

하늘이 있으면 땅이 있고, 낮이 있으면 밤이 있습니다. 높은 곳이 있으면 낮은 곳이 있고, 긴 것이 있으면 짧은 것이 있습니다. 강한 것이 있으면 부드러운 것이 있고, 불이 있으면 물이 있습니다. 어느 것 하나 음양을 벗어날 수 없습니다.

이를 구체적으로 한 번 살펴볼까요? 세상에는 크게 보아 인간, 동물, 식물, 광물이 존재합니다. 이것들 모두 음양, 즉 남녀가 있습니다. 첫째 인간은 당연히 남녀가 있고, 둘째 동물에도 암수가 있고, 셋째 식물에도 암수가 있습니다. 물론 식물은 자웅동주雌雄同株와 자웅이주雌

雄異株로 구분해 봐야합니다. 은행나무 같은 자웅이주는 암수가 있는 것이고, 통상의 자웅동주는 암수가 없습니다.

그렇다면 여기서 우리는 뜻밖의 중요한 한 가지 사실을 알 수 있습니다. 즉, 우주 진화의 역사에서 성(性, Gender)이라는 것이 식물단계에서 출현했다는 것입니다. 성이 출현하지 않았다면 우리 인간이라는 종은 지금 어떤 모습을 하고 있을까요? 자웅동주처럼 남녀가 똑같이 생겨서 서로 멀뚱멀뚱 쳐다보고 있지 않을까요? 사랑이니 애정이니 포옹이니 키스니 하는 일체의 낭만적인 요소는 눈을 씻고 봐도 찾을 수 없을 것입니다. 성의 출현이 그렇게 중요한 것입니다. 그런데 그 시작을 다름 아닌 식물이 했다는 것입니다. 그러니 우리 모두는 식물에게 큰 절을 해야 마땅합니다. 가장 인간적인 요소가 식물에게서 왔다는 이 역설 속에서 우리는 살아가고 있습니다.

자웅동주는 그럼 무엇일까요? 자웅동주는 내부적으로 광물의 연장선상에 있습니다. 광물은 외양상으로는 음양이 없어 보입니다. 하지만 그렇지 않습니다. 광물에도 분명 음양이 있습니다. 자석이 그렇습니다.

자석을 보면 N극과 S극이 있습니다. 이것이 음양입니다. 더욱 신기한 것은 이 자석이라는 놈은 쪼개고 쪼개도 음양이 계속 나타난다는 것입니다. 광물도 결코 음양을 벗어날 수 없음을 여실히 보여주는 것입니다. 죽은 광물 안에 이미 음양이 들어있었던 것이고, 이것이 생명을 지닌 식물의 단계에서 수 십억 년의 잠복기(자웅동주)를 거쳐 성性의 형태(자웅이주)로 지상에 출현한 것이라고 봐야 합니다.

두 번째로 전기를 봅시다. 전기에도 음(-) · 양(+)이 있습니다. 에디

슨은 서양인이고 음양론을 공부한 사람은 아니지만, 전기라는 우주의 근본물질에서 음양을 발견했습니다. 그는 서양의 모든 철학과 과학 서적을 찾아보았지만 어떤 책에서도 이것에 관한 설명을 찾을 수가 없었습니다. 그래서 그는 서양철학에서 그 이름 찾기를 포기하고 동양철학에서 그 이름을 빌려다 하나를 음(마이너스)으로, 하나를 양(플러스)이라고 부른 것입니다. 그런 의미에서 에디슨이야말로 당대의 가장 뛰어난 음양론자라고 할 수 있습니다.

그럼, 세 번째로 원자를 살펴볼까요? 원자에는 전자, 양성자, 중성자가 있습니다. 전자는 전기적으로 마이너스(-)이고, 양성자는 플러스(+)이며, 중성자는 중화된 형태입니다. 물질의 근본이 원자인데, 그 원자를 더 쪼개니 그 안에 음양이 들어있지 않습니까?

덴마크의 닐스 보어(Niels Bohr)는 원자구조론으로 1922년 노벨물리학상을 수상했습니다. 그의 원자구조론의 핵심은 원자의 내부에 음양이 있다는 것입니다. 이 또한 음양론으로부터 멀리 떨어진 이론이 아님을 알 수 있습니다.

이처럼 광물을 포함한 식물, 동물, 인간, 천지만물 중에서 음양을 벗어난 것은 하나도 없습니다. 하늘과 땅 자체가 음양의 큰 두 축인데, 그 안에 있는 사물들이 어찌 음양을 벗어날 수 있겠습니까? 동양의 위대한 경전들은 수 천 년 전부터 이미 이 이야기를 해왔습니다. 『황제내경』과 『주역』과 『도덕경』은 이점에서 일치합니다.

『황제내경』은 이것을 "음양자 천지지도야陰陽者 天地之道也"라고 했고, 『주역』은 "일음일양지위도一陰一陽之謂道"라고 했으며, 『도덕경』은 "반자 도지동反者 道之動"이라 했습니다.

황제내경 : 陰陽者 天地之道也 (음양은 천지의 가장 큰 이치이다)

주역 : 一陰一陽之謂道 (한 번 음하고 한 번 양하는 것이 도이다)

도덕경 : 反者道之動 (되돌아 가는 것이 도의 움직임이다)

이 셋은 다 같은 말입니다. 또한 이 셋은 동양철학에서 가장 중요한 사상입니다. 이 세 마디를 알면 동양철학의 핵심을 아는 것이고, 이 세 마디를 모르면 동양철학의 핵심을 모르는 것입니다.

태극도와 기하학의 차이

음양을 표시하기 위해 다음과 같은 두 개의 그림을 그려볼 수 있습니다.

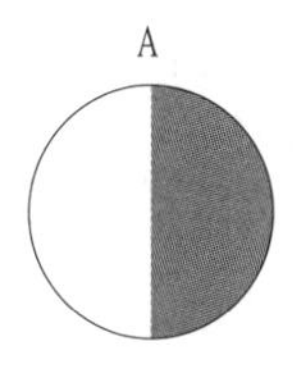

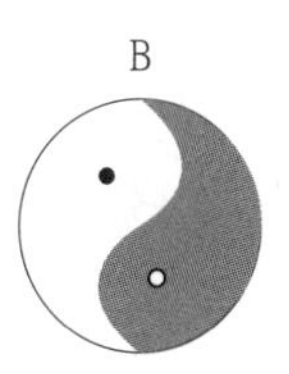

A는 가운데가 직선으로 되어있고, B는 반S자 곡선으로 되어있습니다. 여기서 A는 결코 음양이 아닙니다. 그것은 음양이 아니라 죽은 사물일 뿐입니다.

옛 선인들은 음양을 그릴 때 절대 A처럼 그리지 않았습니다. 이 점이 중요합니다. 음양을 그릴 때 A처럼 그리지 않았다는 것, 이것이 음양의 이해에서 가장 중요한 점입니다. 옛 선인들은 음양을 반드시 B

처럼 그렸습니다. B가 태극음양도입니다. A는 죽어있는 그림이지만, B는 살아있는 그림입니다. A는 한 번 음은 영원히 음이고, 한 번 양은 영원히 양이어서 그것은 변화할 수 없는 것이고 따라서 죽은 것입니다. 그러나 B는 그렇지 않고, 한 번 음이 됐다가 한 번 양이 되는 것입니다. 그것은 살아있으며 변화 · 유동하는 것입니다. 그런 의미에서 태극음양도는 그리스인들의 기하학과는 전혀 다른 것입니다.

유클리드의 기하학은 죽어있는 대상을 다루는 것입니다. 도형이 살아 움직이면 기하학을 할 수가 없습니다. 말하자면 기하학은 도형을 죽여 놓고 하는 학문입니다. 기하학이 다루는 도형들, 즉 △, □, ○ 따위를 생각해보세요. 이것들은 완전히 정지되어 있고 죽어있는 도형들입니다. 즉, 기하학이란 완전히 정적인 학문입니다. 요컨대, 기하학에는 '시간'이 배제되어 있습니다. 이점이 기하학과 태극도의 근본적인 차이점입니다.

그러면 동양의 옛 선인들은 태극도를 어떻게 그렸을까요? 한 번 그 과정을 추적해봅시다. 태극도의 핵심은 가운데 있는 반S자 곡선인데, 옛 사람들은 이 반S자 곡선을 무엇을 근거로 어디서 어떻게 도출했을까요?

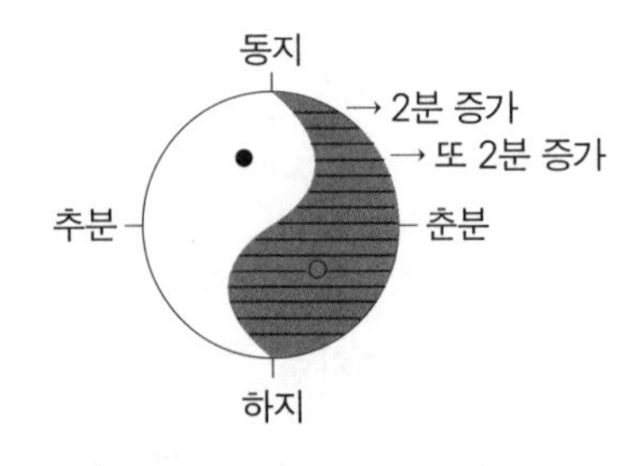

동짓날부터 시작해봅시다. 그 날은 밤이 낮보다 무려 여섯 시간이 깁니다. 그리고 동지 다음날부터 낮이 하루에 2분씩 증가합니다. 그러니까 동지 후 15일이 지나면 낮이 30분 길어지고, 또 15일 지나면 낮이 또 30분 길어지고, 또 15일 지나면 낮이 또 30분 길어집니다.

첫 번째 15일 지난날이 소한小寒, 두 번째 15일 지난날이 대한大寒, 세 번째 15일 지난날이 입춘立春입니다. 이런 식으로 절기가 이어져 24절기가 되는 것입니다. 여기서 여섯 절기 후에 춘분, 다시 여섯 절기 후에 하지, 다시 여섯 절기 후에 추분, 다시 여섯 절기 후에 동지, 이렇게 배속되어 있습니다. 하루 2분씩 낮이 길어지니까 한 달에 한 시간 길어지는 것이고, 세 달 후면 세 시간 길어져서 춘분, 여섯 달 후면 여섯 시간 길어져서 하지가 됩니다. 그 다음부터 다시 음양이 역전되어 하루 2분씩 밤이 길어지는데 세 달 후면 세 시간 길어져서 추분, 여섯 달 후면 여섯 시간 길어져서 다시 동지로 돌아오는 것입니다.

이때 하루 2분씩 길어지는 낮 시간을 일정한 길이로 환산해서 동지 다음 날부터 원 안에 그려 넣는 것입니다. 그러면 하루하루 양의 길이가 조금씩 길어집니다. 이렇게 계속 그리면 그림처럼 동지 때부터 시작해서 양의 길이가 점점 2분씩 길어지다가, 음양의 길이가 똑같아지는 춘분을 지나 6개월 후에는 양이 극에 달하는 하지에 이르게 됩니다. 그리고 다시 추분을 지나 동지까지는 반대로 가는 것입니다.

이것이 태극도입니다. 태극도 안의 반S자 곡선은 매일 2분씩 증가하는 '시간의 궤적'을 연결한 것입니다. 다시 말해 태극도는 시간時間을 품고 있는 것입니다. 이점이 바로 태극도와 기하학의 차이입니다. 태극도는 정지되어 있는 것을 다루지 않고 살아 움직이는 것을 다

롭니다. 그 안에는 음양이 꿈틀대고 있습니다. 그러므로 태극도는 생명의 상징인 것입니다.

– 『천고의 명의들』, 쑨리췬, 옥당 151쪽 참조

정직한 몸의 소리

『황제내경』은 음양에 대해 이렇게 말합니다.

陰陽者(음양자)
天地之道也(천지지도야)
萬物之綱紀(만물지강기)
變化之父母(변화지부모)
生殺之本始(생살지본시)
神明之府也(신명지부야)
治病必求於本(치병필구어본)
음양이라고 하는 것은
천지의 가장 큰 이치요
만물의 가장 큰 규율이다
변화를 일으키는 근원으로
살리고 죽이는 것이 여기서 나오며
또한 신명이 머무는 집이니
모든 병의 치료는 반드시 음양을 기초로 삼아야만 하느니라.

도道라고 하는 것이 저 멀리 높은 데 있는 것이 아니라 바로 우리 곁에 있습니다. 늘 우리 옆에 있는 음양이 바로 천지의 도입니다. 그런데 우리는 이것을 알아보지 못합니다. 평소에 이것을 알아보는 사람은 도인道人이고 진인眞人입니다. 그러나 우리 범인凡人들은 알아보지 못합니다. 알아보지 못하다가 덜컥 병에 걸리고 나면 그제야 알아봅니다. 그러나 그때는 이미 늦은 것입니다.

음양은 천지의 가장 큰 법칙입니다. 이 법칙을 거스르면 내 몸에 병이 옵니다. 음양은 만물의 기강을 잡는 자입니다. '강기綱紀'란 기강을 잡는다는 뜻입니다. 법칙을 따르는 자에게는 건강이라는 선물을 주고 따르지 않는 자에게는 병이라는 벌을 내리는 것입니다. 사람이 음양을 벗어나면 안 됩니다. 사람을 살리고 죽이는 것이 여기서 나옵니다. 사람을 포함한 생명체 모두는 음양을 벗어나면 죽습니다. 우리 인간의 삶 전체는 음양의 균형 위에 아슬아슬하게 서있는 것입니다. 그 모습이 어찌 보면 위태롭기까지 합니다.

우리가 살고 있는 이 지구라는 별을 한 번 생각해봅시다. 이 지구는 생명이 살 수 있는 최적의 조건을 갖추고 있는, 우주 안에서도 기적과도 같은 별입니다. 우리 태양계 안에만 별이 아홉 개가 있습니다. 수성, 금성, 지구, 화성, 목성, 토성, 천왕성, 해왕성, 명왕성, 그런데 어찌된 영문인지 이중에서 우리 지구에만 생명이 살고 있습니다. 지구가 태양 쪽으로 1퍼센트만 가까이 가도 양기가 너무 강해 우리는 모두 타죽게 됩니다. 또 1퍼센트만 멀어져도 음기가 너무 강해져 모두 얼어 죽게 됩니다. 두 경우 모두 생명이 살 수 없습니다. 이것이 바로 음양입니다. 음양은 늘 이렇듯 아슬아슬한 것입니다. 지구라는 별은 음양의 균형덕택으로 이렇게 생명의 낙원이 된 것입니다.

지구와 같은 생명의 낙원이 되기 위해서는 무엇보다 '음양'이 조화로워야 합니다. 음만 있거나 양만 있는 극단의 별들은 제외됩니다. 그러니까 항성은 물어볼 것도 없이 제외이고 남는 건 행성인데, 여기서 중요한 것은 거리입니다. 태양과 거리가 너무 가까우면 양의 과다로 생명체가 살 수 없고, 너무 멀면 또 음의 과다로 살 수 없습니다. 그 다음 필요한 것이 공기이고, 또 그 다음 필요한 것이 물입니다. 그런데 아직까지 과학자들 중에 지구와 유사한 별을 찾았다는 사람이 없습니다. 그런 점에서 볼 때 우리 지구란 별은 참 특별한 별입니다. 무슨 연유로 하느님은 우리 지구를 특별히 사랑하사 이렇게 만들어 놓으셨을까요? 이 우주에 지구라는 별이 존재한다는 것은 무슨 뜻일까요? 생각하면 할수록 지구라는 별은 신비 중의 신비요, 기적 중의 기적입니다. 이런 지구 위에 우리가 지금 살고 있는 것입니다.

이 세상 모든 사물과 현상의 배후에는 음양이 있습니다. 음양은 우주의 씨줄과 날줄인데 이 중 한 가닥만 잘못되어도 생명체가 살 수 없습니다. 즉, 음양이 우주 만물의 생사여탈을 쥐고 있습니다. 이것을 가리켜 『황제내경』은 '생살지본시生殺之本始'라 했습니다. 음양은 수시로 우리에게 신호를 보내고 경고를 합니다. 하지만 우리가 이 경고를 알지 못해 듣지 못하는 것입니다.

인간의 몸과 마음 중 어느 쪽이 더 총명할까요? 마음일까요? 아닙니다. 마음보다 몸이 훨씬 더 총명하고 영특합니다. 몸의 역사는 지구의 역사입니다. 지구 45억 년의 역사가 그대로 몸 안에 농축되어 있습니다. 즉, 몸의 나이는 남녀노소를 불문하고 모두 45억 살인 것입니다. 그러니 몸이 얼마나 지혜로운 존재이겠습니까?

이에 반해 마음은 훨씬 더 멍청합니다. 마음이라는 것은 우리가 태어나면서부터 발달하기 시작한 것이라 나이가 얼마 되지 않습니다. 그러니 몸과 비교해서 그 지혜로움과 선견지명이 어떻게 비교가 되겠습니까? 이 이야기가 이상하게 들릴지도 모르겠지만 몸과 마음을 논할 때 이 점에 오해가 있으면 안 됩니다. 마음은 우리의 뇌와 더불어 시작된 것이기 때문에 몸에 비하면 어리디어린 아이에 불과합니다. 이에 반해 몸은 나이가 많습니다. 많아도 보통 많은 것이 아닙니다. 지구 진화의 전 역사를 자신의 세포 하나하나에 각인시켜 깊숙이 보관하고 있습니다.

그런데 여기서 문제는 마음이라는 놈이 '고집불통'이라는 것입니다. 멍청하면 말이라도 잘 들어야 되는데, 고집까지 셉니다. 움직이는 매 순간순간마다 탐진치貪瞋癡와 오욕칠정五慾七情의 혼미 속을 왔다 갔다 하는 것이 우리 인간의 마음의 속성입니다. 『황제내경』에 의하면 음양이란 '生殺之本始(생살지본시)'라서 살리고 죽이는 것이 여기서 나오는 것인 바, 음양이 보내주는 이러한 신호를 빨리 알아차려야 하는데 이 마음이라는 놈이 고집불통이라서 말을 듣지 않는다는 것입니다.

몸은 총명하고 지혜로워 금방 위험을 감지하고 계속 경고음을 발하는데, 마음은 고집을 내세우고 말을 안 듣습니다. 이 점을 명확히 해야 합니다. 분명히 경고음을 발하는 쪽이 몸이고, 이것을 무시하는 쪽이 마음입니다. 절대 그 반대가 아닙니다. 우리 몸 안의 백발이 성성한 노현자가 마음이라는 어린 아이에게 '그리로 가지 마라, 그 쪽은 위험하다'라고 신호를 보내주는데, 마음이 말을 안 들어먹는 것입니다

다. 이렇게 몸이 계속 경고를 보내주는데도 이것을 계속 무시하면 어떻게 되겠습니까? 어느 순간 음양이 우리를 후려치는 것입니다. 음양은 천지만물의 기강을 잡는 자이기 때문입니다.

이것이 황제가 말하는 '만물지강기萬物之綱紀'라는 것입니다. 음양은 종교도 아니고 마술도 아닙니다. 그것은 우주의 원리이자 과학 그 자체입니다. 음양이 우리를 살리고 죽이는 데에는 한 치의 오차도 없습니다. 음양이 균형을 이루면 불로장생의 몸이 되는 것이고, 음양의 균형이 깨지면 병들게 되는 것입니다. 낫게 해달라고 하늘에 빈다고 되는 것도 아니고, 울면서 매달린다고 되는 것도 아닙니다.

그러므로 위험지경에 들어갈수록 '몸'의 소리에 귀를 기울여야 합니다. 『황제내경』을 공부한다는 것은 바로 몸의 소리에 귀를 기울인다는 뜻입니다. 마음을 잠재우고 몸의 소리에 귀 기울이시기 바랍니다. 몸 공부가 중요합니다. 몸을 통해서 공부하는 사람은 절대 실패가 없습니다. 반대로 관념을 통해서 공부하는 사람은 항상 위험이 따릅니다.

2
음양의 편차

세상 만물에는 모두 음양이 있고, 또 그 음양에는 모두 각기 다른 편차가 있습니다. 음양의 편차는 광물이 가장 크고, 그 다음으로 식물, 동물, 인간 순으로 편차가 적어집니다. 만물은 편차가 적어질수록 더 지혜로워집니다.

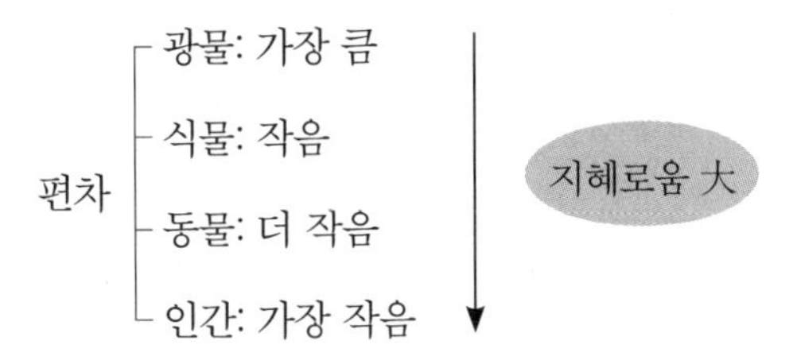

첫째, 광물은 편차가 너무 크기 때문에 생명이 머물지 못합니다. 양만 있고 음이 없는 곳이거나 음만 있고 양이 없는 곳에 어떻게 생명이 머물 수 있겠습니까? 대신 광물은 편차가 크다는 그 이유로 약성이 매우 강합니다. 광물 중에 양이 아주 많은 물질이 유황입니다. 유황은 바로 불로 변할 수 있습니다. 이처럼 유황은 매우 강한 양이기 때문에 먹을 수만 있다면 몸에 굉장한 효과를 낼 수가 있습니다.

대신 위험합니다. 그 자체가 일종의 독입니다. 그래서 예부터 사람들이 유황이 몸에 좋다는 것을 알고서 이걸 어떻게든 먹어보려고 노력을 많이 했습니다. 우리나라에서는 인산仁山 김일훈이 이점에 착안해서 만든 것이 바로 '유황오리'입니다. 사람이 유황을 직접 먹기에는 위험해서 먼저 오리에게 먹입니다. 오리라는 매개물을 통해 광물성 유황을 일종의 식이유황으로 변화시켜 그것을 먹는 것입니다. 그런데 몇몇 사람들이 오리대신 닭을 썼습니다. 오리나 닭이나 비슷하다고 생각한 것입니다. 닭에게 유황을 먹였더니 어떤 일이 일어났을까요? 닭들이 싹 다 죽어버렸습니다. 유황을 이길 수 없었던 것입니다.

여기서 오리와 닭의 음양을 한 번 살펴볼까요? 오리는 임맥이 매우 발달한 짐승으로 아래 부리가 크고 넓적하며 엉덩이가 펑퍼짐하고 동작이 약간 굼뜹니다. 반면 닭은 나름 독맥이 발달한 짐승입니다. 윗부리가 뾰족해 공격성을 보이며, 오리에 비해 엉덩이가 홀쭉하고 동작이 날렵해서 싸움을 잘합니다. 예부터 닭싸움은 있어도 오리싸움은 없었던 것이 그 이유입니다. 그러므로 오리는 음이고 닭은 양입니다.

그렇다면 당연히 오리에게 유황을 먹여야 하는 것입니다. 양의 성질인 닭에게 가장 강한 양을 먹였으니, 닭이 떼죽음을 당한 것입니다. 양 대 양, 음 대 음, 이런 구도는 항상 피해야 합니다. 그래서 인산 김일훈이 유황을 음의 성질이 강한 오리에게 먹였던 것입니다.

광물 중에 양이 매우 많은 유황에 대해 알아봤는데, 이와는 반대로 음이 매우 많은 물질이 우리 주변에 하나 있습니다. 바로 수은입니다. 유황이 극양이라면, 수은은 극음이라 할 수 있습니다. 수은은 성질이 매우 무겁고 차가우며 아래로 가라앉는 성질을 갖고 있습니다. 이것은 그 자체로도 최고의 독이지만, 그렇기 때문에 약으로도 쓰일 수 있습니다. 『동의보감』에 보면 수은의 약성을 높이 평가하면서 '안신'(安神, 정신을 안정시킴)이라고 표현하고 있습니다. 늘 근심, 걱정이 많고 자주 놀라며 심장이 두근거리는 사람들에게 필요한 것은 분명 정신을 수렴시켜주는 것일 텐데, 『동의보감』은 그 효과가 강한 것으로 수은을 말합니다. 물론, 수은의 독을 제거했을 때의 이야기입니다. 수은이 좋다는 것을 알고 이를 무분별하게 먹고 수은 중독으로 요절한 방사 · 술사들이 옛날에 허다하게 많았습니다.

옛사람들도 이런 연유로 유황과 수은에 주목했습니다. 그래서 이것을 잘 법제해서 섭취해보려는 노력을 많이 했던 것인데, 그 대표적인 것이 바로 '영사靈砂'라고 하는 물질입니다. 영사란 수은(Hg)과 유황(S)을 배합하여 만든 것으로, 음과 양의 두 성질을 다 가졌다는 뜻으로 일명 '이기사二氣砂'라고도 부릅니다.

중국 3대 명의 중 한 사람으로 '손사막孫思邈'이라는 이가 있습니다. 편작과 화타의 대를 잇는 명의입니다. 그런데 이 사람의 별명이 '약왕'일 정도로 약에 통달했다는 것입니다. 손사막이 얼마나 약에 뛰어났던지 당태종 이세민이 "위대하고도 훌륭한 백대의 스승이로다"라고 그를 칭송할 정도였습니다. 이 손사막이 젊었을 때의 이야기입니다. 그 시절 중국은 황제에서 필부에 이르기까지 모두 불로장생의 영약을 찾아다니는 것이 유행이었는데, 손사막은 약의 제조에는 누구보다 자신이 있었던 사람인지라 남들이 제조한다는 '영사靈砂'말고 자신은 그보다 더 뛰어난 불로장생의 약을 만들기로 작정하고 이른바 '일초이황삼탄'(一硝二磺三炭, 초석, 유황, 목탄을 배합한 약. 초석은 질소덩어리로서 폭탄의 원료이며, 유황 · 목탄 역시 폭탄 원료임)이라는 것을 만들어 먹었습니다. 혼자 천년만년 살려고 말입니다. 그 결과가 어땠을까요? 손사막의 온몸이 환골탈태되어 신선이 되었을까요? 아닙니다. 손사막은 이것을 먹고 거의 죽을 뻔 했습니다.

그는 나중에 이렇게 술회합니다. "사람들이 이 약을 먹으면 장생불사한다고 말하는데 그것은 전혀 사실이 아니다. 마땅히 다 불살라 버려야 한다. 나는 '일초이황삼탄'을 제조하여 먹어보았다. 그러자 머리가 터질 것 같고 왼쪽 이마에 단독이 생겼으며 얼굴이 퉁퉁 부었다."

당연한 말 아닐까요? 폭탄 제조 원료를 하나도 아닌 세 개나 섞어 먹었으니 어찌 얼굴이 퉁퉁 부어오르지 않을까요? 손사막은 잘못하면 머리가 터져 죽을 수도 있었습니다. 이 약을 먹고 쓰러져 7일 동안 다른 의사들의 치료를 받았지만 아무 효과가 없자, 손사막은 사람을 다 물리치고 깊이 궁리한 끝에 스스로 해독제를 처방해 그것을 먹고 겨우 나았습니다. 이후 손사막은 자신의 어리석음을 깊이 뉘우치고 더욱 정진해 마침내 온 천하가 알아주는 약왕이 되었습니다. 생각해보면 손사막은 양(陽, 초석, 유황, 목탄은 모두 양이 강한 것들)을 극하려다 죽을 뻔 했던 것입니다.

두 번째로 식물의 음양 편차를 알아볼까요? 식물은 편차가 광물에 비해 적습니다. 음양의 편차가 적기 때문에 식물에서 비로소 생명이 시작된 것입니다. 앞에서도 말했지만 생명은 모름지기 음양이 조화로운 곳에서만 살아갈 수 있습니다. 지구 전체를 놓고 볼 때 생명의 시작은 식물의 단계에서 비롯된 것입니다. 그러니 식물을 우습게 보면 안 됩니다. 우주적인 진화의 과정 안에서 우리는 식물에게 큰 빚을 지고 있는 것입니다.

셋째, 동물의 음양의 편차는 식물에 비해 더 적습니다. 그렇기 때문에 동물이 식물보다 더 지혜롭습니다. 음과 양 어느 한 쪽으로 덜 편중되어 있기 때문에 식물에 비해 동물은 음양이 좀 더 조화되어 있는 것이며, 그렇기 때문에 음과 양의 중간에서 어떤 유동성을 확보하여 최소한의 자유를 획득할 수 있었던 것입니다.

넷째, 우리 인간은 천지만물 중에서 음양의 편차가 가장 적습니다. 다시 말하면 천지만물 중에 음양이 가장 조화로운 것이 우리 인간이라는 말입니다. 그래서 우주 만물 중에서 우리 인간이 가장 지혜로운 것입니다. 하지만 우리 인간 개개인의 음양의 편차는 많은 차이를 보입니다. 우리 인간 중에서 가장 음양이 조화된 사람을 가리켜 음양화평지인陰陽和平之人이라 하는데, 이 단계에서 이른바 성현이 출현하는 것입니다. 반면 음양이 요동치면 짐승의 단계로 추락하고 맙니다. 이것이 음양요동지인陰陽擾動之人입니다.

원소주기율표와 팔괘(八卦)

음양의 편차를 좀 더 체계적으로 이해하기 위해서는 『주역』에 나오는 팔괘八掛를 공부해야 합니다. 『주역』 만큼 음양에 대한 연구를 집중적으로 행한 책은 세상에 없습니다. 『주역』은 처음부터 우주를 음양의 구조로 보고, 천지만물을 음양의 관점에서 서술한 최초의 서적입니다. 『주역』의 원저자는 태호복희입니다. 복희는 우주만물이 창조되는 과정을 에너지의 자기전개과정으로 파악합니다. 우주만물에는 제각기 음양의 편차가 있을 수밖에 없으며, 또한 음양의 편차야말로 이 우주의 본질과도 같은 것이라고 말합니다. 또 태극이 음양으로 분화하고, 음양이 다시 사상으로 분화하며, 사상이 다시 팔괘로 분화한다고 합니다. 계속 2^n으로 분화한다는 것입니다.

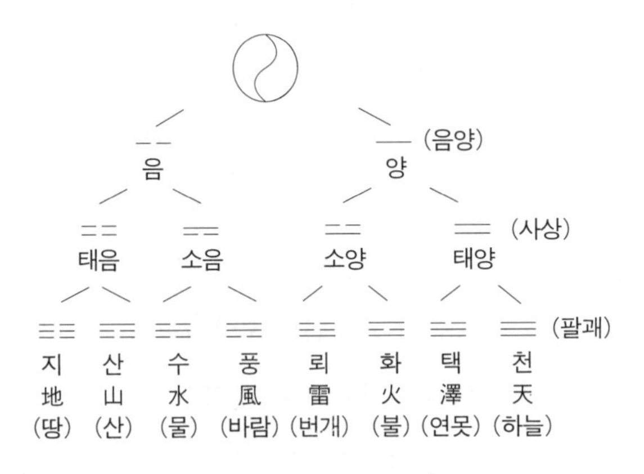

이 분화되는 과정을 유심히 보면 자석이 쪼개질 때 N극과 S극이 무한히 반복되는 모습과도 비슷합니다. 우주 만물은 결코 음과 양을 피할 수 없습니다. 천 · 택 · 화 · 뢰 · 풍 · 수 · 산 · 지 이 여덟 가지가 이른 바 복희 8괘입니다. 음양의 편차가 천에서 지에 이르기까지 단계적으로 정연합니다. 천(☰)은 순양純陽이고, 지(☷)는 순음純陰이며 그 사이에 나머지 여섯 가지가 한 치의 흐트러짐도 없이 질서정연하게 배열되어 있습니다. 천에서 뢰까지 네 개가 양괘이고, 풍에서 지까지 네 개가 음괘인데 전체를 놓고 볼 때 음양의 배분이 완벽합니다. 그래서 뇌雷와 풍風을 합하면 음양은 영0이 되고, 화와 수를 합해도 역시 음양은 영이 되며, 택과 산을 합해도, 천과 지를 합해도 영이 됩니다.

하지만 복희의 8괘만을 가지고는 우주의 천지만물을 다 나타낼 수가 없어서 다시 이 8괘를 두 번 겹쳐 64괘를 만들어내는데, 이것이 『주역』에 나타난 64괘입니다. 8괘를 작게 이루었다고 해서 소성괘, 64괘를 크게 이루었다고 해서 대성괘라 부르기도 합니다. 64괘의 성립을 간단히 살펴보면, 천의 경우 천 하나에 다시 음양의 편차 여덟 단계가 생기는데, 그것은 천(☰)에다 다시 소성괘 8괘를 그대로 겹쳐 그리면 됩니다. 그러면 음양의 편차가

이와 같이 세분화되어 나타납니다. 반대로, 지地의 경우, 지 하나에 다시 소성괘 8괘를 그대로 겹쳐 그리면 지에 음양의 편차 8단계가 나타납니다. 그러면 그 그림은 이렇게 됩니다.

이제 전체를 그려보면 다음과 같습니다.

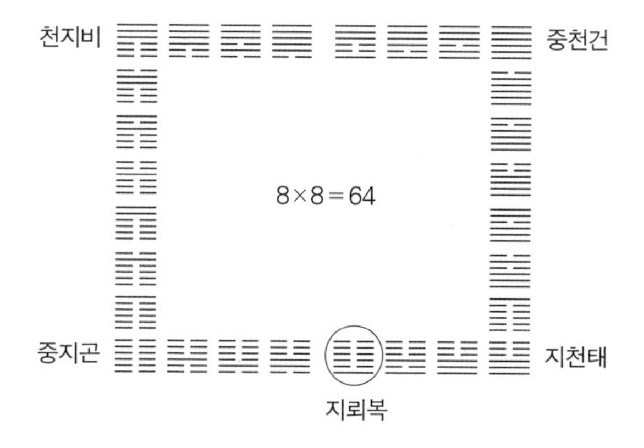

설명의 편의를 위해 가운데는 생략했지만, 원리를 이해한 사람은 누구나 쉽게 그릴 수 있습니다. 이것이 『주역』 64괘입니다. 원래 『주역』에는 글자가 없습니다. 오직 부호만 있습니다. 우리는 디지털이 21세기의 산물이라고 생각하지만 그건 잘못된 생각입니다. 이미 동양에서는 BC 2500년에 이 같은 디지털이 존재했습니다. 우주를 해석하는 64개의 디지털 코드, 이것이 바로 『주역』입니다.

『주역』은 64괘라는 부호만 있는 인류 최초의 디지털입니다. 그러면 시중에 돌아다니는 『주역』이란 책 안에 들어있는 그 많은 글자들은 다 무엇일까요? 그것들은 『주역』 자체가 아닌 『주역』에 관한 누군가의 해석일 뿐입니다. 주로 유가들이 해석을 많이 달았기 때문에 공자 이래로 『주역』을 유가적으로 윤리 · 도덕적 해석을 하고들 있지만, 그것은 『주역』에 대한 하나의 해석 방법일 뿐입니다. 원래 『주역』은 윤리 · 도덕과는 아무 관련이 없는 책으로, 자연과학 내지는 자연철학서적입니다.

복잡해 보이는 위의 그림 64괘상을 편의상 설명하기 위해 숫자로 대체해보겠습니다. 그러면 다음과 같이 그릴 수 있습니다.

(天) ① 2 3 4 5 6 7 8 (地)

9 10 11 12 13 14 15 16

⋮

57 58 59 60 61 62 63 ⑥④

『주역』을 꼭 괘卦를 가지고 공부할 필요는 없습니다. 괘의 의미를 이해했으면 괘 대신 숫자를 써도 무방합니다. 괘도 상징이고 숫자도 상징입니다. 『주역』에 대한 유가적 해석 방식은 유가에게 맡기고, 우리는 『주역』을 자연과학적으로 해석해봅시다. 『주역』 64괘를 이해함에 있어서 매우 중요한 점 두 가지가 있습니다.

첫째는 64괘가 규칙적으로 순환한다는 점이고, 둘째는 순환하는 주기가 다름 아닌 8이라는 점입니다. 이 점이 가장 중요한 것입니다. 즉, 『주역』 64괘는 제멋대로 무한히 퍼져나가는 것이 아니라 어떤 지점에 이르면 반드시 반대로 되돌아온다는 사실입니다. 다시 말해 우주의 에너지는 끝없이 발산하는 것이 아니고 어떤 지점에 오면 반드시 수렴한다는 것입니다. 이 우주는 음양으로 이루어져 있고, 따라서 그 안의 천지만물은 발산과 수렴을 반복하는 것입니다. 이것이 바로 노자가 말하는 '반자도지동'(反者道之動, 반대로 돌아감이 도의 움직임이다)입니다.

그리고 그 순환은 제멋대로 하는 것이 아니고 반드시 규칙성을 갖고 있는데, 그 순환의 주기가 다름 아닌 8입니다. 『주역』 64괘의 순환 주기가 8이라는 것, 고등학교 화학시간에 배웠던 무엇과 비슷하지 않습니까? 바로 멘델레프(Mendeleev, 1834~1907)의 원소 주기율표입니다. 원소주기율표는 러시아의 멘델레프가 1869년에 발표한 것으로 그는 당시에 알려져 있던 63종의 원소에 대해 그 배열 순서를 연구하던 과정에서 주기율을 발견했습니다. 주기율표를 간단히 살펴보면 다음과 같습니다.

H (수소)							He (헬륨)
Li (리듐)	Be (베릴륨)	B (붕소)	C (탄소)	N (질소)	O (산소)	F (플루오린)	Ne (네온)
Na (나트륨)	Mg (마그네슘)	Al (알루미늄)	Si (규소)	P (인)	S (황)	Cl (염소)	Ar (아르곤)

⋮

63

멘델레프는 63종의 원소를 원자량 순으로 나열해서 성질이 유사한 원소가 여덟 번째에 나타난다는 사실을 발견했고 이 규칙성에 따라 원소를 분류하여 표를 만든 것이 멘델레프의 주기율표입니다. 성질이 유사한 원소가 여덟 번째에 나타난다는 규칙성을 가리켜 화학에서는 '옥타브의 법칙'이라고 부릅니다. 즉, 『주역』도, 멘델레프의 주기율도 주기가 8입니다. 이렇게 보면 복희의 『주역』과 멘델레프의 주기율은 근원적인 점에서 완전히 일치한다는 사실을 알 수 있습니다. 바로 우주에는 통일성과 규칙성이 있다는 사실입니다. 복희의 『주역』이 BC 2000년이고 멘델레프의 주기율이 AD 1900년이니까 둘은 거의 4,000년 차이가 납니다.

멘델레프가 정리한 원소의 개수가 63개였기에 망정이지 만약 64개였다면, 중국인들의 콧대가 하늘을 찌를 뻔 했습니다. 다만, 원소는 그 뒤로도 계속 발견되어 현재에는 111개에 이릅니다.

그런데 여기에는 재미있는 사실이 하나 있습니다. 다름 아닌 멘델레프의 예측입니다. 멘델레프는 1869년 주기율표를 발표하면서 표의 일부를 공란으로 비워두었습니다. 즉, 미지의 원소가 있다고 본 것입니다. 예로 그는 규소(Si) 아래 자리를 공란으로 두었는데, 그 자리에는 규소와 성질이 닮은 어떤 미지의 원소가 들어갈 것이라고 예측했던 것입니다. 그런데 그로부터 15년 정도가 지나 정말로 그가 예측했던 원소가 독일 학자들에 의해 발견되었는데 그것이 바로 게르마늄(Ge)입니다. 이 게르마늄은 원자량 · 원자가 · 비중 · 용융점등이 멘델레프가 예측했던 그대로였습니다. 이런 과정을 거치면서 멘델레프의 주기율표는 점점 유명해졌던 것입니다.

천적, 조화로움의 또 다른 이름

동양에는 12지十二支라는 것이 있습니다.

子	丑	寅	卯	辰	巳	午	未	申	酉	戌	亥
(자)	(축)	(인)	(묘)	(진)	(사)	(오)	(미)	(신)	(유)	(술)	(해)
｜	｜	｜	｜	｜	｜	｜	｜	｜	｜	｜	｜
(쥐)	(소)	(호랑이)	(토끼)	(용)	(뱀)	(말)	(양)	(원숭이)	(닭)	(개)	(돼지)

이 12지도 음양의 편차와 관련이 있습니다. 자子가 가장 음적이고, 오午가 가장 양적입니다. 자는 밤 11시부터 새벽 1시까지이고 오는 낮 11시부터 오후 1시까지입니다. 그러므로 자는 하루 중 음이 극에 달한 때이고 오는 양이 극에 달한 때입니다. 그래서 우리가 밤 12시를 자시의 정중앙이란 뜻으로 '자정子正'이라 하고, 낮 12시를 오시午時의 정중앙이란 뜻으로 '정오正午'라고 합니다. 또 지구의 위아래를 세로로 연결한 선을 '자오선子午線'이라 합니다.

하루 24시간은 자시를 기준으로 음을 극한 연후에 점점 양이 증가하여 축 · 인 · 묘 · 진 · 사로 나아가다가 마침내 오시에 이르면 양이 극에 달합니다. 그리하여 그 후부터 점점 음이 증가하여 미 · 신 · 유 · 술 · 해로 나아가다 다시금 자시에 이르러 음을 극하게 되는 것입니다.

어느 책에 보면 이런 말이 있습니다. 어떤 사람이 작은 무인도를 하나 샀는데 가서 보니 사방에 뱀이 득시글하더라는 것입니다. 그래서 어떤 지인에게 물어보니 돼지를 풀어놓으라는 처방을 받았습니다. 그리하여 그 사람은 돼지 10여 마리를 사서 섬에다 풀어놓았습니다. 그리고 두어 달 지나 다시 섬에 돌아왔더니 뱀은 한 마리도 보이지 않고 돼지들만 살이 통통하게 쪄서 돌아다니더라는 것입니다. 돼지들이 뱀을 죄다 잡아먹어버린 것입니다. 뱀독이 돼지의 두꺼운 피하지방을 뚫지 못하는 까닭에 돼지는 뱀을 보면 얼씨구나 좋다고 쫓아가서 먹어버린 것입니다. 저는 이 모습을 본 적은 없지만, 일리 있는 이야기라고 생각합니다.

– 『음양이 뭐지』, 전창선 외, 와이겔리, 67쪽 참조

이것이 일리 있다는 것은 '집 가家' 자를 보면 알 수 있습니다. 집 가家 자는 지붕宀 아래 돼지豕가 있다는 뜻입니다. 왜 집안에 사람이 아니라 돼지가 살고 있는 것일까요? 고대에는 뱀이 득실거렸기 때문에 1층에는 돼지를 키우고, 사람들은 사다리 같은 것으로 연결된 2층에서 살았다고 합니다. 동남아시아에는 지금도 이런 취락구조가 많이 남아있습니다.

음양의 편차는 필연적으로 '천적天敵'의 개념을 낳습니다. 자 · 축 · 인 · 묘 · 진 · 사 · 오 · 미 · 신 · 유 · 술 · 해 12지는 좌우 여섯 개씩 대응되는데, 그것들은 상호간 음양이 상충되는 존재들입니다. 위의 뱀과 돼지 이야기는 바로 이것을 말하는 것입니다. 사(巳, 뱀)의 천적이 바로 여섯 번째 떨어져있는 해(亥, 돼지)입니다.

하루 중 양의 기운이 가장 강할 때를 오시라 했는데, 그러면 1년 중 양의 기운이 가장 강한 때는 무엇이라 할까요? 우리 세시 풍속에 이런 날이 있습니다. 바로 단오端午입니다. 단오란 오(午, 양의 기운)가 극단端에 이른 날이란 뜻입니다. 음력 오월 오일입니다. 이 날은 양의 기운이 1년 중 가장 강력한 날이기 때문에 기가 위로 솟구쳐서 문제를 일으킬 수 있습니다. 그래서 우리 조상들은 경계의 뜻으로 '단端' 자를 썼던 것입니다. 또한 단오의 특성이 이러하니 그 날은 위로 솟구쳐 오르는 강한 양의 기운을 아래로 내려줘야 하지 않겠습니까? 기운을 아래로 내려주려면 무슨 운동을 해야 할까요?

그렇습니다. 바로 '널뛰기'를 해야 합니다. 그래서 우리는 단오가 되면 조상대대로 널뛰기를 해왔던 것입니다. 따라서 단오에 화를 내면 매우 위험합니다. 화는 원래 몸에 안 좋기도 하지만, 단오에는 특히 안 좋습니다. 그렇지 않아도 양이 극에 달해있는데, 거기다 화까지 내면 불에 기름을 붓는 격이 됩니다. 그래서 단오에는 협심증 환자, 고혈압 환자, 심장병 환자들은 특히 조심해야 합니다. 단오는 1년 중 뇌졸중을 가장 조심해야 할 날이기도 합니다.

3
음을 극한다는 것

지금까지의 이야기를 한 번 정리해봅시다. 우리는 앞에서 『주역』 이야기와 주기율표 이야기, 그리고 12지 이야기를 했습니다. 이 세 이야기의 공통점은 우주의 음양에 관한 이야기라는 점입니다. 보다 정확히 말하자면 우주의 음양에는 편차가 있다는 것이며, 이러한 편차를 깊이 관찰하여 마침내 얻게 되는 하나의 큰 결론은 '음이 극할 때 일양이 생겨난다'는 사실입니다. 그렇습니다. 음을 극해야 합니다. 그래야 그 끝에서 하나의 양(一陽)이 돌아옵니다.

『주역』도 8까지 펼쳐졌다가 1로 돌아오고, 주기율표도 8까지 펼쳐졌다가 1로 돌아오며, 12지도 12까지 펼쳐졌다가 다시 1로 돌아옵니다. 이것을 음의 관점에서 살펴보면, 천지만물은 음을 극했을 때 비로소 일양이 생겨나는 것입니다. 다시 말하면 어둡고 어두워지다가 그 어둠이 가장 깊은 상태에 도달하면 거기서 최초의 광명이 솟아나는 것과 같습니다. 이것을 가장 명쾌하게 표현한 것이 『주역』의 복괘입니다.

 (地雷復)

복괘는 여섯 개의 효 중에 다섯 효가 음이고, 맨 아래 효 하나가 이제 막 양으로 돌아선 괘입니다. 주역 64괘중에서 그 의미가 예사롭지 않은 괘 중의 하나입니다.

복괘의 뜻은 '일양래복(一陽來復, 일양이 최초로 돌아오다)'입니다. 계절로는 동지(冬至, 1년 중 해가 가장 짧음)이며, 시간으로는 자시(子時, 하루 중 가장 깊은 밤)에 해당합니다. 그래서 옛사람들은 자시를 특별히 생각했고, 자시가 가지고 있는 살아있는 기운을 중시하며 이를 '활자시活子時'라 불렀습니다. 또한 이런 연유에서 옛 선인들은 자시에 생겨나는 최초의 일양을 얻으려고 이 시각이 되면 일어나 수련을 했는데, 이를 '자시수련子時修鍊'이라 하며 중하게 여겼습니다. 즉, 우주가 잠에서 막 깨어날 때 생生하는 최초의 기운(一陽)을 허비하지 않으려 했던 것입니다.

이 점은 우리가 명상을 할 때 항상 염두에 두어야 할 사항입니다. 명상은 에너지를 수렴시키는 것입니다. 에너지를 깊이 수렴시켜야 거기에서 우리 몸을 살리는 최초의 일양이 생겨납니다. 이 우주와 우리 몸은 별개의 것이 아닙니다. 두 개는 같이 움직입니다. 우주든 내 몸이든 음을 극할 때 일양이 생기는 것입니다.

요컨대, 생명을 기르는 일에서 가장 중요한 것이 바로 '음을 극하는 것'입니다. 바로 이것이 노자가 『도덕경』 제16장에서 말하는 '치허극'입니다.

致虛極(치허극)

守靜篤(수정독)

萬物竝作(만물병작)

허의 극치에 도달하여

깊은 고요를 지켜라.

그러면 만물들 일제히 번성할 것이로다.

노자가 말하는 '허虛를 극하는 것'이 바로 『주역』에서 말하는 '음을 극하는 것'과 같은 것입니다. 마음의 요동치는 모든 잡된 것들을 일순 멈추는 것입니다. 이렇게 허의 극치에 도달하여 마음에 아무 미동도 없는 깊은 고요를 유지하면 죽어있던 만물들이 모두 살아나고 생명이 온 몸에 넘쳐납니다. 이런 상태에 도달한 몸에는 암따위가 올 수 없습니다. 음을 극한다는 것은 기의 관점에서 볼 때 '수렴지기收斂之氣'를 말하는 것입니다. 이렇게 '수렴지기'가 극에 달한 것을 불교에서는 일체의 미동이 없는 상태, 즉 '부동'이라고 부릅니다. 의상대사의 『법성게法性偈』를 보면 이런 구절이 있습니다.

舊來不動名爲佛(구래부동명위불)

예로부터 부동한 그것을 가리켜 부처라 이름했도다

의상대사가 말한 '부동不動'이 바로 주역의 '음을 극하는 것'이며 노자의 '허를 극하는 것'입니다. 이것은 한 사람의 유기체가 도달할 수 있는 최고의 경지입니다. 만약 하느님이 보우하사 우리가 일순 음을 극하게 되면 모든 에너지가 완전히 내부로 수렴하게 됩니다. 이렇게 수렴지기가 극에 달하면 그 반발력으로 인해 강력한 발산지기發散之氣가 작동하는데, 이때 몸 안에서 일종의 '폭발'이 일어납니다. 이 폭발이 정신에서 일어나면 '깨달음(頓悟)'이 되는 것이고, 신체에서 일어나면 '혈관확장'이 되는 것입니다. 깨달음과 혈관확장은 매우 유사한 현상입니다. 둘 다 어떤 속박과 구속으로부터 해방되는 것입니다. 즉, 깨달음도, 혈관확장도 하나의 돌파(break out)입니다. 하나는 정신이 상쾌해지는 것이고 다른 하나는 몸이 상쾌해지는 것입니다.

한 사람의 수행자가 깊은 삼매三昧에 들면 그 사람은 생리학적으로 반드시 혈관이 확장됩니다. 만약 혈관확장이 수반되지 않으면 그 사람은 거짓 삼매에 들어있는 것입니다. '혈관확장', 이것이 우리 몸을 살리는 것입니다. 모든 병은 혈관이 좁아져서 기혈 순환이 안 되어 생기는 것입니다. 지구상의 모든 값비싼 보약, 산삼, 녹용 등은 결국 혈관을 확장시키기 위한 것입니다. 절간에서 수행하는 불교 승려들이 장수하는 것도 이것과 관련 있습니다.

위와 같이 사람의 몸에서 폭발이 일어나 혈관확장이 될 때에는 몸에서 어떤 물질이 방출되기 때문인데, 이 물질이 '일산화질소(NO, Nitric Oxide)'입니다. 일산화질소는 다름 아닌 폭약의 원료입니다. 손사막이 먹었던 '일초이황삼탄' 중의 일초一硝가 초석(硝石, Nitrum)으로써 바로 일산화질소를 가리킵니다.

협심증 환자들이 먹는 설하정(舌下錠, 혀 밑에 넣고 서서히 녹여먹는 약)이라는 것이 있는데, 이 약의 원료가 니트로글리세린(Nitroglycerin)입니다. 니트로글리세린은 다이너마이트의 원료입니다. 즉 이 물질은 몸 안에서는 혈관을 확장시키는 협심증 약으로 쓰이고, 몸 밖에서는 다이너마이트의 원료로 쓰이는 것입니다. 외적폭발과 내적이완이 다른 것이 아닙니다. 둘은 같이 가는 것입니다. 암벽을 뚫는 힘이 혈관을 뚫는 것입니다. 같은 물질이 몸 밖에서 터지면 사람을 죽이고, 몸 안에서 터지면 사람을 살리는 것입니다. 협심증 환자가 먹는 니트로글리세린은 질소에서 온 물질이기 때문에 몸 안에서 분해될 때 '일산화질소(NO)'로 분해됩니다.

지금 우리가 하는 이야기는 모두 다 '질소(Nitro)'에 관한 이야기로 귀결되고 있습니다. 손사막이 먹다 죽을 뻔한 것도 질소고, 부처가 도를 깨칠 때 몸에서 나오는 것도 질소고, 협심증 환자가 먹는 것도 질소고, 다이너마이트의 원료도 질소입니다. 니트로(Nitro, 질소)는 정말 신기한 녀석입니다. 사람을 살리기도 하고, 죽이기도 합니다. 손사막은 '양'을 극하려다 죽을 뻔한 것이고, 부처는 '음'을 극하여 깨달음에 이른 것이고, 협심증 환자는 양을 적당량 먹어 병을 치료하는 것입니다.

그러면 잘만 먹으면 매우 유용한 이 질소를 어떻게 섭취할 수 있을까요? 애석하게도 우리 인간은 자연 상태에서는 질소를 섭취할 수 없습니다. 질소는 공기 중에 유리되어 떠다니기 때문에 이를 고정시켜 써먹는 것이 '질소고정'입니다. 질소고정에는 인공과 자연이 있습니다. 인공으로 하는 방법이 공중질소고정법인데, 인류는 근대에 이르러서야 이 방법을 발견했고 그 덕에 질소 비료를 생산할 수 있게 되었습니다. 하지만 우리 인간은 자연에서 질소를 고정할 수 있는 능력을 지니지 못했습니다. 오직 '콩과 식물'만이 그 능력을 지녔습니다. 좀 더 정확히 말하자면 '뿌리혹박테리아'가 유일하게 질소고정능력을 지녔고, 이 뿌리혹박테리아가 콩에 붙어 기생하는 것입니다. 뿌리혹박테리아의 도움을 받아 오직 '콩'만이 자연 상태에서 질소고정을 할 수 있습니다. 콩이 그래서 몸에 좋은 것입니다. 콩 안에는 혈관을 확장시키는 힘이 들어있습니다.

또한 우리 몸에서 중요한 것이 단백질인데, 질소는 단백질의 주성분입니다. 우리는 고기를 먹어 단백질을 섭취할 수도 있고 콩을 먹어 섭취할 수도 있습니다. 그러나 둘은 한 가지 점에서 확연히 달라집니다. 같은 단백질이라도 콩은 혈관을 확장시켜주지만 고기는 혈관을 확장시켜주지 못합니다. 고기는 오히려 혈관을 축소시킵니다. 그러니 콩이 얼마나 좋은 것입니까?

이렇게 그냥 먹어도 좋은 콩을 발효시킨 것이 청국장입니다. 청국장을 많이 먹어야 건강합니다. 청국장을 많이 먹던 옛날에는 지금처럼 암같은 몹쓸 병이 별로 없었습니다.

비아그라의 탄생

텍사스 의대의 무라드 교수는 1998년 노벨의학상 수상자입니다. 심장혈관계 교수로, 주로 심장혈관의 확장과 수축을 연구했습니다. 그는 그 과정에서 '일산화질소(NO)'를 발견하고 그 역할을 규명한 공로로 노벨상을 받았습니다. 그는 협심증 등 심장병 환자들에게 혈관 확장을 위해 일산화질소로 약을 만들어, 병원 실험에 자발적으로 응하는 환자들로 구성된 모집단에 속한 사람들에게 투약을 했습니다. 그런데 그 다음부터 문제가 생겼습니다.

일산화질소로 만든 약이니까 일종의 니트로글리세린의 한 변종인 셈입니다. 그런데 투약 후 다음 날, 환자들이 부작용을 호소하면서 "이 약 좀 더 없느냐?"고 자꾸만 보채는 것이었습니다. 진상조사를 통해, 심장의 관상동맥으로 가야할 약효가 그만 성기 쪽으로 잘못 내려갔음을 발견했습니다. 이때 무라드 교수가 제약회사 화이자와 의기투합해 만들어 낸 약이 바로 비아그라입니다. 즉 비아그라는 완전 실패작인데 아이러니하게도 화이자가 대박이 난 것입니다.

니트로, 즉 일산화질소는 신기한 물질입니다. 성기로 가면 비아그라가 되고, 심장으로 가면 협심증 약이 되고, 뇌로 가면 돈오가 됩니다. 그런데 여기에 분명한 차이가 있습니다. 비아그라와 협심증 약은 돈 주고 사먹는 외부물질이지만 돈오의 경우, 방출되는 니트로는 몸 안에서 생성되는 내부물질이라는 것입니다. 이 말은 내 몸 안에 화이자보다 더 좋은 세계 최고의 제약회사가 있다는 말입니다. 이 비밀 제약회사에 들어가는 열쇠가 '음을 극하는' 것입니다.

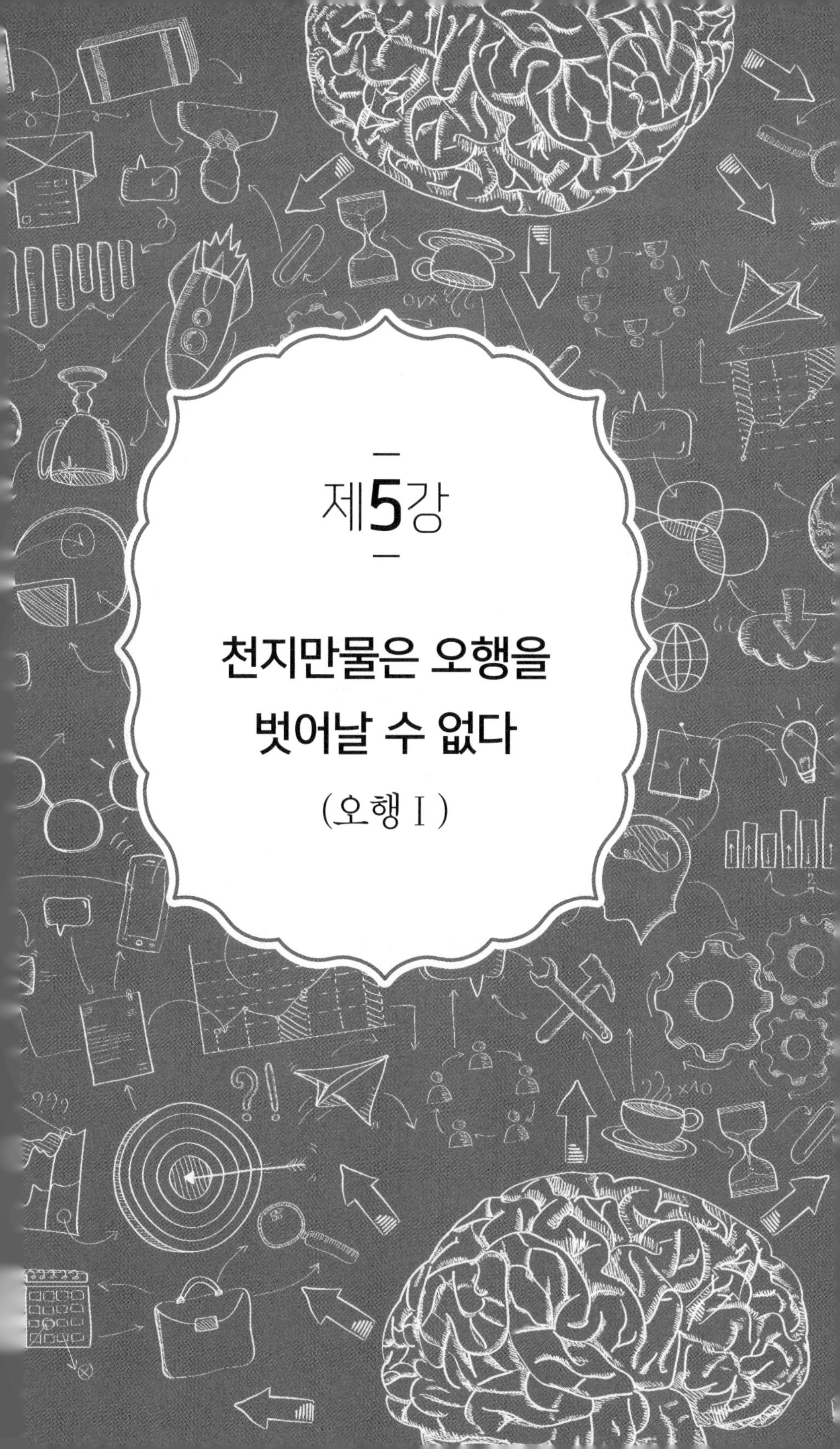

제5강

천지만물은 오행을 벗어날 수 없다

(오행 Ⅰ)

1
오행의 필요성

이제 음양에 이어 오행五行을 공부해볼 것입니다. 음양을 통해 천지만물을 죄다 설명했는데, 왜 또 오행을 공부해야 할까요? '음양'만으로 설명이 부족한 부분이 있기 때문입니다.

결론부터 말하자면 음양만으로는 부족한 세 가지가 있습니다. 공간의 개념, 시간의 개념, 인간의 개념입니다.

첫째 공간의 개념이란 동서남북과 중앙을 말합니다. 인식하는 존재로서 우리 인간은 자신을 중심에 놓고 세계를 지각합니다. 자신이 서 있는 중앙에서 사방을 보니 동서남북이 있지 않겠습니까? 동서남북과 중앙, 이것이 오방五方입니다. 뭔가 음양만으로는 다 설명할 수 없는 것이 존재한다는 것입니다.

둘째는 시간의 개념인데, 1년이란 단위 안에 춘하추동 사계절이 있습니다. 여름에서 가을로 넘어가는 18일간을 장하長夏라고 하는데, 춘하추동에 장하까지 합하면 시간에도 다섯 가지 리듬이 있음을 알 수 있습니다. 계절 역시 음양만으로 설명하기는 부족한 무언가가 있는 것입니다.

셋째는 인간의 개념인데, 인간을 구성하는 신체 장기에는 간肝 · 심心 · 비脾 · 폐肺 · 신腎 오장이 있습니다. 또 손가락도 각각 다섯 개씩이고 발가락도 각각 다섯 개씩입니다. 왜인지 우리 주변에는 숫자 5가 많습니다. 이렇게 공간 · 시간 · 인간 모두 5를 필요로 합니다.

이것이 '오행'이 필요한 이유입니다.

동양의 오행, 서양의 오원소

그렇다면 오행에서 가장 중요한 것은 무엇일까요? 목 · 화 · 토 · 금 · 수 낱낱의 요소들일까요? 아니면 그들의 상호작용인 상생과 상극 개념들일까요? 물론 낱낱의 요소도 중요하고 그들의 상호작용도 중요합니다. 하지만 그보다 더 중요한 것은 '오행'이라는 용어 자체이고, 내용은 그 다음입니다. 용어에 주목하십시오. '오행'이라는 용어 안에 동양인들의 우주관이 들어있습니다. 아마 서양인들이었다면 이것의 이름을 '오원소五元素'라고 지었을텐데, 동양의 옛 현인들은 이것을 결코 '오원소'라고 하지 않았습니다. 이 점이 중요합니다.

동양학 공부의 관건은 오행 개념의 정확한 이해에 달려있다고 해도 과언이 아닙니다. 동양학과 서양학(이것은 철학, 의학, 신학은 물론 물리학, 특히 양자물리학까지 포함하는 개념입니다)의 근본적인 차이는 '오행'이냐 '오원소'냐에 달려있다고도 할 수 있습니다. 오행의 개념이 이렇게 중요합니다.

'원소'란 어떤 고정된 사물입니다. 그것은 정해져 있고, 움직일 수 없으며, 불변하는 어떤 특정 사물입니다. 서양학문의 아버지 아리스토텔레스는 그 이름을 선호했습니다. 그러나 동양의 황제와 그의 신하들은 오랜 숙고 끝에 그것을 '행行'이라 불렀습니다. 아마 노자도 이 이름에 100퍼센트 찬성했을 것입니다. '행'이란 움직인다는 뜻입니다. 그것은 고정된 사물이 아니라는 것입니다. 그것은 움직이며, 운행하며, 운동합니다. 오원소는 죽어있는 물질인 반면 오행은 살아 움직이는 힘입니다. 요컨대, 양자는 정반대의 개념인 것입니다.

五行(movement) : 살아 움직이는 것(힘, force)

五元素(element) : 죽어 있는 것(물질, matter)

오행이 각각의 요소들끼리 상호작용을 할 수 있고 상생과 상극개념이 생기는 것에 반해, 오원소는 요소들 간에 상호작용이 없어서 상생과 상극을 논할 수 없습니다. 아리스토텔레스는 오원소를 그냥 병렬적으로 늘어놓았을 뿐입니다. 그는 오원소를 지地 · 수水 · 화火 · 풍風 · 공空으로 분류했습니다.

공(空, ether)

풍(風, air)

화(火, fire)

수(水, water)

지(地, earth)

아리스토텔레스가 다섯 가지 원소를 이렇게 분류한 기준은 오직 '비중' 한가지입니다. 지地가 가장 비중이 크고, 그 다음 순서대로 수水, 화火, 풍風이고, 가장 비중이 작은 것이 공空입니다. 비중에 따라 무거운 순으로 아래에서부터 위로 배열한 것뿐입니다. 이 요소들의 본성은 아무런 상호작용도 없습니다. 이것이 아리스토텔레스의 오원소입니다. 이것은 동양적 자연과는 매우 다른 모습입니다. 오행론과 오원소설을 유심히 바라보면 동서양 우주관의 차이가 그대로 드러납니다. 동양의 우주관은 '자율적 우주관'으로서 만물이 그 자체의 생명을 품고 있습니다. 이에 반해 서양의 우주관은 '타율적 우주관'으로서 여기서는 생명이 밖에서 들어옵니다. 오행이란 바로 자율적 우주관을 상징하는 이름이며, 오원소란 타율적 우주관을 상징하는 이름입니다.

오행이라는 추상화

목 · 화 · 토 · 금 · 수 다섯 가지는 우리가 손으로 만져볼 수 있는 물건일까요? 아닙니다. 그것은 '오재五材'입니다. 오행은 오재와는 다릅니다. 오재는 볼 수도 있고 만질 수도 있지만 오행은 볼 수도 없고 만질 수도 없습니다. 오재는 우리 눈앞에 있는 구체적인 사물인 나무木, 불火, 흙土, 쇠金, 물水을 가리키는 것으로, 이것을 오행과 오해하면 안 됩니다. 그런데 많은 사람들이 오행과 오재를 오해하고 있습니다. 오행론은 음양론과 마찬가지로 그동안 너무 많이 오염되고 왜곡됐습니다. 동양철학과 동양의학의 핵심이 바로 음양론과 오행론

안에 있는데 이를 잘못 이해하니 어떻게 동양학이 제대로 전달될 수 있겠습니까? 동양학을 제대로 하려면 음양오행론의 철학적 의미를 제대로 이해해야 합니다.

오행이란 '우주가 움직이는 다섯 가지 운동방식'을 말하는 것입니다. 그것은 결코 목 · 화 · 토 · 금 · 수 라는 다섯 가지 구체적인 물질을 가리키는 것이 아닙니다. 이 점을 명확히 해야 합니다. 그렇지 않으면 오행론은 무슨 이상한 정령신앙이나 미신 같은 것이 되고 맙니다. 그럼 여기서 사람들이 오행을 설명하던 기존의 방식을 한 번 볼까요?

①水生木 : 나무에 물을 주면 나무가 잘 자란다.

②木生火 : 나무를 태우면 나무에서 불이 나온다.

③火生土 : 다 타고나면 흙이 된다.

④土生金 : 흙 속을 파보면 쇠붙이가 나온다.

⑤金生水 : ?

이것이 종래 통용돼왔던 오행에 대한 일반적인 해석입니다. ①부터 ④까지도 안전인수 격이지만 그래도 그런대로 봐줄만한 반면 ⑤에 가면 아예 말문이 막힙니다. 금속(金)과 물(水)의 상호관계를 매끄

럽게 설명하기 쉽지 않기 때문입니다. 금속에서 어떻게 물이 나올까요? 양자는 성질상 매우 동떨어져 있기 때문에 서로를 연결시키기 쉽지 않습니다. 그래서 궁여지책으로 이를 설명하기를 '금속 표면에 이슬이 맺힌다'는 둥, '쇠로 된 그릇을 밖에 내놓으면 새벽에 이슬이 맺히는 이치'라는 둥 말도 안 되는 소리들을 해왔던 것입니다. 이런 원리를 과학이라 할 수는 없는 노릇입니다. 바로 이것이 오행을 오재로 착각해서 생긴 대표적인 설명방식입니다.

오행은 이런 것이 아닙니다. 오행에서 말하는 목 · 화 · 토 · 금 · 수는 하나의 상징이고 기호이지, 구체적 사물이 아닙니다. 오행이란 대자연이 부여한 기의 다섯 가지 운동방식입니다. 이제부터 편의상 목 · 화 · 토 · 금 · 수라고 말하더라도 여러분들은 항상 거기에 기氣자를 붙여 목기木氣 · 화기火氣 · 토기土氣 · 금기金氣 · 수기水氣라고 이해해야 합니다. 즉, 목 · 화 · 토 · 금 · 수 오행은 물질명사가 아닌 추상명사이며, 오행이 그리는 별모양은 구상화가 아닌 추상화입니다.

이 추상화를 구상화로 생각하면 오행에 대한 이해를 그르칩니다. 오행이 그리는 이 우주 추상화는 지구상에서 가장 심오한 추상화이

며, 피카소의 추상화와는 비교도 안 됩니다. 피카소의 추상화는 그 표현만 추상성을 띨 뿐, 분석해보면 반드시 그 끝에서 그것이 가리키려 했던 구체적인 특정 사물이 드러나게 되어있습니다. 반면 이 우주 추상화에는 삼라만상의 모든 모습이 다 들어있습니다. 천지만물 어느 것 하나라도 누락되면 안 됩니다. 만일 누락이 생긴다면 이 추상화는 잘못된 것이고, 오행론은 폐기되어야 합니다. 원래 오행론은 삼라만상 전부를 다 포괄하기 위해 안출된 이론이기 때문입니다.

오행이란 이처럼 우주가 움직이는 운동방식을 상징하는 다섯 가지 추상명사입니다. 좀 더 멋지고 근사한 이름도 많았을 텐데 황제와 신하들은 왜 하필이면 우리 주변에서 쉽게 볼 수 있는 목 · 화 · 토 · 금 · 수와 같은 평범한 이름을 지었을까요?

여기서 하수와 고수의 차이가 갈립니다. 아마 하수들이었으면 특이한 사물들에서 이름을 취했을 것입니다. 하수들은 비범한 것을 가지고 평범한 것을 설명하려하지만, 고수들은 평범한 것을 가지고 비범한 것을 설명합니다. 고수들은 항상 평범한 사물을 눈여겨봅니다. 고수들은 가까운 것, 흔한 것, 평이한 것에서 취합니다. 왜냐하면 그들은 가장 평범한 사물 안에서 가장 비범한 것을 발견하기 때문입니다. 황제와 그의 신하들이 그런 사람들입니다. 우주의 가장 근원적인 힘을 설명하면서 가장 평범한 이름을 가져다 쓰는 것, 이 자체가 벌써 이들이 보통 사람들이 아니었음을 암시합니다.

2
오행, 우주가 움직이는 다섯 가지 패턴

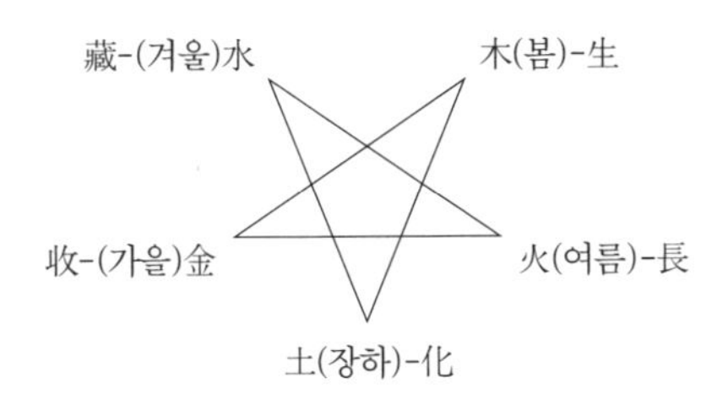

木 : 나무처럼 뻗어가는 기운

火 : 불처럼 위로 솟구치는 기운

土 : 중간(중화시키는 기운)

金 : 쇠처럼 응결되는 기운

水 : 물처럼 아래로 잠복하는 기운

이제 오행을 살펴볼까요? 목木이란 나무처럼 쭉쭉 뻗어가는 기운입니다. 그것은 봄이며, 만물이 탄생 · 발아하는 것입니다. 이를 생生이라 합니다. 화火란 불처럼 위로 솟구치는 기운입니다. 그것은 여름이며, 만물이 성장하는 것입니다. 이를 장長이라 합니다. 토土는 일체를 중화시키는 중간의 기운입니다. 그래서 이를 중앙토中央土라 합니다. 이것은 여름에서 가을로 넘어가는 마지막 18일, 즉 장하長夏이며, 만물이 변화하는 때입니다. 이를 화化라 합니다. 중앙토가 중요합니다. 중앙토가 있어야 모용이 일어납니다.

이 점이 사상과 다른 점입니다. 금金은 쇠처럼 안으로 응결되는 기운입니다. 그것은 가을이며, 만물이 수렴하는 것입니다. 이를 수收라 합니다. 수水는 물처럼 아래로 잠복하는 기운입니다. 이것은 겨울이며, 만물이 몸을 웅크려 스스로를 감추는 때입니다. 이를 장藏이라 합니다. 그러므로 목 · 화 · 토 · 금 · 수라는 다섯 개의 추상명사는 계절로 치면 봄 · 여름 · 장하 · 가을 · 겨울을 가리키며 우주의 리듬으로 치면 생(生, 탄생) · 장(長, 성장) · 화(化, 변화) · 수(收, 수렴) · 장(藏, 저장)을 가리킵니다.

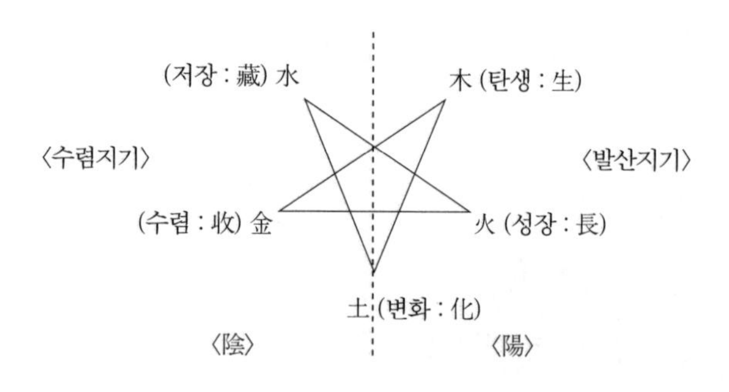

기를 둘로 보면 하늘에 음양이 있고, 다섯으로 보면 땅에 오행이 있습니다. 즉, 오행이란 음양이 한 번 더 분화한 것입니다. 원래 양은 발산지기이며, 음은 수렴지기인데, 오행은 이를 더 분화시켜 발산지기를 둘로 나눠 발산지기의 초기를 목木, 후기를 화火라 하고, 다시 수렴지기를 둘로 나눠 수렴지기의 초기를 금金, 후기를 수水라 하며, 발산지기에서 수렴지기로 넘어가는 그 중간 단계를 토土라 하는 것입니다.

오행은 시공간에 펼쳐져있는 이 우주가 발산과 수렴을 반복하면서 오르락내리락하는 모습을 그린 것입니다. 봄이 되면 잠복해있던 씨앗이 발아하고(生), 여름이 되면 이 기운이 더욱 왕성해져 만물이 성장하고(長), 이 성장이 극에 달하면 이제 양에서 음으로 변화하고(化), 그래서 가을이 오면 온 우주에 수렴지기가 퍼져 만물이 안으로 응결되고(收), 겨울이 오면 그 기운이 더욱 왕성해져 만물이 깊숙이 잠복합니다(藏). 오행이 보여주는 것은 살아 움직이는 이 우주의 영원한 신진대사입니다. 그 안에는 리듬과 규칙이 있습니다. 옛사람들이 이것을 발견한 것입니다. 바로 이 우주의 흐름 안에 있는 패턴(patten)이 오행입니다.

이 세상 천지만물 어떤 것도 우주 흐름의 다섯 가지 패턴, 즉 오행에서 벗어날 수 없습니다. 이것은 이 우주가 생겨나서 멸망할 때까지 영원히 계속됩니다. 이 우주에 오행 외에 다른 힘의 운동방식은 없습니다. 예를 들어봅시다. 원자폭탄이란 무엇인가요? 그것은 발산지기의 극한입니다. 블랙홀이란 무엇입니까? 그것은 수렴지기의 극한입니다. 천지만물은 아무리 펼쳐도 발산 아니면 수렴입니다.

이 우주를 지배하는 힘을 양자물리학에서는 4력이라 부릅니다. 중력, 전자기력, 강력, 미력이 그것입니다. 중력과 전자기력은 주로 거시세계에서 작동하고, 강력과 미력은 미시세계에서 작동합니다. 뉴턴의 중력은 수렴지기입니다. 물질과 물질이 서로 잡아당기는 것입니다. 전자기력은 어떤 힘일까요? NS/SN은 서로 잡아당기는 인력을 띠는 것이니 수렴지기이고, NN/SS는 서로 밀어내는 척력을 띠는 것이니 발산지기입니다.

즉 전자기력은 수렴지기와 발산지기 모두 들어있는 것입니다. 원자의 세계에서 작동하는 강력은 어떤 힘일까요? 강력이란 중성자와 양성자를 결합시키는 것이니 이는 수렴지기입니다. 마지막으로 미력은 원자의 내부에서 핵을 붕괴시키는 것으로 발산지기입니다. 양자물리학의 4력도 오행을 벗어날 수 없습니다. 모든 것은 음양이며 오행입니다. 이 우주 안에 오행 외에 다른 힘의 운동방식은 존재하지 않습니다.

우리 몸과 오행

오행이란 대자연이 부여한 기의 다섯 가지 운동방식입니다. 대자연에 존재하는 기는 인체에도 반드시 존재합니다. 자연과 인간은 결코 분리된 존재가 아닙니다. 이것이 바로 '천인상응天人相應'입니다.

오행	木	火	土	金	水
오장 오부 오체	간 담 근조(筋爪)	심 소장 맥색(脈色)	비 위 육순(肉脣)	폐 대장 피모(皮毛)	신 방광 골발(骨髮)
오관 오미 오욕칠정	눈 신맛 분노	혀 쓴맛 기쁨	입 단맛 근심	코 매운맛 슬픔	귀 짠맛 공포

〈오장〉

태초에 기가 있었습니다. 기에서 형이 나왔고, 형에서 만물이 나왔습니다. 그러므로 만물의 어버이는 기입니다. 이 기가 움직이는 다섯 가지 방식, 그것이 오행입니다. 이렇게 우주에 오행이 생긴 후에 인체에는 오장계통이 생겨났습니다. 인체의 오장은 결코 제멋대로 생겨난 것이 아닙니다. 그것은 대자연으로부터 온 것입니다. 대자연의 목 · 화 · 토 · 금 · 수 오행이 우리 인체의 간 · 심 · 비 · 폐 · 신 오장으로 나타났습니다. 대우주와 소우주가 이렇게 연결되어 있습니다.

독일의 철학자 쇼펜하우어(Schopenhauer)는 자신의 저서 『의지와 표상으로서의 세계』에서 이와 비슷한 관념을 피력한 바 있습니다. 즉, 자연의 내적인 본질은 의지이며, 따라서 신체라는 것은 그러한 의지의 객관화라는 것입니다. 그러므로 몸의 장기는 객관화된 굶주림이며, 생식기는 객관화된 성욕이라는 것입니다. 이러한 쇼펜하우어의 생각은 오행론으로부터 그리 멀리 떨어진 것이 아닙니다. 그 역시 대자연에 존재하는 것은 인체 내에도 존재한다고 보고 있기 때문입니다. 다만, 그가 오행의 관념에 대해 좀 더 정확히 이해했더라면 장기가 객관화 된 굶주림이라는 단순한 일반론을 넘어서서 어떤 장기가 대자연의 어떤 힘을 드러낸 것인지에 대해서까지도 구체적으로 논할 수 있었을 것입니다. 그러나 쇼펜하우어는 거기까지 이르지 못했습니다.

오행론은 자연과 인간을 연결시켜주고 통일시켜주는 이론입니다. 대자연의 목기 · 화기 · 토기 · 금기 · 수기가 우리 인체에서 간 · 심 · 비 · 폐 · 신으로 나타났습니다. 간은 목기를 띠고, 심은 화기를 띠며, 비는 토기를 띠며, 폐는 금기를 띠며, 신은 수기를 띱니다.

〈오부〉

오장과 육부는 기능이 상반됩니다. 오장은 저장만 하고 보내지는 않습니다. 그래서 저장할 '장臟'자를 쓰는 것입니다. 간 · 심 · 비 · 폐 · 신 오장은 모두 속이 꽉 찬 덩어리입니다. 이에 반해 육부六腑는 보내기만 하고 저장은 하지 않습니다. 그래서 창고 '부腑'자를 씁니다. 창고는 어딘가로 보낼 물건을 임시로 보관하는 곳입니다. 조만간 어디로 보내야합니다. 오래두면 썩습니다. 그것이 창고의 기능입니다. 소장 · 대장 · 방광 · 담 · 위 육부(오부)는 모두 속이 텅 빈 주머니입니다. 그래서 육부는 물질을 오래 붙들고 있으면 안 됩니다. 본래의 생김새대로 빨리 빨리 물질을 다른 곳으로 보내고 텅 빈 주머니 상태로 돌아가야 합니다. 그것이 육부의 건강비결입니다. 위의 건강 비결은 위를 비워주는 것입니다. 소장, 대장 등의 건강비결도 얼른 얼른 비워주는 것입니다. 비워준다는 것은 육부를 쉬게 해준다는 것입니다. 조물주가 오장육부를 만들 때 오장은 하루 24시간 한시도 쉬지 못하게 만드셨지만 육부는 잠시 일하고 하루 종일 쉬라고 만드셨습니다. 쉬라고 만든 기관을 하루 종일 혹사시키면 탈이 나게 되어있습니다. 반대로 오장은 한시라도 쉬면 큰일이 납니다.

〈오체〉

우리 몸의 맨 겉에는 피부(皮)가 있고, 그 속에 살(肉)이 있고, 그 속에 근육(筋)이 있고, 가장 깊이 뼈(骨)가 있습니다. 그리고 혈맥(脈)이 그 사이를 흐릅니다. 이것이 우리 몸의 오체(五體)입니다. 이 오체에도 따라다니는 애들이 있는데, 한의학에서는 같은 털이라도 모(毛, 털)와

발(髮, 머리카락)을 다르게 봅니다. 모는 피부의 일부이고, 발髮은 뼈의 일부입니다. 그래서 '피모皮毛'가 한 세트이고, '골발骨髮'이 한 세트입니다. 또 손톱(爪)은 힘줄(筋)과 같이 가니 '근조筋爪'가 한 세트이고, 입술(脣)은 살(肉)과 같이 가니 '육순肉脣'이 한 세트이며, 얼굴색(色)은 혈맥(脈)과 같이 가니 '맥색脈色'이 한 세트입니다.

이를 다시 정리하면 오체는 ①근조(筋爪), ②맥색(脈色), ③육순(肉脣), ④피모(皮毛), ⑤골발(骨髮)이 되고, 모두 오장과 짝을 이룹니다.

①근조(筋爪, 힘줄과 손톱)는 간과 짝을 이룹니다. 그래서 『황제내경』에서는 이를 '간근조肝筋爪'라 합니다. 손톱이 자꾸 갈라지는 사람은 간이 안 좋은 것입니다.

②맥색(脈色, 혈맥과 얼굴색)은 심장과 짝을 이룹니다. 이를 '심맥색心脈色'이라 합니다. 얼굴색이 칙칙하고 검으면 심장에 문제가 있는 것입니다.

③육순(肉脣, 살과 입술)은 비장과 짝을 이룹니다. 이를 '비육순脾肉脣'이라 합니다. 살이 부드럽지 못하고 딴딴하고 아프면 비장에 문제가 있는 것입니다.

④피모(皮毛, 피부와 털)는 폐와 짝을 이룹니다. 이를 '폐피모肺皮毛'라 합니다. 피부에 아토피가 있는 것은 폐에 문제가 있는 것입니다.

⑤골발(骨髮, 뼈와 머리카락)은 신장과 짝을 이룹니다. 이를 '신골발(腎骨髮)'이라 합니다. 머리카락이 푸석푸석하면 골다공증이 온다는 전조입니다.

이 모든 것은 『황제내경』에 고스란히 나오는 내용입니다. 한 번 듣고 잊어버리지 말고, 자기 몸을 통해 꼼꼼히 살펴보길 바랍니다. 한 치의 오차도 없다는 것을 알게 될 것입니다. 서양의학에서는 모毛, 발髮, 조爪 세 가지는 성분이 모두 케라틴(Keratin)이라는 단백질의 일종일 뿐입니다. 그들은 『황제내경』처럼 각각의 소속을 밝혀주지 못합니다. 그러나 『황제내경』은 같은 단백질이라도 모는 어디에 속하고, 발은 어디에 속하며, 조는 어디에 속하는지를 말해줍니다.

〈오관〉

우리 몸에는 다섯 가지의 감각기관이 있습니다. 눈 · 코 · 입 · 귀 · 혀가 그것입니다. 이것이 오관입니다. 만약 우리 몸에 오관이 없다면 우리는 아무것도 보고 듣지 못하는 거대한 하나의 살덩어리에 불과할 것입니다. 그만큼 오관은 중요합니다. 오관이 있어 우리는 이 우주를 보고 듣고 냄새 맡고 맛볼 수 있습니다. 즉, 오관이란 안테나와 같은 것입니다.

여러분이라면 안테나를 어디에 설치하겠습니까? 바닥에 설치할까요, 지붕에 설치할까요? 당연히 지붕에 설치할 것입니다. 우리 몸을 한 번 봅시다. 안테나 다섯 개가 다 얼굴에 달려 있습니다. 얼굴이 바로 지붕입니다. 조물주가 우리 몸에 안테나를 설치할 때 하나도 빠짐없이 모두 지붕에 달아주셨습니다.

지붕에서도 맨 위에 달린 안테나가 눈이고, 그 아래가 귀, 그 아래가 코, 맨 아래가 입입니다. 그만큼 보는 것이 중요합니다. 눈이 1센티미터라도 더 위에 있어야 적의 동태를 잘 파악할 수 있는 것입니다. 그래서 인간을 포함한 모든 동물은 맨 꼭대기에 눈을 달고 있습니다.

반면, 귀라는 안테나는 음향을 포착하는 기관이기 때문에 꼭 맨 위에 달려있을 필요는 없습니다. 조금 낮아도 괜찮습니다. 또 빛은 직진하기 때문에 눈은 반드시 앞에 달려있어야 하지만, 음향은 좌우로 퍼지기 때문에 양 옆에 달려있어야 합니다. 그래야 소리의 진원지를 정확하게 파악할 수 있습니다.

인간의 오관 중에 눈과 귀가 가장 중요합니다. 그래야 적으로부터 살아남을 수 있고 먹이를 잘 포착할 수 있습니다. 또한 이 두 감각은 다른 감각들에 비해 훨씬 정신적이고 고상합니다. 예술을 이해하고 느끼는 것은 이 두 감각뿐입니다.

코는 냄새를 포착하는 기관이기 때문에 높이와는 별 상관이 없습니다. 눈과 귀가 합동해서 잡아놓은 먹잇감이 썩었나, 썩지 않았나 잘 감별하기만 하면 됩니다. 그래서 괜찮으면 바로 입으로 가져갑니다. 때문에 코는 입과 멀리 떨어지면 안 됩니다.

이렇게 3단계 검증 절차를 거쳐 입으로 들어갑니다. 아직 마지막 관문으로 혀가 남았습니다. 눈으로 보고, 귀로 듣고, 코로 냄새 맡으면 먹이의 안정성 여부가 약 90퍼센트 정도는 검증됩니다. 그러나 눈으로도, 귀로도, 코로도 확인되지 않는 부분이 10퍼센트 남습니다. 그것을 혀가 감지해내는 것입니다. 생존과 관련하여 가장 섬세하고 예민한 안테나는 혀라고 할 수 있습니다. 만약 미각을 상실한다면 큰 위험에 처할 수도 있습니다.

오관의 구멍은 일곱 개라서 오관을 칠규七竅라고도 부릅니다. 규竅란 구멍이란 뜻인데 그 구멍을 통해 밖을 내다볼 수 있는 것입니다.

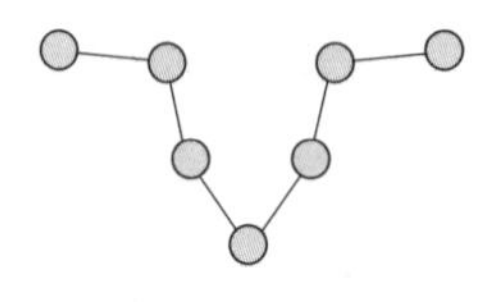

이것들은 우리 인간이란 유기체에 장착된 최첨단 센서 일곱 개, 칠규입니다. 고급 승용차에도 첨단 센서가 몇 개 달리지만, 사람 몸에 부착된 센서와는 비교도 안 됩니다. 이 센서들은 사람이 만든 것이 아니라 조물주가 만든 것입니다. 살아 움직이는 것은 물론 100퍼센트 자동입니다. 백 가지 맛을 보고, 천 리를 내다보며, 만 가지 소리를 들을 수 있습니다. 우리 인간은 이런 엄청난 센서들을 몸에 달고 있습니다.

오관 역시 모두 오장과 짝을 이룹니다. 앞서 오체에서도 짝을 찾아줬듯이 여기서도 짝을 찾아보도록 하겠습니다. 눈은 어떤 장기와 짝을 이룰까요? 간입니다. 간에 문제가 생기면 눈에 황달이 옵니다.

이것을 『황제내경』에서는 '간기통어목'(肝氣通於目, 간기는 눈과 통한다)이라고 합니다. '간기는 눈과 통하므로 간기가 조화되어야 눈이 오색을 잘 가려볼 수 있다'고 되어있습니다.

귀는 신장과 짝을 이룹니다. 신장이 약한 사람은 귀에 이명이 옵니다. 이를 '신기통어이'(腎氣通於耳, 신기는 귀와 통한다)라고 합니다. '신기는 귀와 통하므로 신기가 조화되어야 귀가 오음을 잘 들을 수 있다'고 되어있습니다.

코는 폐와 짝을 이룹니다. 폐는 숨을 쉬는 곳이니 당연히 코와 연결됩니다. 이를 '폐기통어비'(肺氣通於鼻, 폐기는 코와 통한다)라고 합니다. '폐기는 코와 통하므로 폐기가 조화되어야 코가 냄새를 잘 맡을 수 있다'고 되어있습니다.

입은 비장과 짝을 이룹니다. 비장이 안 좋은 사람은 입 주변에 뭐가 자꾸 납니다. 이를 '비기통어구'(脾氣通於口, 비기는 입과 통한다)라고 합니다. '비기는 입과 통하므로 비기가 조화되어야 입이 오곡을 잘 구분한다'고 되어있습니다.

혀는 심장과 짝을 이룹니다. 심장이 초조하면 혀가 오그라듭니다. 이를 '심기통어설'(心氣通於舌, 심기는 혀와 통한다)이라 합니다. '심기는 혀와 통하므로 심기가 조화되어야 혀가 오미를 잘 구분한다'고 되어있습니다.

이것이 오관과 오장의 상호 연결 관계입니다. 그런데 오관을 공부함에 있어서 눈여겨봐야 할 것이 있습니다. '오관'에 쓰이는 '관'자가 '벼슬아치 관官'자라는 사실입니다. 이것은 눈 · 코 · 입 · 귀 · 혀가 관청에서 파견 나온 일종의 '관리官吏'와 같다는 뜻입니다. 어떤 관청에서 파견 나왔는지에 대해 『황제내경』은 이렇게 답합니다.

> 목자 간지관(目者 肝之官 : 눈은 간이 보낸 관리이다.)
> 이자 신지관(耳者 腎之官 : 귀는 신장이 보낸 관리이다.)
> 비자 폐지관(鼻者 肺之官 : 코는 폐가 보낸 관리이다.)
> 구자 비지관(口者 脾之官 : 입은 비장이 보낸 관리이다.)
> 설자 심지관(舌者 心之官 : 혀는 심장이 보낸 관리이다.)

즉, 눈(目)은 사물을 보라는 공적 임무를 갖고 간이라는 중앙 관청에서 파견 나온 관리인 것입니다. 마찬가지로 귀는 소리를 들으라는 공적 임무를 갖고 신장이라는 중앙 관청에서 파견 나온 관리입니다.

이를 조금 다른 각도에서 설명해보도록 하겠습니다. 우리 몸에서 가장 중요한 것은 오장입니다. 그래서 오장은 몸 속 가장 깊은 곳에 위치해야 합니다. 전시상황이 돌발하면 국가의 수뇌부가 지하 벙커 깊숙한 곳으로 몸을 숨기는 이치와도 같습니다. 벙커는 지하 수십 미터 아래 위치하며, 또 수 미터 두께의 콘크리트 장벽으로 감싸여 있고, 다시 여러 겹의 철문으로 보호받습니다. 우리 몸으로 치면 오장을 뼈로 감싸고, 근육으로 감싸고, 피부로 감싸는 것과 같은 이치입니다.

사령부는 이렇게 깊숙이 몸을 피신해 있어야 하는 동시에 최전방 초소와도 교신이 이루어져야 합니다. 이때 최전방 초소에 나가있는 병사가 바로 눈 · 코 · 입 · 귀 · 혀인 것입니다. 이 병사를 『황제내경』에서는 관官 자를 써서 관리, 벼슬아치라고 부르는 것입니다. 졸卒이 아닌 관官을 사용한 것으로 보아 장교로 봐도 무방할 것입니다.

『황제내경』은 계속해서 이렇게 말합니다. "오장은 항상 속에 있으면서 위에 있는 칠규를 거느린다. (…) 오장이 조화롭지 못하면 칠규가 통하지 못한다(五臟不和卽 七竅不通)." 결국 안테나 고장은 오장에서 오는 것입니다. 그러니 안테나가 고장났다고 안테나만 붙들고 있지 말고 얼른 오장을 손보시기 바랍니다.

〈오미〉

맛에는 다섯 가지가 있습니다. 단맛, 매운맛, 짠맛, 신맛, 쓴맛을 가리켜 오미五味라고 합니다.

혀는 음식물이 우리 몸으로 들어가는 마지막 관문입니다. 조물주는 이 마지막 관문을 결코 허술하게 만들지 않으셨습니다. 인간의 생존과 관련하여 지구상에서 가장 예민하고도 정확한 센서가 바로 혀입니다. 하나의 유기체는 음식물의 섭취와 관련하여 사느냐 죽느냐의 판단을 기나긴 진화의 역사를 통해 혀에게 맡겨왔던 것입니다. 오행 중 어떤 것들은 혹 관념적이고 추상적인 부분이 섞여 들어갈 수 있으나, 미각(오미)만큼은 생명에 직결된 것이기 때문에 가장 정확하고 직접적입니다.

신 것을 먹으면 저절로 '습~'하면서 침을 안으로 삼킵니다. 이것은 신 것이 수렴지기를 띠기 때문입니다. 신 것을 먹고 '후~'하면서 숨을 밖으로 내뿜는 사람은 지구상에 한사람도 없습니다. 맛은 절대 속일 수 없습니다. 반면에 매운 것을 먹으면 저절로 '후~'하며 숨을 밖으로 내뿜습니다. 이것은 매운 것이 발산지기를 띠기 때문입니다. 매운 것을 먹고 '습~'하며 침을 안으로 삼키는 사람 역시 지구상에 한 사람도 없습니다.

이처럼 맛에는 속일 수 없는 작용이 있습니다. 그러면 단맛은 어떤 작용을 할까요? 단맛은 물질을 중화시키는 작용을 합니다. 너무 맵거나 짜거나 신 것을 먹었을 때 단 것을 먹어주면 그런 강한 맛들이 중화되고 완화됩니다. 스트레스를 받고 화가 많이 나거나 우울증이 있는 사람들도 은연중에 단 것을 많이 찾는데 그게 다 단맛이 지닌 중화력 때문입니다.

짠맛은 물질을 연하게 만드는 작용을 합니다. 딱딱한 것을 부드럽게 하고 굳은 것을 무르게 하며 뭉친 것을 흐트러뜨리는 작용을 합니다.

쓴맛은 물질을 단단하게 굳히는 작용을 합니다. 또 쓴맛은 열을 빼앗는 작용을 합니다. 물질로부터 열을 빼앗아가니 식으면서 결국 단단해지는 것입니다. 『황제내경』은 오미를 이렇게 정리합니다.

①신맛(收): 수렴시키는 작용을 한다.

②쓴맛(堅): 굳히는 작용을 한다.

③단맛(緩): 완화시키는 작용을 한다.

④매운맛(散): 발산시키는 작용을 한다.

⑤짠맛(軟): 연하게 하는 작용을 한다.

오미 역시 오장과 매치됩니다. 신맛은 수렴지기입니다. 간은 발산지기입니다. 그러므로 신맛은 간과 짝을 이룹니다. 음양이 서로를 당기기 때문입니다.

쓴맛은 심장과 짝을 이룹니다. 쓴맛은 수렴지기가 한 번 더 응결된 것입니다. 그래서 굳을 견堅 자를 쓰는 것입니다. 심장은 발산지기가 더욱 맹렬한 것입니다. 그래서 불 화火 자를 씁니다. 그러므로 쓴맛은 심장으로 갑니다. 역시 서로 당기기 때문입니다.

단맛은 비장과 짝을 이룹니다. 단맛은 모든 것을 중화, 완화시키는 데 비장이 하는 일 역시 이와 같습니다.

매운맛은 폐와 짝을 이룹니다. 매운맛은 발산지기입니다. 폐는 수렴지기입니다. 그러므로 매운맛은 폐로 갑니다. 서로를 원하기 때문입니다.

짠맛은 신장과 짝을 이룹니다. 소금을 불에 얹으면 톡톡 튀듯이 짠맛은 폭발력을 갖습니다. 때문에 짠맛은 강한 발산지기입니다. 반면 신장은 강한 수렴지기입니다. 그러므로 짠맛은 신장으로 들어갑니다.

이것이 『황제내경』이 밝히는 오장과 오미의 대응관계입니다.

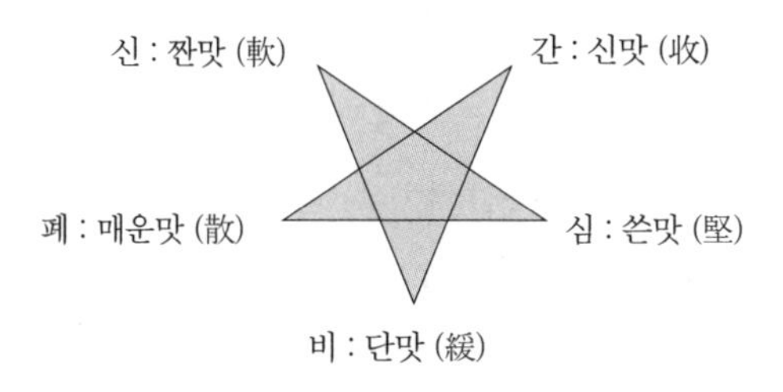

단맛을 중심으로 좌우로 음양이 완벽하게 조화를 이룹니다. 신맛의 수렴지기와 매운맛의 발산지기를 합하면 중(中)이 되고 쓴맛의 굳히는 기운(堅)과 짠맛의 연하게 하는 기운(軟)을 합하면 이 역시 중이 됩니다. 그리고 이 세상 오미를 모두 한 솥에 넣고 찌면 이 역시 중이 될 것입니다. 이것이 황제의 관점입니다.

그러면 우리는 어떤 때에 어떤 것을 먹어 도움을 얻고, 어떤 것을 먹지 않아 위험을 예방할 수 있을까요? 임산부는 뱃속에 아이를, 수험생은 머릿속에 지식을 잘 간직하고 있어야 하기 때문에 귤이나 자몽 같은 신 것을 많이 먹어야 합니다. 이들에게는 수렴지기가 필요하기 때문입니다. 만약 임산부가 매운 것을 많이 먹으면 유산의 위험이 생기기 때문에 조심해야 합니다.

심장에 열이 많은 사람은 고들빼기나 씀바귀 같이 쓴 것을 많이 먹으면 좋습니다. 또 커피도 좋습니다. 쓴맛苦은 예부터 고한강화苦寒降火라고 해서 열을 식히고 화를 내리는 작용을 합니다.

스트레스를 많이 받거나 우울증이 있는 사람이 단 것을 먹으면 증세가 일시적으로 진정, 완화되는 효과를 볼 수 있습니다. 물론 너무 자주 먹으면 안 됩니다. 또 한약을 다릴 때 다른 약제의 독성을 중화시키기 위해 늘 쓰는 약재가 감초입니다. 그래서 '약방에 감초'라고 하는 것입니다. 이게 단맛의 기운입니다.

시합을 앞둔 복싱선수나 토론회에 나가는 사람은 고추나 생강 같은 매운 것을 먹으면 몸의 발산지기를 북돋아주기 때문에 좋습니다. 실전에서 머뭇거리고 망설이면 되겠습니까?

짠맛은 사물을 연하게 만듭니다. 김장할 때 배추를 소금으로 절이면 숨이 죽어 부들부들해지는 것을 보았을 것입니다. 이것이 다 짠맛의 기운을 활용한 것입니다. 짠맛은 뱃속에 덩어리가 생기는 병이나 변비 등의 증상을 치료합니다.

이상에서 우리는 대자연에 목 · 화 · 토 · 금 · 수 오행이 있고 사람에게 오장, 오부, 오체, 오관, 오미가 있음을 살펴보았습니다. 대우주인 자연과 소우주인 인간의 상호관련이 구체적으로 와 닿습니까? 우리 인간은 대자연의 일부입니다. 우리 몸 안에 존재하는 모든 것은 대자연에 존재하며, 대자연에 존재하는 것은 우리 몸 안에 존재합니다. 자연과 인간을 연결하는 이론체계 중에서 『황제내경』은 인류역사상 가장 방대하고 심오한 체계입니다. 서양의 철학과 의학이 미처 예상하지 못했던 부분을 『황제내경』은 이미 꿰뚫고 있습니다.

『황제내경』의 가치는 무궁무진하며 그 내용은 방대하지만 핵심은 단순합니다. 자연을 따르라는 것입니다. 자연의 흐름을 거스르기 때문에 몸에 병이 온다는 것입니다.

이 우주와 대자연은 음양으로 이루어져 있습니다. 이 음양을 벗어난 것은 하나도 없습니다. 우리가 오행을 공부하는 것은 음양을 좀 더 깊이 이해하기 위함입니다.

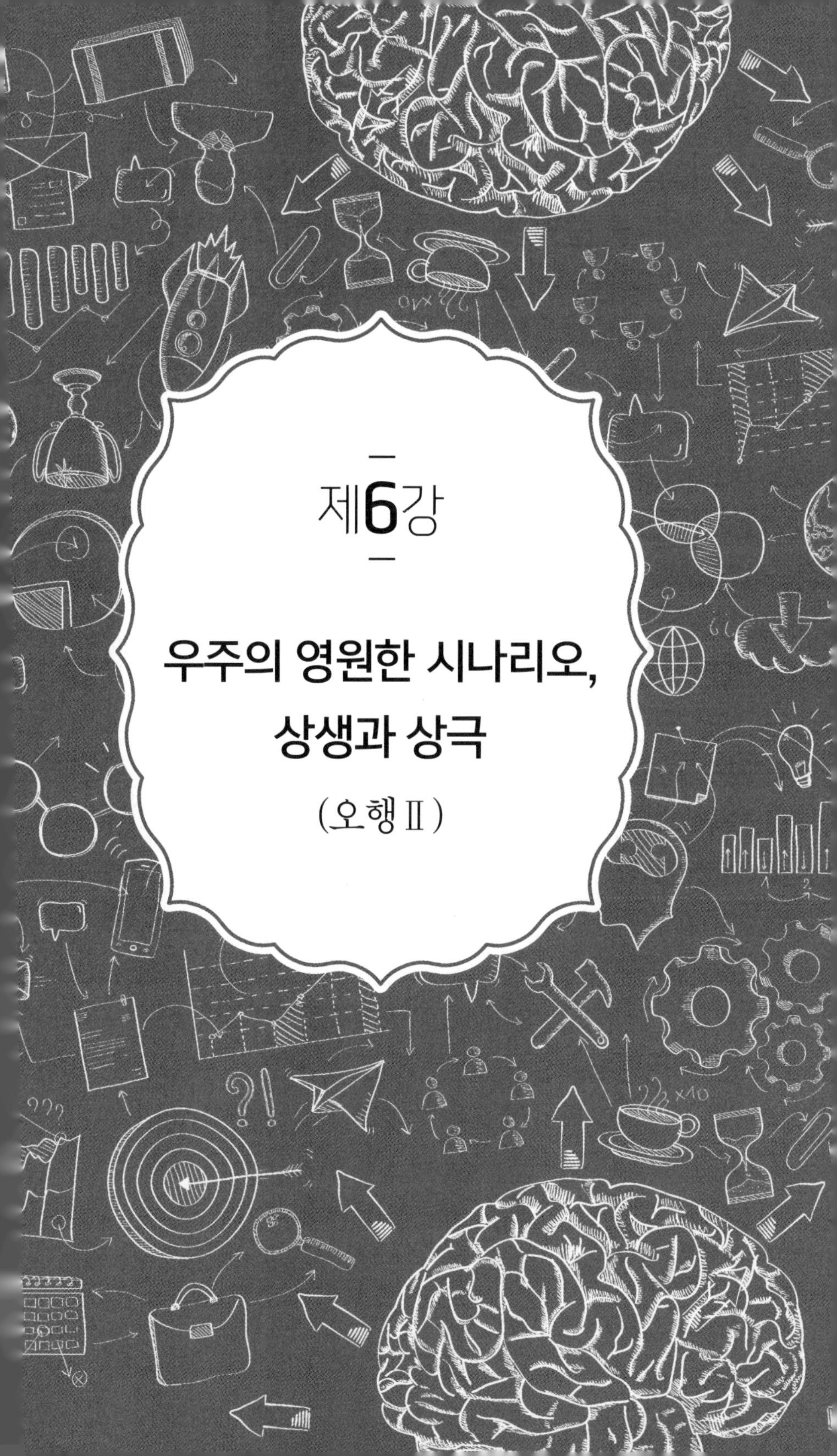

제6강

우주의 영원한 시나리오, 상생과 상극

(오행 II)

1
우주 순환의 시나리오

오행론을 공부하면서 드는 생각 중의 하나는 만약 이를 오행으로 하지 않고 사행으로 했더라면 이 우주가 얼마나 답답할 뻔 했을까 하는 점입니다. 우주의 원소를 오행으로 한 것부터가 실로 오묘한 포석이라 할 수 있습니다. 홀수인 5행으로 이루어졌기 때문에 여기서 상생 · 상극의 묘용이 나오는 것입니다. 만약 짝수인 4행으로 했더라면 2대2 동수로 떨어져 우주는 매순간 정산이 완료된 대차대조표처럼 상생 · 상극의 모용이 나올 수 없었을 것입니다. 실제로 인도철학의 입장이 사대론(四大論, 지 · 수 · 화 · 풍)인데, 여기서는 원소들 간의 상호 작용이란 것이 존재하지 않습니다.

오행론은 기본적으로 우주의 순환을 설명하려는 이론입니다. 황제와 그의 신하들은 우주의 순환 방법에는 두 가지가 있다고 보았습니다. 하나는 순방향이고, 다른 하나는 역방향입니다. 전자를 상생이라 하고, 후자를 상극이라 합니다.

〈상생〉

상생이라 함은 서로 도와주고 밀어주는 관계입니다.

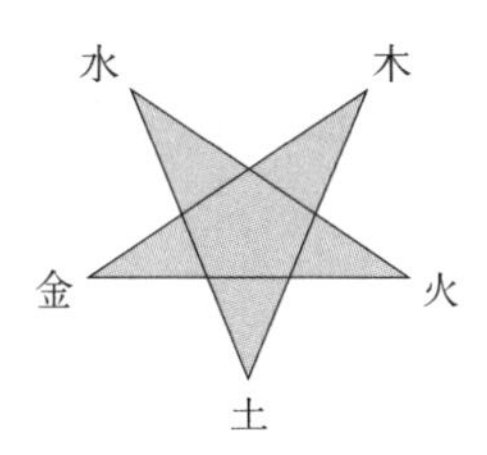

엄마가 자식을 사랑하는 것과 같은 관계가 상생입니다. 여기에는 다섯 가지가 있습니다.

①水生木 : 겨울의 수기水氣는 봄의 목기木氣를 낳는다.

②木生火 : 봄의 목기는 여름의 화기를 낳는다.

③火生土 : 여름의 화기는 장하의 토기를 낳는다.

④土生金 : 장하의 토기는 가을의 금기를 낳는다.

⑤金生水 : 가을의 금기는 겨울의 수기를 낳는다.

앞에서도 말했듯이 목 · 화 · 토 · 금 · 수 오행은 구체적인 사물이 아닌 무엇인가를 상징하는 추상명사입니다. 즉, 우주의 목기 · 화기 · 토기 · 금기 · 수기를 뜻하는 것입니다. 이것이 오행 해석의 원칙입니다. 하지만 이 원칙론을 마지막까지 경직되게 신봉하다보면 이 이론에 모순이 생긴다는 사실을 알아야 합니다. 무슨 말인지 살펴봅시다.

오행이란 삼라만상 모든 것을 포괄하기 위한 이론인데, 이 원칙을 밀어붙이다 보면 정작 '목 · 화 · 토 · 금 · 수' 다섯 가지는 배제되어야 한다는 결론에 이르게 됩니다. 그러면 다른 물건들은 오행 안에 다 포함되는데 가장 중요한 상징물로 쓰인 다섯 가지 구체적인 사물은 제외시켜야 한다는 모순이 생기게 되는 것입니다.

그러므로 한 바퀴 빙 돌아 '목 · 화 · 토 · 금 · 수'는 한 번 추방시켰다가 다시 복원시켜줘야 합니다. 물론, 이 '목 · 화 · 토 · 금 · 수'는 예전의 그 '목 · 화 · 토 · 금 · 수'는 아닙니다. 한 단계 낮아진, 제자리를 찾은 '목 · 화 · 토 · 금 · 수'입니다. 이것이 오행론에 대한 보다 완전한 해석입니다. 그래야 어느 것도 오행으로부터 배제되지 않습니다.

오행론은 원래 우주의 신진대사를 설명하는 이론입니다. 이런 이해를 바탕에 두고 다시 상생에 주목해봅시다. 우주가 어떻게 순환되고 있습니까? 상생의 별은 물을 먹고 자란 나무가 불을 뿜어내면서 그 결과로써 토와 금을 생성해내는 모습을 보입니다.

다시 말해 나무를 매개로 우주 안에서 물과 불이 교환되면서 토와 금金을 생성해내는 영원한 우주의 순환체계를 보여주고 있는 것입니다. 이것이 바로 오행이 보여주는 우주의 신진대사이며 세대교체입니다. 이런 이론은 서양철학에서는 좀처럼 볼 수 없습니다. 오행론은 영원히 살아 움직이는 우주의, 생성의 힘을 여실히 보여줍니다.

〈상극〉

상극은 서로를 견제 · 적대하는 관계입니다. 만물은 서로 도와줄 때도 있지만 서로 적대할 때도 있습니다. 자연에 있는 '천적'이라는 것이 상극과 관계있습니다.

인도철학은 모든 인간사를 업으로 설명합니다. 현재의 내 모습은 과거의 내 행위에 대한 결과라는 것입니다. 반면 오행론은 세상을 그렇게 보지 않습니다. 오행론은 세상을 인간 개개인의 힘을 넘어선 우주적인 힘들의 상호작용으로 봅니다.

불교의 카르마(Karma, 業) 이론에 대해 한 가지 정리해봅시다. 카르마 이론은 결정론일까요, 자유의지론일까요? 불교도들은 물론 많은 사람들이 카르마 이론을 결정론으로 알고 있습니다만 카르마 이론은 사실 자유론입니다.

원래 카르마 이론은 결정론적 세계관을 깨트리기 위해 나온 이론이기 때문입니다. '모든 것은 자기 행위의 결과이다'라는 것이 어떻게 결정론이겠습니까? 결정론이란 자기 행위와 무관하게 어떤 결말이 예정되어있다는 뜻인데 말입니다. 카르마 이론은 자기 행위가 자기 인생을 만든다는 이론입니다. 때문에 일종의 자유의지론이라 할 수 있습니다.

그에 반해 오행론은 이런 자유의지론과는 상당한 거리가 있습니다. 오행론은 이 우주에는 한 개인이 어떻게 할 수 없는 근원적이고 영원한 힘들이 존재한다는 사상입니다. 카르마 이론이 인생에 대해 개인적 해석을 하는 쪽이라면, 오행론은 인생을 우주적 해석으로 보는 쪽이라 할 수 있습니다. 따라서 카르마 이론에서는 자유의지가 중요하고 오행론에서는 법칙과 그 법칙에 대한 인식이 중요합니다.

오행론은 인생의 여러 측면에서 '제한과 한계'를 이야기합니다. 이것이 명확히 드러나는 것이 바로 '상극'입니다. 상극에도 다섯 가지가 있습니다.

①木克土 : 목이 토를 극한다.

②土克水 : 토가 수를 극한다.

③水克火 : 수가 화를 극한다.

④火克金 : 화가 금을 극한다.

⑤金克木 : 금이 목을 극한다.

여기서 '극한다'는 것은 견제하고 적대한다는 뜻입니다. 상생이 계속해서 '오냐오냐 해주는 것'이라면 상극은 정신이 번쩍 들도록 한 번씩 '탁탁 쳐주는 것'입니다. 아이를 키울 때 상생도 좋지만 상극도 잘해야 합니다. 그래야 아이가 큰 인물이 됩니다. 상극이 없으면 아이는 정체됩니다. 집안만 그런 것이 아닙니다. 세상도 그렇고, 우주도 그렇습니다. 만약 상생만 있고 상극이 없으면 엔트로피(entropy) 증가를 이기지 못하고 어느 순간 우주의 순환은 멈추게 됩니다.

엔트로피, 즉 천지간의 쓰레기의 증가를 해소시켜주는 것이 바로 상극입니다. 상극이 있어야 우주의 순환과 만물의 신진대사가 영원

엔트로피(entropy) 자연물질이 변형되어 다시 원래의 상태로 환원될 수 없게 되는 현상. 대체로 시간이 흐름에 따라 질서에서 무질서로 이동해가는 자연현상으로 해석.

히 지속될 수 있는 것입니다. 이것이 상극의 개념을 처음 안출해냈을 때 고대 동양 현인들의 머릿속에 들어있던 생각입니다.

하나의 방식에는 아무리 그것이 효율적이라 하더라도 반드시 찌꺼기가 남게 됩니다. 연탄이 타고나면 연탄재가 생기는 원리와 같은 것입니다. 인간관계든, 세상일이든, 천지만물이든 마찬가지입니다. 하나의 시스템이 나름 효율적인 방식으로 굴러간다 하더라도 거기에는 어쩔 수 없이 엔트로피 증가가 수반될 수밖에 없습니다. 그렇다면 어떻게 이 엔트로피를 제거할 수 있을까요? 그것은 종래의 흐름을 따라서는 안 되고, 반대로 그 흐름을 가로지르는 방식이 되어야 할 것입니다. '종래의 흐름을 가로지르는 방식'이 바로 상극입니다. 그리하여 모든 것들에게 천적이 존재함을 알려주고, 나아가 모든 상생의 바퀴에 끼어있던 기름때를 세척해내는 것입니다. 이것이 영원한 우주의 신진대사입니다.

정치인들은 만나기만 하면 '상생'을 외치는데, 실은 우주의 원리상 상생만 해서는 안됩니다. 세상만사는 적절한 타이밍에 '상극'을 한 번씩 해줘야 합니다. 그래야 세상이 썩지 않고 제대로 굴러갈 수 있습니다. 상생만 계속하면 좋을 것 같지만, 상생만 계속하고 있으면 어느 순간 완전히 정체되어서 시스템 자체가 멈춰버립니다. 이것이 '누이 좋고 매부 좋은 것'의 한계입니다. 누이와 매부가 계속 좋다가는 나중에 반드시 사고가 터집니다. 그러므로 아무리 우호, 협력하더라도 한 번씩 반대로 뒤집어줘야 합니다. 우주에 상생만 있으면 그것은 도가 아닙니다. 반드시 그 반대되는 어떤 무엇인가가 필요한데, 이것이 노자가 『도덕경』에서 말한 '대립자의 철학'입니다.

反者道之動(반자도지동)

되돌아가는 것이 도의 움직임이다.

노자의 이 심오한 사상이 『황제내경』에 와서는 '상극'의 개념으로 나타난 것입니다.

①木克土 : 흙은 나무를 만나면 갈라진다.

②土克水 : 물은 흙을 만나면 물길이 막힌다.

③水克火 : 불은 물을 만나면 꺼진다.

④火克金 : 쇠는 불을 만나야 제련된다.

⑤金克木 : 나무는 쇠를 만나야 가지치기가 된다.

요컨대, 상극이란 임자를 만나는 것이고 천적을 만나는 것입니다. 천지만물 안에는 반드시 천적이 있습니다. 천적은 개인적인 호불호의 관념이 아닙니다. 그것은 우주 안에 필연적으로 존재하는 상충하는 어떤 에너지를 의미하는 것입니다.

금극목金克木을 예로 들자면, 상극을 하는 자(金)는 상극을 당하는 자(木)에게 해를 끼치는 존재이지만, 시스템 전체로 볼 때에는 이롭게 하는 존재가 되는 것입니다. 이것이 도의 움직임입니다.

호주에는 키아(Kea)라는 날지 못하는 새가 있습니다. 새는 새인데 왜 날지 못할까요? 호주라는 섬나라의 독특한 환경 때문에 천적이 없어 날개가 퇴화한 것입니다. 환경 좋고 넓은 땅에 천적도 없으니 굳이 날아다닐 필요가 뭐 있겠습니까? 그래서 점점 살이 쪄 몸집은 커다랗게 되고, 날개는 퇴화한 것입니다. 천적이 없으면 이런 일이 생깁니다.

어항에 피래미 같은 작은 물고기들을 기를 때도 이와 비슷한 일이 생깁니다. 피래미를 어항에 두면 사료만 먹고 빈둥빈둥 놀다가 나중에는 몸놀림이 둔화되고 퇴화합니다. 이럴 때 어항 속에 포식자를 한 마리 넣어주면 포식자에게 먹히지 않으려고 피래미들이 사력을 다해 헤엄을 칩니다. 그 과정에서 한두 마리는 포식자에게 먹히겠지만 전체로 보면 피래미들은 몸놀림이 날쌔고 민첩해집니다. 어항 전체에 활기가 돌고 피래미들은 본래의 자기기량을 회복하고, 그 기량을 뛰어넘기도 하면서 종種 전체가 월등한 방향으로 진화하는 것입니다.

이것이 상극의 개념입니다. 어항 속의 포식자는 피래미들에게 해로운 존재이지만, 시스템 전체로 보면 이로운 존재인 것입니다.

괴테의 『파우스트』를 보면 파우스트의 영혼을 타락으로 이끄는 악마 메피스토펠레스가 등장합니다. 이 메피스토펠레스가 자신의 존재를 밝히면서 이렇게 말합니다.

"나는 항상 악을 원하지만, 실은 항상 선을 행하는 그런 힘의 일부분이오." 이 수수께끼 같은 말이 바로 천적의 개념이고 상극의 개념입니다. 노자 식으로는 '반자도지동反者道之動'이라 합니다.

선악이원론이 팽배해있던 당시의 서구사회에는 좀처럼 들어보기 힘든 이야기입니다. 이런 것을 보면 서양에서 노자를 가장 잘 이해한 사람이 괴테가 아닌가 싶기도 합니다.

세상에는 이렇게 '반자(反者, 대립자)'가 존재합니다. 살다보면 누구나 인생의 상황에서 본의 아니게 '상극'으로 내몰릴 때가 있습니다. 갑자기 형편이 안 풀리고 주변 사람이 자신을 괴롭힐 때 마음가짐을 어떻게 해야 할까요? “왜 하느님은 나만 미워할까?” 혹은 “왜 나한테만 이런 일이 생길까?” 이렇게 한탄해야 할까요?

그런 생각을 하는 사람은 아직 『황제내경』이 말하는 ‘상극’의 개념을 이해하지 못한 사람입니다. 상극의 개념을 제대로 이해한 사람은 이렇게 생각합니다.

“아, 이 자가 나의 반자로구나! 이 자가 나를 극하여 내 인생을 단련시키고 있구나!”라고 말입니다.

〈상생 · 상극의 전체 의미〉

우주 안에 상생과 상극이 동시에 존재하고 있는데, 이것은 전체적으로 무엇을 의미하는 것일까요? 상생과 상극은 세력 간의 균형을 의미합니다. 오행이라는 다섯 가지 우주의 세력 중 어느 누구도 독식을 못하도록 하는 것입니다.

‘목 · 화 · 토 · 금 · 수’ 오행은 누구든 자기가 이 세상을 독식하고 싶어 합니다. ‘이 좋은 것을 왜 나눠 먹어. 내가 다 먹어야지’라며 나라에 따라 시대에 따라 목의 독식이 일어나기도 하고, 화의 독식이 일어나기도 하는 것입니다. 이것을 막는 것이 ‘상극론’입니다. 상극을 방부제라 말할 수도 있겠습니다. 썩지 않도록 균형을 잡아주기 때문입니다. 그래서 독식을 미연에 방지합니다. 그러므로 상생 · 상극론은 커다란 측면에서 우주민주화이론, 만민평등사상이라고 할 수 있습니다.

오행의 어떤 요소도 다른 요소보다 잘난 것이 없습니다. 모두 완벽하게 똑같고 완벽하게 평등합니다. 이것이 우주의 모습입니다. 그러므로 어떤 한 요소도 전횡불가요, 독식불가입니다. 만약 어느 누군가가 전횡을 일삼거나 독식을 하면 시스템 전체가 멈추게 되고, 결국 자기 자신도 죽게 됩니다. 이것이 오행론의 철학적 의미입니다.

상극이 이런 독식 체제를 막는 것입니다. 목木이 독식을 하려 전면에 나서면 바로 금金이 나타나서 목木을 칩니다. 이른바 금극목金克木입니다. 그래서 공을 세운 금金이 우쭐해서 자기가 독식을 해보려고 하면 이번에는 화火가 나타나서 금金을 녹여버립니다.

이른바 화극금火克金입니다. 이번에는 화火가 우쭐해서 전횡을 하려하면 수水가 나타나서 화火를 꺼버립니다. 이른바 수극화水克火입니다. 이런 식으로 계속 진행되어 수水는 토극수土克水로 견제당하고, 토土는 다시 목극토木克土로 견제당하며, 이렇게 한 바퀴 빙 돌아 다시 처음의 금극목金克木으로 돌아오는 것입니다. 이것이 상극의 관념입니다.

황제가 제시한 오행의 상생, 상극론을 통해 우리는 우주가 타율적 우주가 아닌 자율적 우주임을 알게 되었습니다. 이 우주는 누가 개입해서 일부러 균형을 맞추는 것이 아닙니다. 오행이라는 원소들 간의 상호작용(상생과 상극)에 의해 우주가 제 스스로 균형을 유지해 나가는 것입니다. 여기에는 어떤 타율적 원리도 개입하고 있지 않습니다.

이것이 바로 동양우주론의 핵심인 '자율적 균형의 원리'입니다. 이 점에 있어서도 동양철학은 서양철학과 구별됩니다. 아리스토텔레스의 5원소설과 이를 계승한 서양철학은 모두 이 우주를 '타율적 균형의 원리'로 설명해왔습니다. 서양철학에 따르면 자연은 죽어있는 거대한 물질에 불과합니다. 그 안에서 자율성, 역동성을 결코 찾아볼 수 없습니다. 이것이 서양철학의 근본 특징입니다.

그러나 자연은 결코 죽어있는 물질이 아닙니다. 자연은 한 번도 죽은 적이 없습니다. 자연은 매번 봄이 되면 새로운 생명을 터뜨립니다. 그 생명은 자연 밖에서 누가 보내서 온 것이 아닙니다. 자연 안에 생명이 깃들어있습니다. 자연은 영원히 살아 숨 쉬는 위대한 영생의 존재입니다. 자연은 결코 생명의 맥박을 멈추는 일이 없습니다. 이 우주는 스스로 돌아갑니다. 그 누구의 개입도 필요 없이 상생과 상극이 동시적으로 이루어지면서 이 우주는 자기 스스로 균형을 잡아나갑니다.

동양에서 이런 '자율적 균형의 원리'를 최초로 말한 사람이 노자였습니다. 노자의 '무위자연無爲自然'의 원리가 바로 그것입니다. 노자가 말하는 '자연'은 눈앞에 보이는 산천초목을 말하는 것이 아닙니다. 스스로 자自 그럴 연然, 즉 '스스로 그러한 것'이 자연인 것입니다. 노자가 말하는 '무위자연'이란 어떠한 타율적 개입도 허용하지 않는 완전한 자율적 존재로서의 우주를 가리키는 것입니다. 자연은 아무 부족함도 없고, 아무 흠결도 없습니다. 이 우주 천지만물은 그 자체로 완전합니다.

서양철학의 우주론에는 동양철학과 같은 자율성, 역동성이 없다는 것을 앞에서 언급했습니다. 그러나 서양철학 전부가 그랬던 것은 아닙니다. 서양철학자 중에도 종래 서양의 타율적 우주론에 문제가 있음을 지적하면서 여기에 자율성, 역동성을 부여하려 했던 철학자가 있습니다. 그가 바로 스피노자(Spinoza)입니다. 스피노자는 실로 위대한 철학자였지만, 서구사회는 그를 받아들일 만큼 성숙하지 못했습니다. 그는 불과 23세의 나이에 파문을 당했고, 45세의 나이에 쓸쓸히 죽었습니다.

스피노자는 자연을 둘로 구분했습니다. 하나는 능산적 자연(能産的自然, Natura naturans)이고 다른 하나는 소산적 자연(所産的自然, Natura naturata)입니다. 전자는 산출하는 자연이고 후자는 산출된 자연입니다. 당시 유럽인들은 자연을 피조물, 즉 소산적 자연으로만 인식했습니다. 이런 상황에서 스피노자는 조물주, 즉 능산적 자연을 이야기했던 것입니다. 그에 따르면 신은 능산적 자연입니다. 그리하여 '신神, 즉 자연自然'이라는 스피노자의 최대 명제가 탄생하게 됩니다. 그는 이 명제 때문에 파문당하고 추방당했습니다.

유럽사회를 뒤흔들어놓았던 스피노자의 '능산적 자연'이란 개념은 실은 동양철학에서는 아주 친숙하고 낯익은 개념입니다. 동양인들은 수 천 년 전부터 자연을 조물주로서의 자연, 즉 능산적 자연의 개념으로 이해해왔습니다. 『역경』에 보면 자연을 가리켜 '생생지위역(生生之謂易, 낳고 또 낳는 영원한 힘을 자연이라 한다)'이라 부릅니다. 『역경』의 '생생지위역', 이것이 스피노자가 말한 '능산적 자연'입니다. 동양은 BC 2000년부터 이러한 자율적, 역동적 우주론을 견지하며 살아왔습니다.

그런 스피노자가 시대의 냉대와 핍박 속에서 죽은 지 300년이 지난 20세기에 서구사회의 우주론에 변화가 생겼습니다. 그 변화의 중심에 서있는 것이 상대성이론과 양자역학입니다. 아인슈타인의 상대성이론과 하이젠베르크 등의 양자역학은 그 근본에 있어 동양철학적 사유방식과 유사했는데 이로 인해 서구사회는 사상적으로 크게 변모했습니다. 서구사회는 상대성이론과 양자역학으로 인해 20세기에 와서 비로소 우주가 자율성, 역동성을 갖고 있다는 점을 받아들인 것입니다. 이에 덩달아 서구사회에서 스피노자의 복권이 이루어지고 있습니다.

아인슈타인에게 가장 많은 영향을 끼진 철학자가 바로 스피노자입니다. 아인슈타인은 특정 부분에서 용어만 다소 바꿨을 뿐 스피노자의 사상을 거의 그대로 재현하는 듯한 모습을 보이기도 합니다. 때문에 아인슈타인 역시 스피노자가 그랬던 것처럼 보수적인 유대 랍비들로부터 공격당하기도 했습니다.

스피노자의 사상은 여러모로 동양철학, 특히 도가철학의 자연론 · 우주론과 맥락이 닿아있습니다. 그가 말한 '능산적 자연'의 개념은 노자, 장자가 말한 자연과 같은 것입니다. 자연 자체가 살아있는 생명이며, 그 자체로 완전하고 아무 부족함이 없습니다. 그러므로 이 우주는 어떠한 유위도 필요하지 않습니다. 스피노자는 노자, 장자와 똑같은 말을 했다가 파문당했던 것입니다. 만약 스피노자가 동양에서 태어났더라면 파문이 아니라 반대로 노자, 장자의 적통을 잇는 도가철학의 위대한 계승자로 추앙 받았을지도 모를 일입니다.

2
상생과 상극의 원리

〈복수의 원리〉

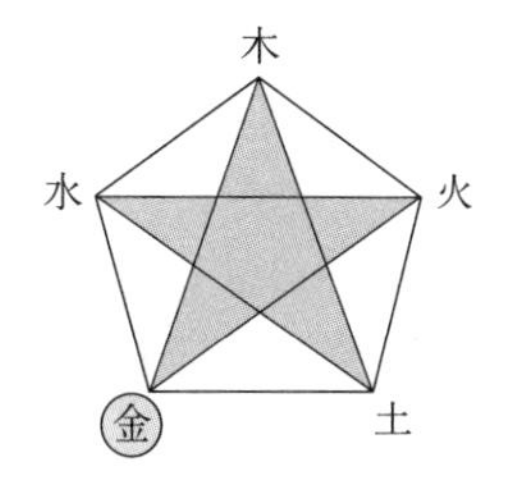

상극의 과정에 있어서 우리는 앞에서 '목극토木克土'를 공부했습니다. 이때 토土의 입장이 되어 생각해봅시다. 토는 예기치 않은 목木의 공격을 받아 피를 철철 흘리며 죽어갑니다. 이때 토는 그냥 죽는 것이 아니고 반드시 아들을 불러 '이 복수를 꼭 해다오.'라며 유언을 남기고 눈을 감습니다. 그 아들이 금金입니다. 그러니까 금의 아버지는 원통하게 죽은 토인 것입니다. 금은 입산수도하여 무공을 연마한 후 당대 무림의 고수가 되어 세상에 나타나 아버지의 원수 목木에게 멋지게 복수합니다. 전형적인 무협지의 구도 같지 않습니까? 금이 주인공인 무협지가 바로 '금극목金克木'입니다.

목木을 중심에 놓고 보면 상극이 좌우에서 두 번 행해지는데 그 첫 번째가 목극토이고 두 번째가 금극목입니다. 이것은 마치 악을 행한 자(木)가 그 피해자(土)의 자식(金)에게 보복을 당하는 것과 같은 구조를 갖고 있는데 이것이 복수의 원리입니다. 공격하는 자는 반드시 공격당한다는 원리가 숨어있습니다. 이 원리는 강한 자를 견제하는 원리입니다. 이렇게 함으로써 전체 시스템의 균형을 맞춥니다. 이런 복수의 원리가 5개 존재하는데 이를 옛 사람들은 상제相制라 했습니다.

〈배신의 원리〉

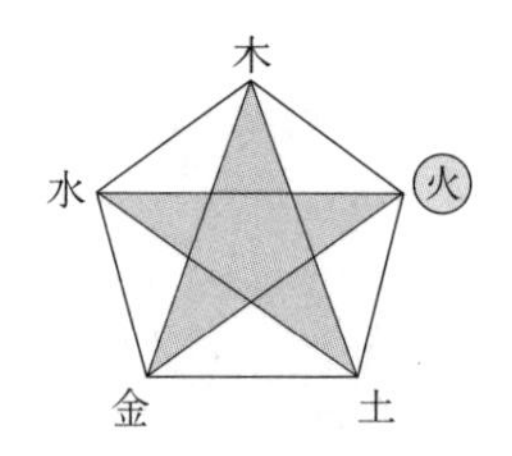

목극토木克土라는 상극이 행해질 때 그 가운데 끼어있는 화(火, 목의 자식)의 행동이 마치 배신을 하는 듯한 구조를 갖고 있습니다. 목극토木克土가 행해질 때 화火의 위치는 매우 어정쩡합니다. 여기서 화는 누구의 편을 들어야 할까요? 아버지(木)가 적(土)을 치고 있는데, 자식(火)이 아버지의 편을 들어야하지 않을까요? 그런데 자식이 아버지의 편을 들지 않습니다. 오히려 자식이 아버지의 적의 편을 듭니다. 자식이 아버지를 배신하는 것입니다.

이것이 '화생토火生土'입니다. 셰익스피어의 희곡 『로미오와 줄리

엣』을 예로 들어볼까요. 몬터규 가와 캐풀릿 가는 서로 반목질시하는 원수지간입니다. 몬터규의 아들이 로미오인데 이 로미오는 적(캐풀릿)의 딸 줄리엣에게 넋이 빠져 줄리엣이 하자는 대로 할 판입니다. 그러면 로미오는 아버지의 적인 캐풀릿을 돕는 꼴이 됩니다. 이와 비슷한 상황이 바로 화생토火生土입니다.

목木의 입장에서는 자식(火)이 배신한 것이기 때문에 배신의 원리이지만, 토土의 입장에서 보면 누군가가 자신을 도와주는 것입니다. 공격당하는 자에게는 반드시 돕는 세력이 있는 것입니다. 이 원리는 약자를 돕는 원리로써, 이 역시 전체 시스템의 균형을 도모하는 것입니다. 이런 배신의 원리 또한 다섯 개가 존재합니다. 옛 사람들은 이를 상화相化라 했습니다.

이 둘을 종합해보면 이 우주 삼라만상 안에는 복수와 배신의 대서사시가 흐르고 있다는 결론에 도달합니다. 어떤 사물, 어떤 원소도 이것을 피할 수 없습니다. 모두가 모두를 향해 복수를 다섯 번 하고, 배신을 다섯 번 합니다. 결국에는 다 똑같아집니다. 그 누구도 이 복수와 배신을 개인적인 의지로 피할 수는 없습니다. 이것은 우주 안에 존재하는 영원한 힘의 충돌입니다. 사실 엄밀히 말하면 이것은 복수도, 배신도 아닙니다. 이 우주가 행하는 균형과 조화의 과정일 뿐입니다. 세상을 살다가 설령 억울한 일을 당하더라도 너무 노하거나 슬퍼하지 마십시오. 그럴 때에는 '아, 누군가의 자식이 나에게 복수를 하는구나(복수의 원리).'라고 생각하든가 아니면 '아, 내 편인 줄 알았더니 이놈이 배신을 하는구나(배신의 원리).'라고 생각해보십시오. 요컨대, 어떠한 문제가 꼭 개인의 의지 때문에 일어나는 것이 아니라 그 배후에 우주의 원리가 작동하고 있다는 점을 생각해보라는 것입니다. 이것이 상생, 상극론에 입각한 사유방식입니다.

모든 것이 개인의 업보라는 불교의 카르마 이론과는 달리, 상생·상극론에 따르면 모든 것이 다 내 책임인 것은 아닙니다. 오히려 많은 것이 우주의 책임입니다. 우주가 우리에게 똑같은 양의 기쁨과 고통을 선물하는 것입니다. 상생, 상극론에 따르면 모든 것은 우주적 원리의 발현이고 우주적인 힘과 힘의 대립문제입니다. 누구도 이 우주적인 힘에서 벗어날 수 없습니다. 그러니 책임질 수 없는 부분에 대해서까지 지나치게 고민하거나 슬퍼하지 마시기 바랍니다.

상생과 상극의 원리2

〈이중부정의 원리〉

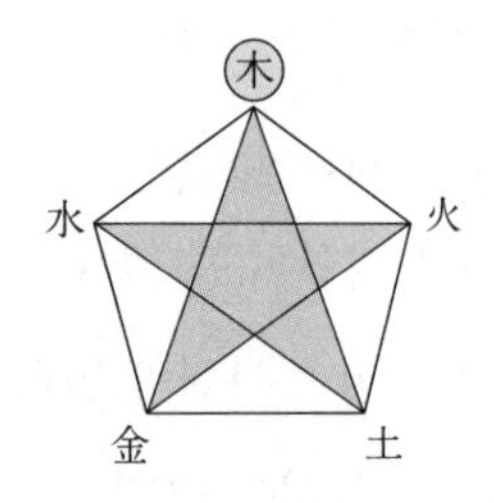

앞의 '2단계'와 똑같은 것이지만, 다른 관점에서 보면 이 안에 이중부정의 원리와 이중긍정의 원리가 들어있음을 알 수 있습니다. 먼저 이중부정의 원리를 보도록 하겠습니다. 이중부정은 긍정입니다. 즉, 적의 적은 친구인 셈입니다. 위의 별표에서 보면 목(木)에게는 두 명의 적이 있습니다. 하나는 금(金克木)이고, 다른 하나는 토(木克土)입니다. 금은 나(木)를 공격하는 적이고, 토土는 내(木)가 공격하는 적입니다. 이럴 때 금을 가리켜 '극아자(克我者, 나를 극하는 자)'라 하고, 토土를 가리켜 '아극자(我克者, 내가 극하는 자)'라 합니다.

목木은 금金과도 부정적 관계이고, 또 토土와도 부정적 관계입니다. 즉, 이중부정의 관계입니다. 그런데 세상 이치가 참 재미있습니다. 목木과 적을 이루는 토土와 금金이 알고 봤더니 친구지간이라는 것입니다. 앞에서는 아버지와 아들로 비유하기도 했습니다. 이런 관계가 토생금土生金입니다. 세상을 살다보면 이런 일 분명 있습니다. 이것이 오행 속에 깃든 이중부정의 원리입니다.

〈이중긍정의 원리〉

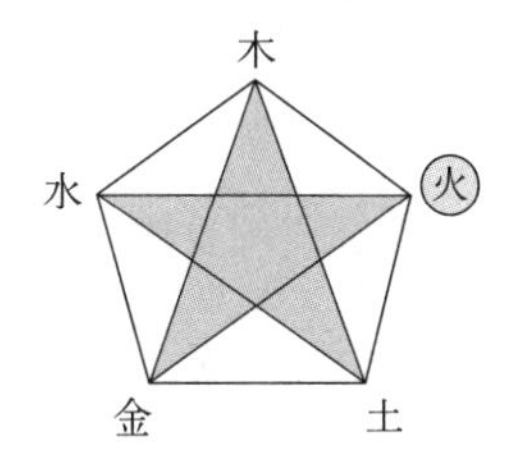

이중긍정의 경우는 이중부정의 경우와는 조금 다릅니다. 이중부정의 경우는 100퍼센트 긍정이지만, 이중긍정의 경우는 다양한 스펙트럼을 갖고 있습니다. 이중긍정은 긍정의 도가 약할 때는 여전히 긍정이 되지만, 긍정의 도가 강할수록 점점 부정이 됩니다.

예를 들면 친구의 친구는 여전히 친구가 될 수 있습니다. 우정은 그만큼 관대한 것입니다. 그러나 애인의 애인은 결코 친구가 될 수 없습니다. 그것은 적이 됩니다. 이른바 연적戀敵입니다. 사랑은 그만큼 독점적인 것입니다. 오행에서 다루는 이중긍정은 긍정의 도가 매우 강한 경우입니다. 평범한 친구가 아니라 애인 사이를 다룹니다.

앞의 별표에서 화火를 중심으로 보면 화에게는 두 명의 애인이 있습니다. 하나는 목(木生火)이고, 다른 하나는 토(火生土)입니다. 목木은 나(火)를 사랑하는 자이고, 토土는 내(火)가 사랑하는 자입니다. 이럴 때 목木을 가리켜 '생아자'(生我者, 나를 낳는 자)라 하고 토를 가리켜 '아생자'(我生者, 내가 낳는 자)라 합니다. 이 둘은 나를 중심으로 이중긍정의 관계를 형성하고 있는 것입니다.

그러면 이 둘의 관계는 어떨까요? 애인의 애인이기 때문에 이 둘은 원수가 되는 것입니다. 이 관계가 목극토木克土입니다. 화火는 이 둘 사이에 끼어서 죽을 맛일 것입니다. 이것도 우리가 세상에서 늘 경험하는 일입니다. 이것이 오행이 일러주는 이중긍정의 원리입니다. 이러한 이중긍정과 이중부정이 오행 속에는 각각 다섯 개씩 들어있습니다. 그래서 우주전체를 다 통괄해보면 긍정과 부정이 서로 5대5의 동률을 이루어 특정한 어느 누구만 유감스러운 일을 겪는 것은 아닙니다.

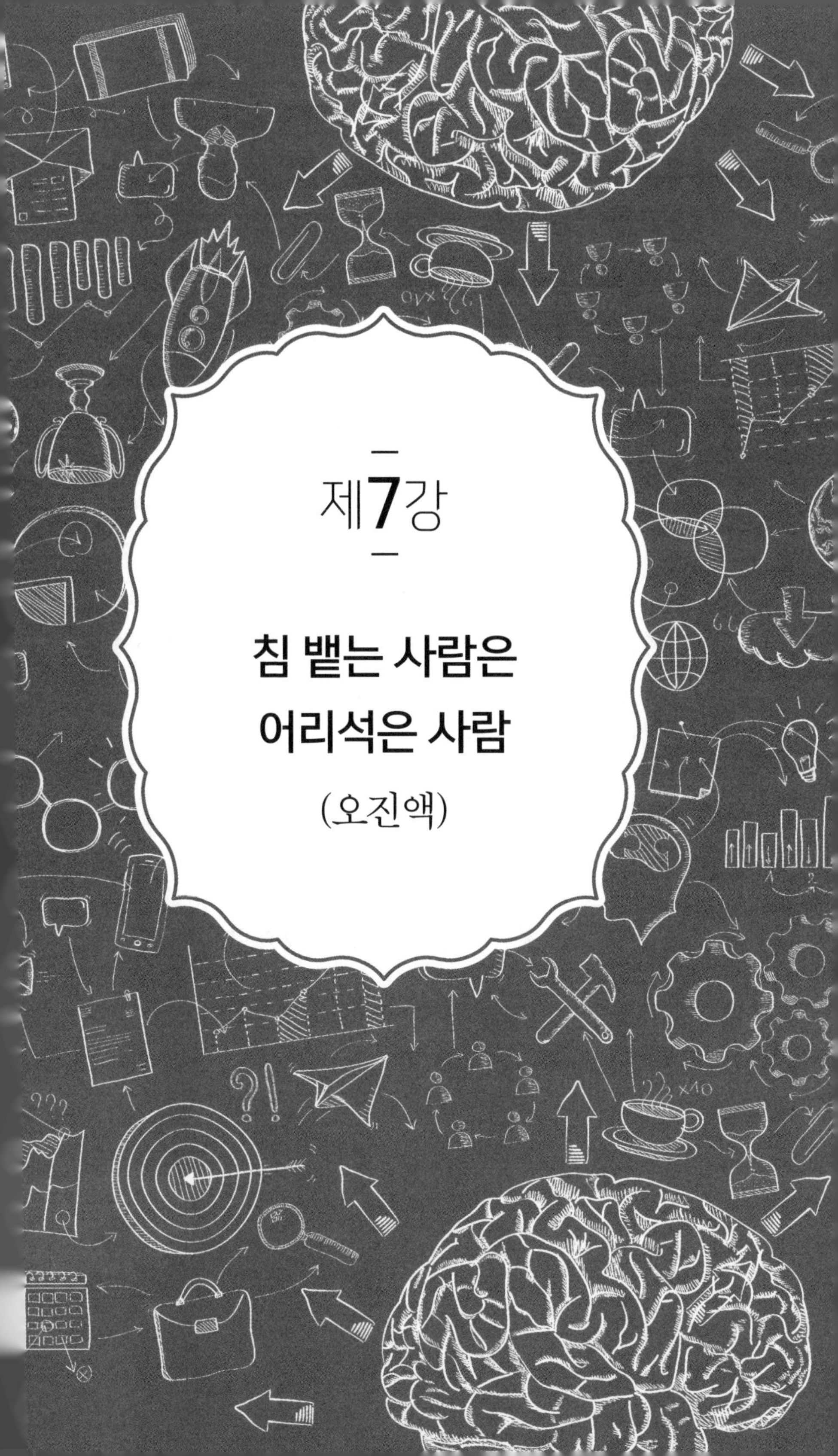

제7강

침 뱉는 사람은 어리석은 사람

(오진액)

1
사념과 사색

우리는 앞서 기의 중요성에 대해 살펴보았습니다. 그런데 이 기보다 앞서 우리 몸에 영향을 주는 것이 있습니다. 그것이 사思입니다. 『황제내경』의 질병 4단계론인 '심心 - 기氣 - 혈血 - 병病'중에서 심心이 바로 '생각 사思'입니다.

思 → 囟 정수리 신
　 → ψ 마음 심

생각 사思 자의 윗부분은 밭 전田 자처럼 생겼지만 전田 자가 아닌, 정수리 신囟 자입니다. 생각을 뇌로 한다는 것을 고대인들도 알았다는 증거입니다. 그 아래는 마음 심心 자가 있습니다. 심心 자의 갑골문을 보면 위의 그림처럼 심장을 그대로 그려놓은 듯합니다. 좌심실, 우심방 이런 느낌이 납니다. 화타 이전, 고대 동양에 해부학이 있었다는 말이 있는데 이것을 보면 일리 있는 말 같기도 합니다.

어찌 됐건, 생각(思)이란 뇌와 심장이 관여하는 일입니다. 생각은 단순히 뇌 혼자 하는 작업이 아니라는 것입니다. 가령 심장이 약한 사람이 어떠한 생각을 과중하게 하면 심장에 탈이 나서 결국 쓰러집니다. 생각도 심장이 받쳐줘야 할 수 있는 것입니다. 왜냐하면 생각이란 혈류량과 관계가 있기 때문입니다. 옛사람들은 이미 이것을 알고 있었다는 것입니다.

갑골문이나 『황제내경』을 공부해보면 옛 사람들의 생각이 우리보다 훨씬 깊다는 것을 알게 됩니다. 특히 인체를 파악하는 방식은 우리보다 훨씬 더 총체적이고 통합적입니다. 오히려 현대에 사는 우리의 시야가 더 피상적이고 단편적인 것 같습니다. 이런 부분은 오히려 우리가 옛 고서들을 통해 배워야 할 부분입니다.

생각에는 두 가지가 있습니다. 하나는 '사념思念'이고 다른 하나는 '사색思索'입니다. '사념'은 잡생각이고 번뇌망상입니다. 이것은 생각이 아닌 생각의 쓰레기입니다. 그러니 빨리 털어내야 합니다. 사념思念의 '념念' 자는 지금(今) 내 마음(心)에 가득 차있는 생각들입니다. 지금 내 마음에 달라붙어 나를 괴롭히고 고통스럽게 하는 모든 생각, 그것이 '념念'입니다. 여기로부터 빨리 빠져나와야 합니다.

이와 반대로 '사색'은 맑고 깨끗한 생각입니다. 사색思索의 '색索' 자를 자세히 보면 실 사糸 자가 들어있습니다. 이것은 밧줄을 의미합니다. 덧붙여 뭔가 '가닥'을 잡았다는 뜻이기도 합니다. 생각의 가닥이 사색입니다. 책의 뒷면을 보면 책에 나왔던 용어를 찾아보기 쉽게 하기 위해 '색인索引'이라는 것이 달려있는데 이때의 색索 자가 사색의 색索 자와 같은 것입니다.

사색이란 책의 색인처럼 생각에도 색인을 달아 차곡차곡 머릿속에

다 정리해 놓는다는 뜻입니다. 그래야 나중에 필요할 때 찾아 쓸 수 있지요. 사색은 우리에게 영감을 주고 아이디어를 줍니다. 그러니 우리는 사념은 버리고 사색을 챙겨야 합니다. 그것이 우리가 살길입니다.

사념에 대해 특히 연구를 많이 한 종교가 불교입니다. 불교에서는 사념, 즉 번뇌망상을 108가지로 구분하는데 이것이 108번뇌입니다. 이 번뇌망상에서 더 나아가면 '치매'가 됩니다. 반대로 맑은 생각인 '사색'에서 한 단계 더 나아가면 그때는 '명상冥想'이 됩니다. 그렇다면 치매와 명상의 차이가 무엇일까요? 치매는 뇌의 전두엽이 얇아지는 것입니다. 고등 동물일수록 전두엽이 발달되는데, 이게 얇아지니 판단력이 혼미해지는 것입니다. 반대로 명상은 전두엽을 두껍게 만드는 것입니다. 그래서 명상을 많이 하는 사람들이 판단력이 빠르고 통찰력이 뛰어납니다. 결국, 명상이란 뇌가 변하는 것입니다. 누구나 변할 수 있습니다. 얇은 전두엽에서 두꺼운 전두엽으로 뇌가 변해야 나이가 들어도 치매에 걸리지 않고 총기 있고 활발하게 살 수 있는 것입니다.

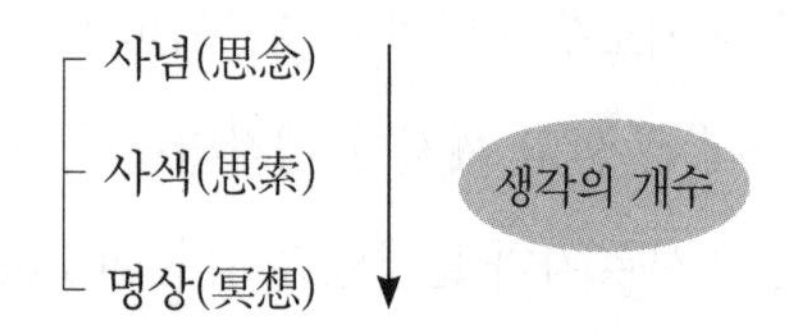

사념은 생각이 많아 머릿속이 복잡한 상태입니다. 사색은 생각이 정리되어 머릿속이 명쾌한 상태입니다. 명상은 마음이 거울처럼 텅 빈 상태, 즉 무념무상입니다. 여기서 우리의 방향은 사념에서 사색을 거쳐 명상으로 가는 것입니다. 이 3단계의 특징은 사념에서 명상으로 내려갈수록 생각의 개수가 현저히 줄어든다는 데에 있습니다. '다념다사多念多思'에서 '소념소사少念少思'를 거쳐 마침내 '무념무상無念無想'으로 가는 것입니다. 생각의 양이 줄어들면 마음이 고요해지고 마음이 고요해지면 사물이 명료해집니다.

이것이 마음공부의 요체입니다. 또 이것이 부처의 열반이자 깨달음이고, 노자의 허虛와 정靜이며, 황제의 진인이도치병眞人以道治病입니다.

화(火)의 힘

심心 중에서도 현실적으로 가장 어려운 것이 화를 다스리는 법입니다. 우리 모두 화가 나쁘다는 것은 알지만 아무도 이것을 피할 수 없습니다. 화는 모든 부정적 감정의 대표자이며, 스트레스의 본질입니다. 화를 내면 우리 몸이 어떻게 망가지는지 한 번 살펴보겠습니다.

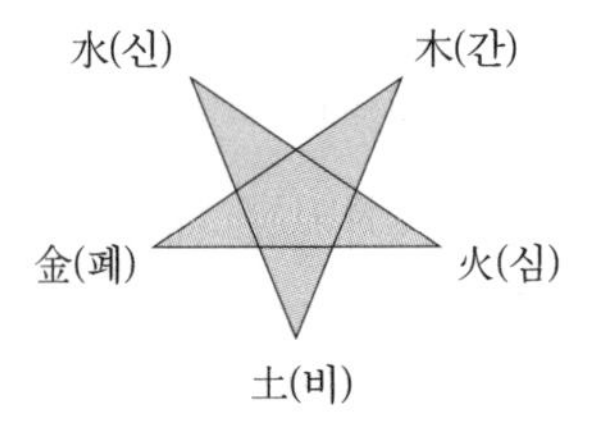

오행에 의하면 화(분노)는 간에 배속됩니다. 그리고 심장은 기쁨과도 관련이 있지만, 기본적으로 타오르는 불과 같다는 의미에서 군화(君火, 군주로서의 불)라고도 합니다. 심리학적으로 보면 이를 '심화心火'라 할 수 있습니다. 따라서 몸 안에 화가 생기면 오장 중에서 제일 먼저 간, 심장 두 장기에 사기邪氣가 침범하는 것입니다. 그래서 자꾸 화를 내다보면 간에는 신경성 간열 · 간경화 · 간암이 오고 심장에는 협심증 · 심근경색이 오는 것입니다. 이게 1단계입니다.

그 다음 2단계는 오행의 상극관계로 번집니다. 오행 중에서 목木은 토土를 극(克, 억누름)합니다. 이른바 목극토木克土입니다. 토는 비장인데 목극토란 간의 독이 비장을 억누른다는 의미입니다.

다시 말해 분노하게 되면 소화불량이나 급체가 온다는 것입니다. 그래서 예부터 밥상머리에서 애를 꾸짖지 말라고 했던 것입니다. 식사 도중에 질책을 받으면 간에서 일어난 분노가 비장을 덮쳐 체하게 됩니다.

또 다른 상극으로 화를 볼까요? 화는 금을 극합니다. 화극금火克金입니다. 금은 폐인데, 화극금이란 심장의 사기가 폐를 억누른다는 뜻입니다. 이것도 확실히 맞는 말입니다. 심장에 화가 차오르면 숨차고 해소 천식이 생깁니다. 누구든지 심장에 열을 받으면 목소리가 나오질 않습니다. 즉, 상극관계에 따라 심폐는 같이 가는 것입니다. 화火 하나로 네 개의 장기(간, 심, 비, 폐)가 망가짐을 알 수 있습니다. 오장 중 신장(腎)만 빠지는데 실은 빠지는 것이 아닙니다. 화는 신장에도 치명타입니다.

화, 분노, 적개심에 사로잡히면 우리 몸의 '긴장유발축'이라 할 수 있는 '시상하부－뇌하수체－부신피질 호르몬 축'(HPA axis)이 작동하여 아드레날린이 분비되는데, 이렇게 되면 곧바로 성性기능에 장애가 오고 방광에서 오줌이 나오지 않게 됩니다. 이 '긴장유발축'은 한의학에서 신장 · 방광경과 일치하는 것입니다. 이로써 우리는 화 하나를 내면 오장이 모두 망가진다는 것을 알게 되었습니다.

2 침의 중요성

우리는 화가 몸에 큰 독이라는 사실을 알았습니다. 화가 몸 안에서 끓어오르면 호흡, 심장박동, 혈압이 빨라집니다. 호흡은 가만히 있지를 못하고 씩씩대고, 심장박동은 쿵쾅쿵쾅 뛰기 시작하며, 혈압은 200~300고지를 향해 세차게 달려갑니다.

이렇게 되면 몸의 진액이 마르게 됩니다. 몸의 진액이 마르는지 마르지 않는지, 침을 통해 알아볼 수 있는 간단한 방법이 있습니다. 입안의 침은 절대 거짓말을 하지 않습니다. 내가 지금 이 상황에서 스트레스를 받는지 아닌지는 침이 말해줍니다. 설령 내가 겉으로는 웃는 척해도 입에 침이 마르면 그건 스트레스를 받고 있다는 것입니다. 남은 속일 수 있어도 침은 속일 수 없습니다. 침은 다 알고 있습니다. 내가 지금 진짜로 웃고 있는지, 가짜로 웃고 있는지 말입니다.

빨라지는 호흡, 심장박동, 혈압 이 세 가지는 화를 대표하는 것이고, 입안의 침은 수水를 대표하는 것입니다. 양자는 역관계에 있는 것입니다. 바꿔 말하면 우리가 어떻게든 입안에 침만 고이게 할 수 있다면, 호흡, 심장박동, 혈압, 이 세 가지를 안정시킬 수 있다는 것입니다. 이것이 바로 음양오행에서 말하는 '수극화(水克火, 수기가 화기를 제압한다는 상극원리)'입니다. 지나친 화를 수의 기운으로 조절하는 것입니다. 과도한 호흡과 심장박동과 혈압상승을 동시에 잡아줄 약은 아직 시중에는 없습니다. 오직 우리 안에만 있습니다. 그 약이 바로 '침'입니다.

침을 우습게 보다간 큰 코 다칩니다. 입안에 침을 한번 고이는 것이 보약 한 재를 먹는 것보다 좋습니다. 침은 보약과 달리 다리지 않아도 되고, 어디에 담아 다니지 않고 공짜로 하루 종일 먹을 수 있습니다. 이것은 침이 훨씬 더 순수하고 정미로운 약물이라는 뜻입니다. 이외에도 침의 좋은 점은 이루 말할 수 없이 많습니다.

그런데 우리는 이렇게 좋은 것을 여태껏 왜 모르고 있었을까요? 왜 아무도 우리에게 이런 사실을 말해주지 않았을까요? 생각할수록 참 이상한 일입니다. 우리는 그동안 침에 대해 너무 몰랐습니다.

우리 몸은 수水와 화火의 싸움터입니다. 수가 이기면 평화가 오고 화가 이기면 병이 옵니다. 우리는 이 싸움에서 수가 이기도록 도와야 합니다. 입안에 침이 고이면 수가 화를 이긴 것이고, 만사가 다 잘 되고 있다는 것입니다. 아프던 병도 낫게 됩니다. 반대로 입안이 바짝 마르면 만사가 잘못되고 있는 것입니다. 이 상태가 계속되면 몸에 병이 옵니다. 그럼 한 가지 질문을 드리겠습니다. 우리가 인생에서 중대한 결정을 내릴 때 입안에 침이 촉촉이 고여 있을 때 해야 할까요, 아니면 입이 바짝 말라있을 때 해야 할까요? 당연히 고여 있을 때 해야 합니다. 그래야 나중에 후회하지 않습니다.

침이라는 것이 이렇게 중요한 것입니다. 그런데 이런 침의 중요성을 우리만 몰랐던 것입니다. 옛 사람들은 다 알았습니다. 『황제내경』에서는 침을 가리켜 '금진옥액金津玉液', '감로수甘露水', '신수神水'라고 부릅니다. 옛 사람들은 침에 대해 이렇게 극존칭을 썼습니다.

> 어떤 사람이 자주 침을 뱉어 진액이 말라 몸이 죽은 나무처럼 메마르게 되었는데, 우연히 지인至人을 만나게 되어 진액(津液, 침)을 다시 거두어들이는 방법을 배우게 되었다. 이를 오랫동안 지속하였더니 몸이 다시 윤기가 돌았다.
>
> -『연수서』

그러니 절대로 침을 뱉어서는 안 됩니다. 침을 보물처럼 아껴야 합니다. 과일이 스스로 즙을 밖으로 내다 버린다고 생각해봅시다. 이 얼마나 멍청한 과일입니까!

인체의 오진액

『황제내경』에 의하면 우리 인체에는 다섯 가지 진액이 있습니다. 한汗 · 혈血 · 누淚 · 정精 · 타唾가 그것입니다.

汗	血	淚	精	唾
(땀)	(피)	(눈물)	(정액)	(타액)

진액은 피부에서는 땀이 되고, 살에서는 피가 되고, 눈에서는 눈물

이 되고, 신장에서는 정액이 되고, 입에서는 침이 됩니다. 이 5액을 주관하는 곳이 신腎입니다. 이른바 신주오액腎主五液입니다. 신腎은 모든 수水, 오액五液을 주관합니다.

『황제내경』에는 '사람의 몸은 진액을 근본으로 한다人身以津液爲本'고 되어있습니다. 사람은 진액이 많으면 윤기가 흐르고 진액이 마르면 죽습니다. 어린 아이를 보면 진액이 많아 사방에 침을 흘립니다. 마치 즙 많은 과일 같습니다. 반면에 노인이 되면 입안에 침이 바짝 말라늘 건조합니다. 과연 '사람의 몸은 진액을 근본으로 한다' 하겠습니다.

5액은 하나의 근원에서 나온 것이므로 서로 통합니다. 입안에 침이 마르면, 안구도 건조해지고, 질에도 건조증이 옵니다. 이것은 어찌 보면 당연한 일입니다. 입이 마르는데 어떻게 다른 곳이라고 마르지 않겠습니까? 『내경』에는 사람이 피를 많이 흘리면 땀이 안 나고, 땀을 많이 흘리면 피를 적게 흘린다는 구절도 있습니다. 서로 연결되어 있다는 말입니다.

이번에는 5액을 농도의 차원에서 살펴보겠습니다. 인체의 5액은 '농밀화의 4단계'를 거쳤다고 할 수 있습니다.

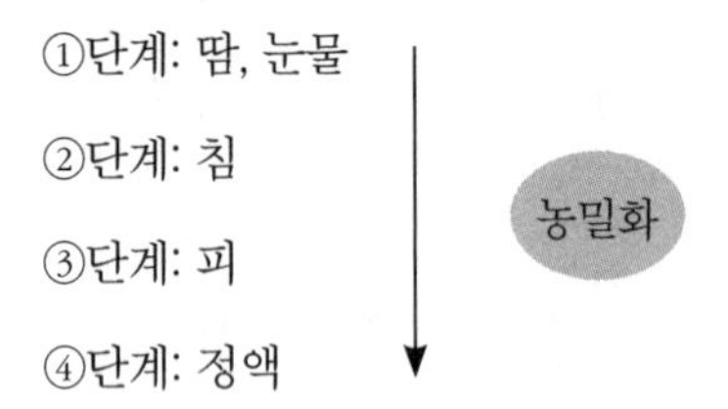

1단계는 땀과 눈물로, 액液의 상태입니다. 눈물은 주르륵 흐르는데 비해, 땀은 다소 끈적거리니까 땀의 농도가 조금 더 짙다고 볼 수

있습니다.

2단계는 침인데, 액에서 진津으로 들어가는 상태입니다. 땀과 눈물에 비해 좀 더 진합니다. 소나무를 벗기면 송진松津이 나오는데 사람의 침도 그런 진의 일종입니다.

3단계는 피입니다. 더욱 농밀화 된 단계이고, 많이 흘리면 죽게 됩니다. 피는 인체의 8퍼센트 정도를 차지하므로, 몸무게가 60킬로그램인 사람을 기준으로 사람은 4.8리터, 약 5리터의 피를 갖습니다. 1.5리터 페트병으로 세 병이 조금 넘는 정도로 그리 많은 양은 아닙니다. 여기서 한 병을 잃으면 사망할 수 있습니다.

4단계는 정인데, 진액 중에서도 가장 농축된 것이고 가장 귀한 것입니다. 그래서 그 양도 매우 적은데, 고서에는 그 양이 '일승육홉一升六合'이라고 뚜렷이 적혀 있습니다. 일승육홉이면 한 되 여섯 홉이라는 소리인데, 환산하면 1.6리터가 됩니다. 피의 1/3 분량입니다.

정精은 하행하면 음부에 이르러 정액精液을 보충하고, 상행하면 뇌에 이르러 뇌수腦髓를 보충한다고 『황제내경』에 나와 있습니다. 정精이란 포괄적인 개념으로써 정액과 뇌수를 합한 것이고, 그것이 도합 1.6리터라는 것입니다. 참 놀라운 이야기가 아닐 수 없습니다. 피가 5리터라는 것은 현대 의학도 밝혀냈지만, 가장 중요한 정에 대해서는 그 양이 얼마인지 현대의학에서는 전혀 아는 바가 없습니다.

더 놀라운 사실은 인간의 뇌수가 정액과 관련되어 있다는 것입니다. 가장 영적인 것이 가장 물질적인 것과 관련되어 있고, 가장 정신적인 것이 가장 육체적인 것과 관련되어 있는 것입니다. 양자는 별개로 동떨어진 것이 결코 아닙니다. 하나가 새나가면 다른 하나가 허약해지고, 하나가 충만해지면 다른 하나도 왕성해집니다. 황제는 이미 수 천 년 전에 이 사실을 꿰뚫고 있었습니다. 인간 내부의 가장 낮은 것이 가장 높은 것과 연결되어 있습니다. 그러니 영적인 것과 물질적인 것을 구분 지으려 하지 마십시오. 인간을 이원적으로 나누어 구분 짓고 대립시켜서 보는 것은 서양의 관점입니다. 인간을 통합적이고 유기적인 전체全体로 보는 것이 바로 『황제내경』의 관점입니다.

신수(神水)

5진액의 생성과정을 따라가다 보면 인간의 몸은 정말 신기하다는 생각이 듭니다. 세상의 어떤 정교한 설비나 기계가 음식물을 받아들여 진액을 만들고, 기계 돌아가는 소리도 일체 없이 이것을 농밀화, 농축화 시켜 4단계의 오묘한 생화학 변화 과정을 거쳐 침을 만들고 피와 정액을 만들어낼 수 있겠습니까?

자연은 이 모든 것을 소음 하나 없이, 전기 한 번 쓰지 않고 조용히 다 완수하고 있습니다. 이 무위자연의 신통방통한 기계, 이것이 우리의 몸입니다.

여기서 침 이야기를 조금 더 해보겠습니다. 5진액 중 침에는 특별한 점이 있습니다. 옛 고서에서는 이렇게 말합니다.

> 피 · 땀 · 눈물 · 정액은 모두
> 한 번 나오면 다시 거두어들일 수 없으나(不可廻),
> 오직 침만은 다시 거두어들일 수 있다(獨可廻).

다시 거두어들인다는 것은, 삶을 살린다는 것(廻則生)이며,

생명을 잇는다는 것이다.

-『연수서』

이것이 진액을 다시 거두어들인다는 '회진법廻津法'입니다. 조물주가 생각이 있어서 우리 몸을 다 이렇게 만들어 놓은 것입니다. 그러므로 침을 뱉는다는 것은 너무도 멍청한 행동이고, 침을 더럽다고 생각하는 것 또한 잘못된 생각입니다. 담배를 피우는 사람들이 자꾸 침을 뱉는데 그 점에서도 담배는 매우 안 좋은 것입니다.

『황제내경』을 보면 침을 칭송하기에 이릅니다. 『황제내경』과 『동의보감』을 보면서 개인적으로 가장 재미있고 흥미로웠던 부분이 바로 이것이었습니다. 신선한 충격이었습니다. 우리는 그동안 침에 대해 너무 몰랐습니다.

그런데 서양의학에는 이런 중요한 내용이 없습니다. 살리바(Saliva, 서양의학에서 부르는 침)를 이야기할 때 서양의학은 그저 소화액이 어떻고, 아밀라아제가 어떻고, PH가 어떻고, 비중이 어떻고 등의 이야기뿐입니다. 몸 전체의 관점에서 진액이란 무엇이고 침이란 무엇인지, 유기적으로 파악하지 못하고 있습니다.

또 불가 수행서적에도 침에 대한 말은 없습니다. 호흡법에 관해서는 아주 세밀히 논하는데, 타액 · 진액에 대해서는 언급조차 하지 않습니다. 원래 수행이라는 것은 가까운 몸 공부부터 시작해서 차곡차곡 하나씩 쌓아가는 것이고, 또 그걸 토대로 점차 심오한 마음공부로 들어가는 것인데, 불교는 너무 몸을 무시하는 경향이 있습니다. 그럴

수밖에 없는 것이 불교 교의에 의하면 몸이란 4대(지 · 수 · 화 · 풍) 혼합물에 불과한 것이기 때문입니다. 그러다보니 불가 승려들이 절차를 무시하고 너무 급하게 수행에 뛰어드는 경향이 있습니다.

이것이 잘못된 '돈오돈수'의 문제입니다. 몸에 대해 잘 알지도 못하면서 과격하게 가부좌를 틀고 앉아 있으니 몸에 병이 생기는 것입니다. 이것은 잘못된 것입니다. 그래서 불가에는 몸에 병 있는 수행자들이 의외로 많습니다. 부처가 호흡법으로 100가지 병을 다 치료했다고 전해지는데, 요즘 수행자들은 가부좌하고 앉아서 병을 치료하기는커녕 오히려 병을 쌓고 있습니다. 이것은 수행이 아닙니다. 수행이란 가만히 정좌하고 앉아 심신을 고요히 하는 것입니다. 이것을 옛 고서에서는 다음과 같이 말합니다.

> 靜坐則 腎水自升(정좌즉 신수자승)
>
> 고요히 앉아있으면 신수腎水가 저절로 올라간다

이러한 관점과 통찰이 중요한 것입니다. 거의 무위에 도달한 경지입니다. 아무것도 하지 않는 것 같지만 가장 중요한 것은 소리 없이 행해지고 있는 상태입니다. 이런 것이 좋은 것입니다. 신수가 독맥을 타고 올라와서 심화(心火, 심장의 열)를 꺼주니 당연히 심신이 고요해지는 것입니다. 모든 진액을 주관하는 신장에서 신수가 올라오는데 왜 입안에 달콤한 침, 즉 금진옥액과 감로수가 생기지 않겠습니까? 입안에 감로수가 가득한데 어찌 100가지 병이 낫지 않겠으며 어찌 정신이 맑아지지 않겠습니까? 이것이 진정한 수행입니다.

3
화(火)와 담(痰)과 암(癌)

자꾸 화를 내면 몸 안의 진액이 점점 걸쭉해지고 탁해지는 변화를 겪습니다. 이걸 한의학에서는 '담痰'이라 부릅니다. 계속 스트레스를 받으면 담의 점도가 높아지면서 응고되어 단단한 덩어리로 변하게 됩니다. 이것이 '암癌'입니다. 액체 상태였던 진액이 화로 인해 점도가 높아지면서 담이 되고 이후에는 암이 되는 것입니다.

진액津液 → 담痰 → 암癌

액체 상태에서 반액체 상태, 그다음 고체상태까지의 3단계 변화에는 그 배후에 화가 있습니다. 『황제내경』에서는 이것을 다음과 같이 가리킵니다.

> 津液熏蒸 名爲痰(진액훈증 명위담)
> 진액이 훈증된 것을 담이라 한다

훈증熏蒸이란 열로 찌는 것을 말합니다. 열은 스트레스, 화를 말하는 것입니다. 즉, 화를 내면 담이 생긴다는 뜻입니다. 이러한 증세는 우리 주변에서도 쉽게 찾아볼 수 있습니다. 그 예로 성미가 급한 사람은 가래가 많습니다. 우리는 담하면 가래를 떠올리는 경향이 있습니다. 하지만 가래는 담이라는 빙산의 일각에 불과합니다. 여기서 상태가 점점 악화되면 나중에는 가래가 나오질 않습니다. 점도가 높아져 응고되기 때문입니다. 이렇게 되면 정말 위험 단계에 들어가는 것입니다.

담痰은 그만큼 위험한 것입니다. 담은 암과 밀접한 관계가 있습니다. 담은 암의 토양이자 온상입니다. 담 없이 암이 오는 일은 없습니다. 담이 몸을 침범하는 정도를 살펴볼까요? 몸 안에서 담이 10퍼센트를 초과하면 가래가 많아집니다. 진액이 걸쭉해지고 있다는 증거입니다.

몸 안에서 담이 20퍼센트를 초과하면 몸에 결리는 데가 많아집니다. 어깨, 옆구리, 등과 가슴 등이 자꾸 결리거나, 살짝 부딪히기만 해도 쉽게 멍드는 것은 그만큼 몸이 담의 세력 아래로 들어가 있다는 뜻입니다. 몸 안에 담이 40퍼센트를 초과하면 그때는 암이 오게 됩니다. 이 상태에서는 암이 안 오는 것이 이상한 것입니다. 담배도 안 피웠는데 웬 폐암이냐며 이상하다고 하는데 그것은 본인의 생각일 뿐입니다.

'담'에게 물어보십시오. 그러면 진실을 알 수 있을 것입니다. 몸에 담이 40퍼센트가 초과했는데 어떻게 암이 안 올 수 있겠습니까? 담이 많아지는 것은 암의 징조입니다.

암에는 '전이'라는 것이 없습니다. '담'을 정확하게 이해하지 못해서 전이라는 말을 하는 것입니다. '전이'가 되는 것이 아니라 '출몰'하는 것입니다. 때가 되면 나타나고, 때가 되면 사라지는 것이 출몰입니다. 전이는 국지적 개념이지만 출몰은 전 방위적 개념입니다.

암을 국지적 개념으로 파악하는 것 자체가 암에 대한 오해입니다. 전이를 막겠다고 어느 한 구역을 잘 지킨다고 해서 암세포가 사라지는 것이 아닙니다. 비가 많이 온 눅눅한 여름철의 곰팡이를 생각해봅시다. 통풍이 안 되어 집안에 습기가 가득하면 곰팡이는 어느 쪽으로든 '출몰'할 수 있습니다. 천장, 벽장, 옷장, 어디든 말입니다. 천장 쪽에 있는 곰팡이를 다 닦아내고 습기를 제거했는데 옷장 쪽에서 곰팡이가 발견 되었다고 그것을 '전이됐다'고 말할 수는 없습니다. 때가 되어 '출몰'한 것입니다. 곰팡이와 마찬가지로 암 또한 전이되는 것이 아닙니다. 전이는 그릇된 개념일 뿐만 아니라 안이한 개념입니다. 담이 사라져야 암이 생기지 않는 것이지, 어느 특정 부위를 철통수비한다고 다른 곳에서 암이 생기지 않는 것이 아닙니다.

몸 안에 담이 40퍼센트를 초과하면 몸 안 어디서든 암이 출몰할 수 있습니다. 폐암, 위암, 대장암 등 여러 암이 있지만 이름만 다를 뿐이지 실제로 다른 것은 하나도 없습니다. 차이가 있다면 출몰 장소일 뿐입니다. 그럼 암이 누구에게는 폐에 출몰하고 누구에게는 간에 출몰하는 것일까요? 그건 어떤 사람은 폐 쪽이 약해서 암의 세력이 그 쪽을 치는 것이고, 또 어떤 사람은 간 쪽이 약해서 암의 세력이 그 쪽을 치는 것일 뿐입니다. 술, 담배와는 무관하게 말입니다. 이는 건강과 질병이란 세력 대 세력의 큰 싸움이지, 암세포 하나 둘의 이탈과 탈영의 문제가 아닙니다. 암도, 질병도 국지적 개념으로 파악하기 때문에 잘 낫지 않는 것입니다.

우리는 질병에 대해 총체적 개념으로 접근해야 합니다. 『황제내경』이 말하는 것처럼 우리 몸은 결코 각각으로 분리된 부분체의 집합이 아닙니다. 우리 몸은 하나의 통합된 유기적 전체입니다.

감로수(甘露水)

『동의보감』에 보면 이런 말이 있습니다.

> 대수행자가 마음을 고요히 하여 깊이 수행에 들면 하나의 기가 미묘하게 등줄기를 타고 올라 이환궁(泥丸宮, 백회를 말함)에 몰려든다. 이것이 다시 이환궁에서 입천장을 타고 방울방울 입안으로 떨어지는데, 그 맛은 마치 아이스크림처럼 향기롭고(香), 달콤하면서(甘), 부드럽고(軟), 맛있다(美).

– 『역진론』일부 첨삭

여러분들 역시 '아이스크림처럼' 맛있다고 소문이 자자한 이것을 벌써 짐작하셨을 것입니다. 바로 타액입니다. 또 이렇게 침을 칭송하고 있습니다. 그런데 1,000년도 전에 나온 책에 '아이스크림'이라는 단어라니 어딘가 의아하셨을 것입니다. 저 역시 번역을 보며 의아했던 부분입니다. 원문을 살펴보니 '미여빙수味如氷酥'라고 되어있습니다. '그 맛이 빙수와 같다'는 뜻입니다.

여기서 문제는 무엇이 빙수냐는 것입니다. 정말 아이스크림 같은 것일까요? 아니면 번역이 잘못된 것일까요? 하지만 역자들이 한의학 계통의 석, 박사 분들인 것으로 보아 잘못된 번역은 아닐 것이라 생각했습니다.

결론적으로 정말 재치 있는 번역이었던 것입니다. 빙수(氷酥)가 지금 우리가 먹는 '빙수'는 아니지만, 아이스크림은 맞습니다. 원래 '수'라는 글자는 연유(煉乳)를 뜻하는데, 연유라는 것이 우유를 달여 진해진 것이니 빙수가 아이스크림이 맞는 것입니다. 그 빙수 맛을 품평하며 남긴 말이 '향감연미'입니다.

①香(향) : 향기롭고

②甘(감) : 달콤하며

③軟(연) : 부드럽고

④美(미) : 맛있다

중화요리집의 용미봉황탕 선전 문구가 아닙니다. 침이 그렇다는 것입니다. 오늘날 어떤 명의가 자기 침을 달콤한 아이스크림 먹듯 음미할까요? 여러분은 여러분의 침이 평생에 한 번이라도 이렇게 '향기롭고 달콤하며 부드럽고 맛있었던' 적이 있습니까?

이 네 가지 중에서 가장 중요한 것이 '달콤함(甘)'입니다. 침이 달디 달아야 합니다. 이것은 설탕처럼 끈적한 단맛을 말하는 것이 아닙니다. 설탕 같은 끈적한 단맛은 피를 탁하게 하여 몸을 병들게 합니다. 달면서도 그 맛이 맑고 상쾌한 것을 말합니다. 이 상쾌한 단맛은 피를 맑게 하여 병을 치유해 줍니다. 침이 달아야 하는데, 오늘날 침이 단 사람은 거의 없습니다. 열에 아홉은 침이 쓰고, 그 중 한 두 사람은 침에 독이 가득합니다. 그러니 우리나라가 OECD 국가 중 암 발생률 1위 아니겠습니까?

침은 심신이 안정되고 마음이 평화로워야 달게 변합니다. 스트레스를 받으면 침이 쓰디씁니다. 그래서 화가 나면 침을 탁 뱉는 것입니다. 그 침에는 독이 들어있기 때문입니다. 앞의 인용문의 후반부는 이렇게 되어있습니다.

> (…) 그 맛이 마치 아이스크림처럼 향감연미의 맛이 난다. 이와 같이 느껴지면 이것이 바로 금진옥액金津玉液(혹은 금액환단金液還丹)이다. 이것을 서서히 삼켜서 단전으로 돌아오게 하면 오장이 맑고 깨끗하여 장차 몸이 금빛으로 덮이게 된다.
>
> –『역진론』 일부 첨삭

위에서 본 것처럼 침의 극존칭으로는 세 가지가 있는데 그 중 첫째가 바로 '금진옥액'입니다. 침이 연금술적인 변화를 거쳐 '향기롭고 달콤하며 부드럽고 맛있는' 상태로 완전히 변모해야 비로소 '금진옥액'이 되는 것입니다. 요컨대, 금진옥액이란 침은 침인데 묘한 약물로 변한 것입니다.

이 금진옥액이 감로수이며, 신수神水입니다. 이것에는 강력한 치유력이 들어있습니다. 이것은 모든 병을 치유할 수 있는 오묘한 약물입니다. 이 약물은 어떤 보약보다도 좋습니다. 진인眞人의 침은 진액이

요, 암환자의 침은 독액입니다.

지금 우리가 하는 몸 공부 중에서 가장 중요한 것은 어떻게 몸 안에 진액을 조성할 것이냐, 하는 점입니다. 만약 침 속에 진액이 조성되면 암세포는 저절로 오그라듭니다.

침은 몸 안에서 하루에 통상 1리터가 생성됩니다. 그러나 고치법叩齒法이나 회진법廻津法을 꾸준히 행하면 침의 양이 늘어 1.5리터 또는 2리터까지도 생성됩니다. 묘한 약물로 변한 침을 하루에 1.5리터 내지 2리터씩 지속적으로 삼키면 오장이 맑고 깨끗해져서 모든 병에서 벗어납니다. 이런 사람은 절대 암이 오지 않습니다.

요즘 동서양을 막론하고 의료계에서는 자연치유력이니 면역력이니 하는 말들을 많이 합니다. 중요한 개념이고 아무도 부정할 수 없는 개념입니다. 허나 말뿐이지 그것의 실체가 무엇인지 그 증거를 내놓는 사람은 아무도 없습니다. 오묘한 '진액이 된 침'이야말로 자연치유력이자 면역력입니다.

고치법(叩齒法)

그렇다면 이렇게 좋은 것을 더 만들어 낼 수 있는 방법이 없을까요? 없다면 이야기를 꺼내지도 않았을 것입니다. 이황이 평생 했다는 고치법이 그것입니다. 고叩는 부딪친다는 뜻입니다.

윗니, 아랫니를 부딪혀주는 것입니다. 이황은 젊어서 너무 급하게 공부하다가 병을 얻어 평생 병치레를 했던 사람입니다. 그러다보니 건강비결과 양생술 등을 찾아다녔는데 그중에서도 이 고치법은 죽을 때까지 했다고 합니다. 또 이황은 양생술 서적으로 『활인심방活人心方』이라는 작은 책을 쓰기도 했는데, 이건 도가적 색채가 농후한 책입니다. 심지어 그 책에서는 이 조선의 대유大儒가 체면불구하고 노자의 『도덕경』을 여기저기서 인용하기까지 합니다.

고치법은 도가道家 양생법의 하나로, 이를 부딪치는 단순한 동작임에도 효과만점입니다. 고치법의 효과는 다음 세 가지입니다.

첫째, 치아 · 잇몸을 튼튼하게 합니다. 치약 같은 것은 비할 바가 아닙니다. 만약 이게 전국에 보급되면 치과의사들은 상당한 타격을 받을 것입니다.

둘째, 정신을 모아줍니다. 이것을 『황제내경』에서는 '취신聚神'이라고 표현하고 있습니다. 고치법을 하면 정신이 모아지기 때문에 치매 예방에도 큰 도움이 됩니다. 치아는 뇌에 연결이 되어있어서 부딪히면 뇌에 자극이 되기 때문입니다.

셋째, 침을 생성합니다. 고치법을 하면 그 자극으로 귀밑샘 · 혀밑샘 · 턱밑샘 세 군데에서 타액이 생겨납니다. 끊이지 않고 꾸준히 하면 타액이 점점 많이 나오고 또 쉽게 나옵니다.

고치법은 아침에 일어나서부터 틈나는 대로 하면 좋습니다. 처음에는 가볍게 부딪치다 점점 세게 부딪칩니다. 부딪치는 것은 칠고七叩, 구고九叩, 이십고二十叩, 삼십육고三十六叩 다양합니다. 흔히 칠고七叩를 하는데, 부족하면 칠고를 일곱 번해도 좋습니다.

그런데 치기만 하면 안 됩니다. 쳤으면 삼켜야 합니다. 이것을 '칠고칠음七叩七飮'이라고 합니다. 일곱 번 부딪치고 일곱 번 삼킨다는 뜻입니다. 고서에 보면 침을 삼킬 때 "꿀꺽 소리가 나도록 삼킨다"고 되어

있습니다. 아마도 충분한 양을 삼키라는 뜻일 것입니다. 그러면 "모든 맥이 저절로 조화된다"고 합니다. 옛 문헌에는 이런 구절도 있습니다.

數數叩齒(수수고치)
華池生水(화지생수)
神氣滿谷(신기만곡)
여러 차례 이를 부딪치면
입안에 침이 생기고
신령한 기운이 온 몸에 가득 차게 된다.

- 『양성서』

참 신기한 이야기입니다. 침만 잘 삼켜도 신기가 온몸 골짜기에 가득 찬다고 합니다. 솔직히 믿기 어렵다고요? 그럼 속는 셈 치고 한 번 해보시기 바랍니다. 치아를 부딪치는 것이 어려운 일도 아니지 않습니까? 돌팔이 의사가 지어준 약보다 나을 것입니다. 이것은 조물주가 만들어 준 약이기 때문입니다.

분노는 짧은 광기이다.

- 세네카(Seneca)

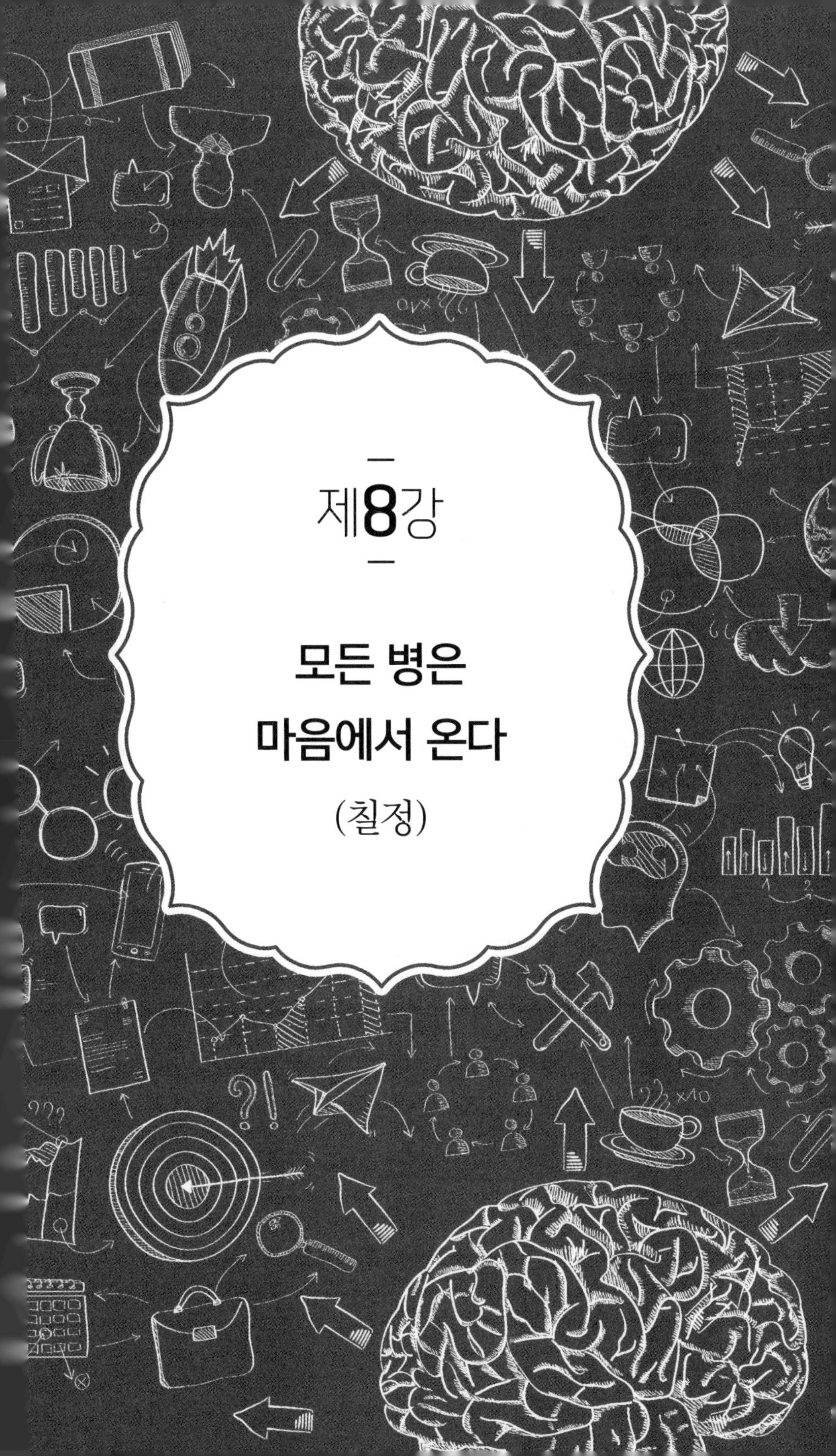

제8강

모든 병은 마음에서 온다

(칠정)

1
심리학, 동양의 학문

이제 칠정七情에 대해 공부할 차례입니다. '칠정 공부'는 다름 아닌 심리학 공부입니다. 『황제내경』도 어떤 의미에서는 그 핵심이 심리학에 있다고 할 수 있습니다. 사람들이 통상 '심리학'이라 하면 서양의 학문으로 알고 있는데 이는 크게 잘못된 것입니다. 심리학은 원래 동양의 학문입니다. 서구사회의 학문적 본질은 본래 '논리학'의 추구에 있지 '심리학'에 있지 않습니다. 논리학과 심리학은 정반대되는 학문입니다. 이 둘은 서로 양립할 수 없습니다. 이 점을 명백히 이해해야 합니다. 그렇지 않으면 학문 전반이 뒤엉켜 모호해집니다.

서양학문의 시조는 플라톤입니다. 플라톤의 저서 『국가』에 보면, 플라톤은 나라가 잘 되기 위한 방안으로 교육의 중요성에 대해 자신의 의견을 피력하는 대목이 나오는데, 이것이 플라톤의 5대 학문입니다. 5대 학문의 첫 번째가 수학입니다. 수학이 제일 기본입니다. 그리고 두 번째가 수학을 땅에 적용한 학문, 기하학입니다. 세 번째는 수학을 하늘에 적용한 학문인 천문학입니다. 네 번째는 음악입니다. 음악은 수학과 무관한 것 같지만 그렇지 않습니다. 음악은 수학과 밀접한 관계에 있습니다. 음악이란 음音 안에서 수학적 비례를 찾는 작업입니다. 수학적 비례가 정연한 것을 화음(harmony)이라 합니다, 수학적 비례가 깨지면 귀가 따가운 불협화음이 되는 것입니다. 그리고 끝으로 논리학(dialektike, 디알렉티케)입니다. 논리학이란 말 속에서 질서정연함을 찾는 것입니다. 숫자의 배열이 무질서하거나 모순이 되는 것은 수학이 아닌 것처럼, 언어의 배열이 무질서하거나 상호 모순되는 것 역시 논리학이 아닙니다. 여기서 플라톤의 5대 학문은 모두 수학을 토대로 한 논리적인 학문이라는 것을 알 수 있습니다.

이것이 고대 서양의 5대 학문이고 여기서 발전한 것이 중세대학의 교양 7과입니다. 교양 7과는 플라톤의 5대 학문에 수사학과 문법을 추가한 것입니다. 플라톤의 5대 학문과 중세대학의 교양 7과 안에 '마음 심心'자가 든 학문은 하나도 없습니다.

이번에는 동양의 사상과 학문을 살펴보겠습니다. 동양의 3대 사상인 유불도儒佛道 3교는 모두 심리학입니다. 유불도는 다른 것이 아닌 마음공부입니다. 불교는 심리학의 보고입니다. 특히 유식불교唯識佛敎는 엄청난 양의 심리학적 통찰과 이론을 갖추고 있습니다. 도교 역시 심오한 심리학을 지니고 있습니다. 노자의 무위無爲 · 허정虛靜, 장자의 심재心齋 · 좌망坐忘 등은 심리학의 궁극적 개념들을 다루고 있는 용어들입니다. 유교도 심리학과 관련이 깊습니다. 유교를 일명 성리학性理學이라 하는데, 성性은 다름 아닌 심心의 가장 순수한 부분을 가리키는 것이고 이理는 하늘의 이치를 뜻하는 것인데 어떻게 이 학문을 심리학과 거리가 먼 학문이라고 할 수 있겠습니까? 재미있는 것은 동양인들이 한 공부는 죄다 심리학이고, 서양인들이 한 공부는 죄다 논리학이라는 것입니다.

서양에서는 1905년 프로이트의 『꿈의 해석』이 나오기 전까지 '심리학psychology'이란 학문 자체가 존재하지 않았습니다. 서양에서 심리학은 논리학의 붕괴와 동시에 출현했고, 논리학의 붕괴를 선언했던 사람이 바로 비트겐슈타인Wittgenstein인데, 그의 이런 생각을 담은 저서 『논리철학논고』가 나온 것이 1922년입니다.

논리학 · 수학은 객관세계를 다루는 것입니다. 이 세계에 사는 사람들은 마음을 순수하고 투명한 것으로만 간주하고 삽니다. 그러다 어느 날 문득 객관세계의 기초를 이루는 모든 것이 주관, 즉 마음이라는 것을 알게 되는 순간, 객관이라는 이름으로 쌓아올렸던 자신들의 학문 전반이 뿌리부터 흔들리는 것을 느끼게 된 것입니다. 이런 일이 서구에서 1900년대 초기에 집중적으로 일어났고, 그때 프로이트 등에 의해 심리학이 생겨난 것입니다.

마음, 병의 진원지

우리는 스트레스를 현대인의 것으로만 생각하는 경향이 있습니다. 정말로 그럴까요? 천만의 말씀입니다. 옛 사람들도 우리 못지않은 스트레스를 받고 살았습니다. 그때에는 스트레스를 '칠정'이란 이름으로 불렀습니다. 즉 칠정과 스트레스는 같은 말입니다. 다른 점은 우리는 스트레스라고만 지칭하는 것이고 옛 사람들은 이 스트레스에도 여러 가지가 있음을 알고 일곱 가지로 분류했던 것입니다.

세상을 살면서 가장 잘 해야 할 것이 바로 감정 조절입니다. 감정 조절을 잘 못하면 만사가 끝입니다. 남들과는 서먹해지고 내 몸에는 병이 옵니다. 그것도 큰 병이 옵니다. 잔병은 계절 따라 오고 가지만, 모든 큰 병은 감정에서 옵니다. 왜 그럴까요? 감정에는 강한 에너지가 들어있기 때문입니다.

모든 병 이전에 잘못된 기가 있고, 잘못된 기 이전에 잘못된 감정의 동요가 있습니다. 『황제내경』을 공부하는 것은 병난 뒤에 고치려고 배우는 것이 아닙니다. 그건 의사들 몫입니다. 『황제내경』을 공부하는 이유는 병나기 전에 예방하기 위함입니다. 『황제내경』은 예방의학입니다. 이 예방의학의 핵심이 '감정조절'인 것입니다.

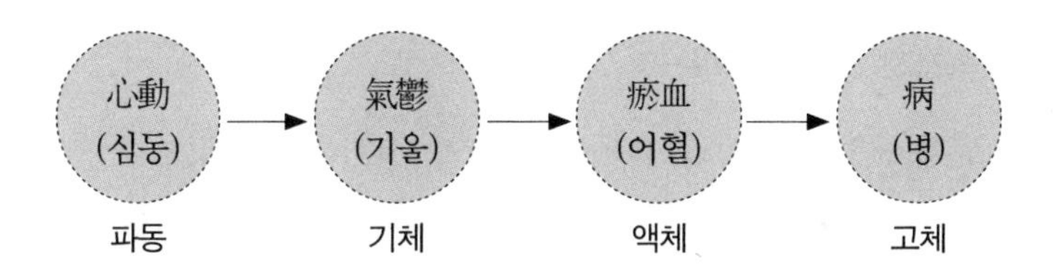

『황제내경』의 통찰 중에서 가장 중요한 것 중의 하나가 '질병 4단계론'입니다. 황제에 따르면 모든 병은 갑자기 나타나는 것이 아니라 4단계를 거쳐 오는 것이라고 합니다. '왜 나한테 이런 병이 왔지?' 라는 질문은 하지 마십시오. 그 병은 당신한테 오기까지 철통같은 검문소 3개를 지났습니다. 그 과정에서 한 검문소마다 최소 10번, 도합 30번 이상 보초들이 당신에게 전화를 걸었을 것입니다. 그런데 당신 전화기의 전원이 꺼져있었던 것입니다.

질병 4단계론 중 최초의 단계는 심心입니다. 이 심에 동요를 일으키는 것이 '심동心動'입니다. 이것이 감정의 동요이고 칠정입니다. 이것은 파동의 형태를 띠고 있습니다. 입자가 되려면 아직 멀었습니다. 만약 이 단계에서 치유가 일어나면 아무런 흔적도 남지 않는 것입니다. 이것이 황제가 중시하는 질병예방법이자 양생술의 가장 높은 단계입니다.

두 번째 단계가 기氣입니다. 여기에 울결(鬱結, 맺히는 현상)이 생기는 것이 '기울氣鬱'입니다. 마음에서 무언가가 진행되어 그 흔적이 몸에 남기 시작하는 단계입니다. 기울 역시 여전히 기의 상태로써 입자의 상태가 아니기 때문에 이 단계에서만 잘 수습하면 큰 병에 걸리지 않습니다. 여기서 거르지 못하면 큰 병이 옵니다. 그래서 『황제내경』에서는 '백병생어기百病生於氣'라 하여 이 단계를 위험한 단계로 보고 매우 중시하는 것입니다.

세 번째 단계는 혈血입니다. 혈이 죽어 검게 되면 그것이 '어혈瘀血'입니다. 즉, 어혈이란 죽은피입니다. 어혈이 생겼다는 것은 이미 몸이 병의 장악력 아래에 놓였다는 뜻입니다. 혈에는 두 가지가 있습니다. 어혈과 선혈입니다. 어혈은 죽은피이고 선혈은 살아있는 피입니다. 몸이 차면 어혈이 생기고 몸이 따뜻하면 선혈이 됩니다. 『동의보감』에 이런 말이 있습니다. '혈이 따뜻한 기운을 얻으면 그 색이 선鮮하고, 혈이 찬 기운을 얻으면 그 색이 어瘀해진다. 어는 검은색이고, 선은 붉은 색이다.' 이 단계에서는 어혈을 없애는 것이 중요한데, 그러려면 따뜻한 불기운이 몸에 감돌아야 합니다.

네 번째 단계는 병病입니다. 병 중에 제일 못된 녀석이 암癌입니다. 『황제내경』에서는 암을 적積이라 부릅니다. 덩어리라는 뜻인데,

무언가가 심히 엉켜 덩어리가 된 것이 암입니다. 이 덩어리가 1센티미터가 됐을 때 비로소 MRI나 CT촬영으로 발견해낼 수 있습니다. 그런데 암이 직경 1센티미터가 되기까지는 무려 10년이 경과해야 합니다. 10년 동안이나 이것을 방치해둬야 발견할 수 있다는 말이기도 합니다.

『갈관자』라는 책을 보면 중국의 전설적인 명의 편작과 그의 형들 이야기가 나옵니다. 어느 날 위나라 왕이 편작에게 물었습니다.

"그대 3형제 가운데 누가 의술이 가장 뛰어난가?"

"큰형님의 의술이 가장 훌륭하고, 다음은 둘째형님이며, 저의 의술이 가장 비천합니다."

왕이 그 이유를 묻자 편작의 대답이 이러했다.

"큰형님은 누가 병들기 전에 얼굴빛을 보고 그에게 장차 병이 생길 것을 알아챕니다. 그리하여 그가 병이 나기도 전(未病)에 병을 치료해버립니다. 그래서 환자는 아파보지도 못한 채 치료를 받게 되고, 따라서 자기의 고통이 사라졌다는 사실을 미처 알지 못합니다. 그래서 이름을 날리지 못했지만 우리집안에서는 최고의 의사로 추앙합니다.

둘째형님은 초기 단계의 병을 치료합니다. 그래서 이 경우에도 환자는 둘째형이 자신의 큰 병을 낫게 해주었다고 생각하지 않습니다. 그러나 저는 환자의 병세가 심각하고 환자가 극심한 고통 속에서 신음할 때가 되어서야 비로소 병을 치료합니다. 환자의 병이 심하므로 환부에 독약을 쓰고 살을 도려내는 대수술을 시행합니다. 이렇게 중병환자들의 병을 치유하여 천하의 명성을 얻은 것입니다."

이 이야기를 듣다 보면 무언가 '언중유골' 같은 것이 느껴지지 않습니까? 이 이야기는 오늘날 대한민국의 의료현실과 별반 다르지 않습니다. 10년 동안 방치해 둔 암을 발견해서 칼을 들이대 수술을 하고 항암제라는 폭탄을 사람 몸에 투여하는 것이 명의일까요, 하의일까요? 황제는 막내인 편작과 비슷한 지금의 의사들을 별로 좋아하지 않았을 것 같습니다. 황제의 의료철학은 이와는 정반대이기 때문입니다. 황제는 편작의 큰형 같은 사람을 좋아합니다. 편작의 큰형은 병이 생기기 전 단계, 즉 미병단계에서 병을 치료하는 사람입니다. 여기서 '상의치미병(上醫治未病, 위대한 의사는 병이 되기 전에 치료한다)'이란 말이 나왔습니다. 그렇습니다. 치미병(治未病), 바로 이것이 명의가 할 일입니다.

그런데 요즘 세상은 이와는 정반대로 가는 것 같습니다. 미병단계를 중시해서 이때 가장 효율적인 치료가 무엇인지 연구하는 사람이 보이지 않습니다. 모든 의사와 대형병원들은 중병단계와 돈의 연관에만 매달려있습니다. 의사들이 이런 식으로 중병단계에만 혈안이 되어 집착하다보니 시야가 협소해져 미병단계를 경시하는 풍조가 병원 안팎에 만연하게 된 것 아닌가 싶습니다. 상황이 이러니 환자들은 미병 단계를 훌쩍 넘겨 10년 뒤 갑자기 암선고라는 날벼락을 맞는 것입니다.

현대의학과는 판이한 『황제내경』은 병이 나기 전에 예방하는 것이며, 미병 단계를 중시하는 의학입니다. 황제가 제시하는 심心-기氣-혈血-병病 4단계 중 앞의 2단계, 즉 '심과 기'가 바로 미병 단계에 해당합니다. 황제는 인간의 모든 중요 질병이 이 두 단계에서 생기는 것으로 보았습니다. 이것이 『황제내경』의 위대한 통찰입니다.

인간을 괴롭히는 질병을 논하는데 이 두 단계를 빼놓고서 어떻게 질병의 본질을 논할 수 있겠습니까? 질병의 본질은 곧 인간의 본질입니다. 인간은 동식물들과는 다르게 다양한 병을 안고 삽니다. 왜냐하면 인간은 동식물과 큰 차이점이 있기 때문입니다. 그 차이점이 바로 '감정'입니다. 인간은 가장 깊은 곳에 감정을 지니고 있습니다. 감정에 대한 이해가 없으면 인간을 알 수 없으며, 병을 예방할 수도 없습니다. 왜냐하면 모든 병은 감정에서 오기 때문입니다.

2
마음의 일곱 가지 모습

칠정에는 무엇 무엇이 있을까요? 희喜 · 노怒 · 애哀 · 락樂 · 애愛 · 오惡 · 욕慾, 우리가 흔히 알고 있는 칠정입니다. 이 칠정은 넓은 의미의 문학적 표현으로 의학에서는 써먹을 수 없는 표현입니다. 의학에는 좀 더 구체적이고 명확한 표현이 필요합니다.

『황제내경』이 정리한 칠정은 다음과 같습니다.

喜(희)	怒(노)	憂(우)	思(사)	悲(비)	驚(경)	恐(공)
|	|	|	|	|	|	|
(기쁨)	(분노)	(근심)	(생각)	(슬픔)	(놀람)	(두려움)

이것이 칠정, 우리 마음의 일곱 가지 모습입니다. 자세히 보면 두 글자만 빼고 모두 글자 안에 마음 심心 자가 들어있습니다. 먼저 마음 심心 자 없는 두 글자를 살펴봅시다. 하나는 기쁠 희喜이고 다른 하나는 놀랄 경驚입니다. 먼저 기쁠 희喜에서, 위에 있는 것은 북을 의미

합니다. 그리고 아래에 있는 것은 입 구口 자인데, 입으로 노래한다는 뜻입니다. '북치고 노래하는 것'이 기쁠 희 자입니다. 글자만 봐도 기쁘게 생겼습니다.

놀랄 경驚 자의 핵심은 말 마馬 자에 있습니다. 위의 경敬은 발음 부분이고 아래의 마馬가 의미 부분입니다. 옛 사람들은 왜 놀랄 경자 안에 말 마馬 자를 집어넣었을까요? 말은 덩치는 큰데 겁이 많은 짐승입니다. 놀람을 표시하는데 이보다 적합한 짐승은 없을 것입니다. 만약 말 마 자 대신 개 구狗 자 같은 것을 넣었으면 글자의 맛이 살지 않았을 것 같습니다.

나머지 글자 다섯 개에는 모두 마음 심心 자가 들어있습니다. 먼저 분노할 노怒 자를 보면, 분노에는 옛 사람들이 이상하게도 노예 노奴 자를 썼습니다. 분노하는 것은 마음의 노예가 되기 때문입니다. 어떤 이유에서건 분노에 사로잡히는 순간 인간은 주인의 자리에서 굴러 떨어져 자기 마음의 노예가 되는 것입니다. 분노는 칠정 중에 가장 위험한 정서입니다. 그러므로 자기 마음의 주인이 되고자 한다면 분노를 잘 다스려야 합니다.

다음으로 근심 우憂 자를 보면, 마음 심心 자가 가운데 답답하게 틀어박혀 있다는 것 말고는 큰 특징을 찾아보기 어렵습니다. 이 우憂 자는 작게는 근심 · 걱정을 의미하지만 크게는 우울과 우수를 가리킵니다. 원래 우울의 감정이라는 것이 막연한 것이기 때문에 포괄범위가 상당히 넓다고 봐야 합니다. 그럼 우울증의 정의는 무엇일까요? 늘 슬퍼서 눈물이 많이 나는 것일까요? 아닙니다. 슬퍼서 눈물을 흘릴 줄 아는 사람은 우울증이 아닙니다. 그 사람은 지극히 정상입니다. 우울증이란 '슬픈 것을 봐도 눈물이 나오지 않는 상태'를 말합니다. 이것이 우울증의 정의입니다. 왜 그럴까요? 우울증을 가진 사람은 자기가 제일 슬프기 때문입니다. 자기가 세상에서 제일 슬픈 사람인데, 어떻게 다른 일에 슬픔을 느끼고 눈물을 흘릴 수 있겠습니까? 완전히 자기 자신 속으로 가라앉아 세상과 교류가 끊어진 둔탁한 마음의 상태, 이것이 우울증입니다. 무슨 일에 동정심을 느끼고 자꾸 우는 사람은 절대 우울증이 아닙니다. 그것은 오히려 정신 건강에 좋은 것입니다. 그러니 틈나는 대로 자주 눈물을 흘리시기 바랍니다. 울면 많은 것이 씻겨 내려갑니다.

다음으로 생각 사思 자를 보면, 위에 있는 글자는 정수리 신囟 자입니다. 囟은 뇌를 그린 것이고, 위의 삐침(′)은 머리카락입니다. 그런데 '생각(思)'을 인간의 감정이라고 할 수 있을까요? 황제는 왜 생각을 칠정의 하나로 봤을까요? 생각은 병으로 가는 초기 단계이기 때문입니다. 생각이 많은 것 자체가 일종의 병입니다. 무언가를 골똘히 생각하는 것, 이것이 위험한 것입니다. 짐승에게는 그런 일이 없지만, 인간은 혼자 무언가를 골똘히 생각하다 갑자기 쓰러집니다. 인간은 정말 이상한 동물입니다. 누가 와서 때리지도 않았는데 혼자 앉아 있다가 쓰러집니다. '골똘히 생각하는 사람'하면 떠오르는 조각상 하나가 있습니다. 바로 로댕의 '생각하는 사람'입니다. 이 사람은 얼마나 심각한지 모릅니다. 하도 생각을 골똘히 하느라고 눈은 멍하고, 이마에는 내천(川)자가 역력하며, 몸은 잔뜩 웅크리고 있습니다. 슬쩍 밀면 곧 쓰러지게 생겼습니다. 사람들은 이런 모습을 멋있다고 하는데 저는 별로입니다. 이 사람은 지금 머리가 터지기 일보 직전일 것입니다. 이 사람은 너무 지쳐있습니다. 허리를 쭉 펴고 심호흡을 해야 할 필요가 있습니다.

다음으로 슬플 비悲 자는 아닐 비非 자에 마음 심心 자가 합해진 것입니다. 마음이 아니라는 뜻은 무슨 뜻일까요? 어려울 것 없습니다. '너무 슬퍼서 내 마음이 내 마음이 아니다'라는 것입니다. 이것이 슬플 비悲 자입니다. 지금까지 황제가 제시한 일곱 가지 감정의 파노라마를 살펴보았습니다. 무지개가 그렇듯 우리 인간의 감정도 단계적 구조로 되어있습니다.

어느 날 골치 아픈 문제가 생겼다고 합시다. 그러면 내 안에서 일어나는 감정은 어떻게 단계적으로 진행될까요? 맨 처음 나는 그 문제에 대해 골똘히 생각합니다. 이것이 '사(思, 생각)'입니다. 그러다가 그 문제가 잘 해결되지 않아 고민이 점점 깊어지면 다음 단계로 넘어갑니다. 이것이 '우(憂, 근심)'입니다. 근심 · 걱정이 사람을 짓누르고 잘못하면 우울증으로까지 번지는 단계입니다. 그러다가 골칫거리이던 문제가 폭발해버렸다고 합시다. 가령, 오랫동안 중환자실에 계시던 부모님이 별세했다고 생각해봅시다. 이것이 '비(悲, 슬픔)'입니다. 부모님이 돌아가셨으니 슬픈 것입니다. 그래도 여기까지는 정상적인 진행입니다. 반대로 자식이 죽었다고 생각해봅시다. 이때는 단순한 비悲가 아닙니다. 가슴 깊은 곳에서부터 '노(怒, 분노)'가 치밀어 올라옵니다. 부모가 죽으면 슬프지만, 자식이 죽으면 분노하게 됩니다. 하나의 문제가 발생하면 그 경중에 따라 '사우비노(思憂悲怒)'의 단계로 진행됩니다.

다음으로 두려울 공恐 자를 보면, 工凡은 발음 부분이고, 心은 의미 부분입니다. 무섭다, 두렵다, 공포스럽다 등의 뜻입니다. 앞서 살펴본 경驚과 비슷합니다. 둘 다 어떤 위협적인 상황에서 발생하는 정서입니다. 그러면 경과 공은 어떻게 다를까요? 경驚은 놀랄 경이고, 공恐은 두려울 공입니다. 경은 경악, 즉 서프라이즈(surprise)이고, 공은 공포, 즉 패닉(panic)입니다. 패닉이 더 무서운 것입니다. 고소공포증, 폐쇄공포증, 광장공포증, 공황장애 등이 모두 공입니다.

『동의보감』에서는 경과 공을 아느냐 모르느냐로 구분합니다. '경자부지驚者不知'이고 '공자지恐者知'라고 되어있습니다. 놀라는 것(驚者)은 모르니까 놀라는 것이고, 두려운 것(恐者)는 알기 때문에 두렵다는 것입니다. 정확한 구별입니다. 보통 '깜짝 놀랐다'는 것도 모르니까 방심하고 있다가 놀란 것입니다. 하지만 '깜짝 무섭다'고는 하지 않습니다. 무서움은 알기 때문에 무서워하는 것이기 때문입니다. 모르면 무섭고 자시고 할 것이 없습니다.

다시 경驚 자를 보자면, 쥐가 갑자기 튀어 나와서 말이 깜짝 놀라는 것이지 쥐를 무서워해서 놀라는 것이 아닙니다. 반면 주부들은 시집 식구가 몰려온다고 하면 두려움이 엄습할 것입니다. 시집 식구인 줄 아니까 두려운 것입니다. 시집의 'ㅅ' 자도 모르는 아이들은 두려움을 하나도 느끼지 않습니다. '하룻강아지 범 무서운 줄 모른다'는 속담도 마찬가지입니다. 즉, 공포는 학습에 의한 것입니다.

칠정과 기의 흐름

칠정의 모습을 살펴봤다고 칠정 공부가 끝난 것이 아닙니다. 이제 겨우 반 온 것입니다. 나머지 반이 더 중요합니다. 나머지 반은 칠정이 기의 흐름과 어떻게 연결되는지 알아보는 것입니다. 칠정은 각각 연결되는 기의 흐름이 다 다릅니다. 『황제내경』의 칠정은 단순한 심리학에서 끝나는 것이 아닙니다. 그 점에서 『내경』의 심리학은 서구의 심리학과는 다릅니다. 『내경』은 심리학을 생리학과 연결시킵니다.

칠정으로 인해 어떻게 기가 변하고, 그것이 몸 안에서 어떤 생리적 변화를 일으키는지 황제는 2,000년 전에 이미 분류해놓았습니다. 서양심리학의 대가라고 하는 프로이트(Freud)나 융(C. G. Jung) 같은 이들은 생각도 못한 일입니다. 서양에서는 심리학이라는 학문이 겨우 20세기에 태어난 것이기 때문입니다.

『황제내경』을 보면 심리학과 생리학을 연결시켜주는 역사상 유례가 없는 놀라운 통찰이 들어있습니다.

> 나는 "모든 병이 기에서 생긴다(百病生於氣)"는 것을 알고 있다. 화를 내면 기가 위로 역상하고, 기뻐하면 기가 느슨해지고, 슬퍼하면 기가 소모되고, 두려워하면 기가 아래로 내려가고, 놀라면 기가 어지러워지고, 생각이 많으면 기가 맺히고, 근심을 하면 기가 가라앉는다.
> 喜卽氣緩(희즉기완 : 기뻐하면 기가 느슨해지고)
> 怒卽氣上(노즉기상 : 화를 내면 기가 위로 역상하고)
> 憂卽氣沈(우즉기침 : 근심하면 기가 가라앉고)
> 思卽氣結(사즉기결 : 생각이 많으면 기가 맺히고)
> 悲卽氣消(비즉기소 : 슬퍼하면 기가 소모되고)
> 驚卽氣亂(경즉기란 : 놀라면 기가 어지러워지고)
> 恐卽氣下(공즉기하 : 두려워하면 기가 아래로 내려간다)

이 일곱 가지 중에 좋은 것은 딱 한 가지입니다. 기쁨喜입니다. '희즉기완(喜卽氣緩, 기뻐하면 기가 이완되고 느슨해진다는 것)', 이완된다는 것은 좋은 것입니다. 그래야 몸의 긴장이 풀려 기혈순환이 촉진되지만, 이것도 과하면 안 됩니다. 『내경』에 '기쁨이 과하면 신神이 흩어진다'고 되어 있습니다. 너무 기뻐 웃다보면 집중력이 흩어져 사고를 치게 됩니다. 호사다마好事多魔는 이것을 경계하는 말입니다.

희즉기완을 제외한 여섯 가지는 모두 몸에 안 좋은 것으로 몸에 병을 생기게 하는 것입니다. 그 중에서도 제일 나쁜 것이 분노입니다. '노즉기상怒卽氣上'이 그것입니다. 분노하면 얼굴이 벌게지고 손발이 떨리는 이유가 기가 다 역상逆上해서 그러는 것입니다. 손발의 입장에서 보면 기를 위로 다 뺏겨 갑자기 힘이 빠져서 떨리는 것입니다. 칠정 중에서 기의 손실이 가장 큰 것이 분노입니다. 분노를 조심해야 합니다. 이것은 사람을 한 방에 쓰러뜨립니다. 『내경』에 보면 '노즉기상 심즉토혈(怒卽氣上 甚則吐血)'이란 구절이 있습니다. '화를 내면 기가 위로 역상하는데, 이것이 심하면 피를 토하게 된다'는 뜻입니다.

우울하면 기가 어떻게 될까요? '우즉기침憂卽氣沈'입니다. 근심 · 걱정하거나 우수에 차있으면 기가 착 가라앉습니다. 매사가 귀찮고 활동력이 떨어집니다. 이 증세가 심해지면 소화불량이 오고 불면증이 오고 우울증이 옵니다.

생각이 많으면 기가 어떻게 될까요? '사즉기결思卽氣結'입니다. 어떤 한 가지 일을 골똘히 생각하면 기가 맺히는 것입니다. 당연한 이치입니다. 이것은 '우즉기침'과 같이 가는 것입니다. 기가 맺히면(結) 그 기는 가라앉게(沈) 되어있습니다. 이 대표적인 경우가 바로 상사병相

思病입니다. 상대방(相)을 골똘히 생각(思)하다 잠을 못 이룹니다. 무언가를 골똘히 생각해도 잠을 못 잡니다. 이것을 '사결불수思結不睡', 생각이 맺혀서 잠을 자지 못하는 병이라 합니다. 『동의보감』에 보면 '사결불수'에 관한 재미있는 이야기가 실려 있습니다.

> 어떤 부인이 생각을 지나치게 하여 몸을 상해 2년 동안 잠을 자지 못하였다. 장종정이 말하기를 "…이는 비脾가 사기邪氣를 받은 것으로, 비가 생각하는 것을 주관하기 때문이다."라고 하였다. 그 남편과 의논하여 부인을 성내게 하기로 하여, 치료비로 돈을 많이 받고 며칠간 술만 먹다가 처방전도 한 장 내주지 않고 가버렸다. 부인이 크게 화를 내고 땀을 흘리다가 그 날 밤 곤하게 잠들었다. 이와 같이 8, 9일 동안 깨지 않고 잠을 잤다. 이후 밥을 잘 먹고 맥이 평맥平脈으로 돌아왔다. 이것은 담膽이 허해져서 비脾가 지나치게 생각하는 것을 억제하지 못했기 때문에 잠을 자지 못한 것인데, 이제 화를 내어 감정을 격하게 하여 담이 다시 비를 억제하게 되었으므로 잠을 자게 된 것이다.
>
> - 『동의보감』, 동의과학연구소, 665쪽

그럼, 슬퍼하면 기가 어떻게 될까요? '비즉기소悲則氣消'입니다. 너무 슬퍼하면 기가 소모됩니다. 어떠한 일 때문에 오랫동안 슬퍼하면 손끝에서는 힘이 다 빠져나가고 사람은 힘이 없어 보입니다. 에너지가 다 소진됐기 때문입니다.

그럼, 놀라면 기가 어떻게 될까요? '경즉기란驚則氣亂'입니다. 기가 어지러워지는 것입니다. 앞서 말한 말馬의 경우를 봅시다. 쥐가 튀어 나오면 말이 앞발을 들고 놀라는데, 이것이 바로 기가 어지러워지는 증세입니다. 안정을 잃고 순간 정신이 붕 뜨게 되는 것, 이것이 놀랐을 때 생기는 반응입니다.

마지막으로, 두려워하면 기가 어떻게 될까요? '공즉기하恐則氣下'입니다. 기가 아래로 내려가는 것입니다. 그래서 겁에 질리면 얼굴이 하얗게 되는 것입니다. 버스가 비탈길을 급하게 내려갈 때 등줄기에서 엉덩이 쪽으로 무언가가 쭉 흘러내리는 느낌이 바로 '공즉기하'입니다. 개는 혼나면 꼬리가 내려갑니다. 겁을 먹었기 때문입니다. 겁을 먹으면 아무리 꼬리를 세우려 해도 세워지지 않습니다. 기가 아래로 내려가기(氣下) 때문입니다. 중요한 일을 앞두고 소변이 마려운 것도 기가 아래로 내려와 방광경을 자극해서 그런 것입니다. 공즉기하恐則氣下는 모두 방광경과 관련이 있습니다. 버스가 비탈길을 내려갈 때 등줄기에서 무언가가 아래로 쭉 내려가는 것, 개가 겁에 질려 꼬리를 내리는 것, 중요한 일을 앞두고 화장실을 찾는 것, 이 모든 것이 방광경과 관련된 것입니다. 방광경은 몸의 뒷면을 휘감고 있습니다. 공포는 등으로 옵니다. 공포가 지배하는 사회에서는 말 그대로 등을 펼 수가 없는 것입니다.

이것이 칠정의 발현에 따라 기가 동요하는 일곱 가지 모습입니다. 몸에 좋은 '기쁨(희즉기완)' 하나를 빼고 보면, 분노에서 발현되는 기의 위로 솟구침, '상上'에서부터 시작하여 공포에서 발현되는 기의 아래로 내려감, '하下'에 이르기까지 기가 이리저리 요동합니다. 이러니 어찌 사람이 건강할 수 있겠습니까? 기운이 안정을 잃고 이렇게 상하로 요동치는데 말입니다.

여기서 한 가지, 황제가 미처 말하지 못한 부분이 있습니다. 과연, '질투'라는 감정은 어디에 속하는 것일까요? 질투는 심리학적으로 볼 때 '타오르지 못한 분노'라 할 수 있습니다. 아직 폭발하지는 않았지만 언젠가는 타오르려고 속에서 내연內燃되고 있는 것이 질투입니다. 이 질투가 정말 위험한 것입니다. 인류 최초의 살인이 질투 때문에 일어났습니다. 카인(Cain)이 동생 아벨(Abel)을 죽인 것은 다름 아닌 질투 때문이었습니다. 『구약』의 카인과 아벨 이야기는 인간 본질의 가장 냉혹하고 어두운 측면을 충격적으로 보여줍니다. 카인이 누구입니까? 인류의 조상이라는 아담과 이브가 낳은 첫 아들 아닙니까?

> 아벨은 양을 치는 목자가 되었고 카인은 밭을 가는 농부가 되었다. 때가 되어 카인은 땅에서 난 곡식을 야훼께 예물로 드렸고 아벨은 양떼 가운데서 첫 새끼와 그 기름을 드렸다. 그런데 야훼께서는 아벨과 그가 바친 예물을 반기시고 카인과 그가 바친 예물을 반기시지 않으셨다. 카인은 고개를 떨어뜨리고 몹시 화가 나있었다. 야훼께서 이것을 보시고 카인에게 말씀하셨다. "너는 왜 그렇게 화가 났느냐? 왜 고개를 떨어뜨리고 있느냐? 네가 잘했다면 왜 얼굴을 쳐들지 못하느냐? 그러나 네가 만일 마음을 잘못 먹었다면, 죄가 네 문 앞에 도사리고 앉아 너를 노릴 것이다. 그러므로 너는 그 죄에 굴레를 씌워야 한다." 그러나 카인은 아우 아벨을 "들로 가자"고 꾀어 들로 데리고 나가서 달려들어 아우 아벨을 쳐 죽였다.
>
> – 『구약』, 창세기

인류 최초의 살인은 형제 살인이었습니다. 저는 왜 야훼가 아벨과 카인을 차별대우 했는지 모르겠지만 어쨌든 야훼는 아벨을 편애했고 여기서 카인은 질투를 한 것입니다. 이런 카인의 모습에 야훼는 인간의 언어까지 동원해 강력하게 질책했는데도 카인은 동생 아벨을 죽였습니다. 이것이 아담이 낳은 두 자식 사이에 일어난 일입니다. 인류 최초 살인의 동기는 질투 때문이었습니다. 이는 『황제내경』의 세계관과는 매우 다른 세계관이지만 『황제내경』의 관점에서 풀어보자면 칠정 중에서 인류에게 가장 위험한 것은 역시 분노(혹은 잠재된 분노)이며, 우리 인간이 칠정을 다스리지 못해 가장 고통 받는 장소는 다름 아닌 가족의 테두리 안일 수 있다는 것입니다.

칠정의 이야기는 온 인류의 이야기이자 전 역사를 가로지르는 이야기입니다. 이것이 문학가들에게 가면 위대한 비극이 되고, 철학자들에게 가면 심리학이 되고, 의사들에게 가면 신경이론이 됩니다. 신경이론 중 자율신경이론은 칠정과 연관됩니다. 자율신경에는 교감신경과 부교감신경이 있습니다. 교감신경은 에너지가 긴장되는 것이고, 부교감 신경은 반대로 에너지가 이완되는 것입니다. 그러므로 교감신경이 활성화되면 몸의 에너지가 소모되는 것이며, 부교감신경이 활성화되면 몸의 에너지가 회복되는 것입니다. 칠정 중에 부교감신경과 관련된 것은 기쁨(喜) 한 가지이고, 나머지 여섯 가지 감정은 모두 교감신경과 관련된 것들입니다.

3
칠정과
오장육부

『황제내경』은 인체의 오장육부와 십이경맥을 비롯해서 근골 · 기육 · 혈맥 · 피모에 이르기까지 다루지 않는 것이 없을 정도로 방대한 체계이지만, 결국 『황제내경』 공부는 한 마디로 '스트레스 조절 공부'입니다. 이것이 핵심입니다. 그리고 여러 스트레스 중에서도 '분노조절(anger-management)'이 가장 중요합니다. 힐링(healing)이 우리 시대의 화두가 된지 오래입니다. 그만큼 우리 사회에 상처받은 영혼들이 많다는 뜻입니다.

다음과 같은 영어단어가 기네스북에 있습니다. 이 단어들은 무엇을 뜻할까요?

①Hwa byeong

②Karosi

①번은 우리말로 '화병火病'이고, ②번은 일본말로 '과로사過勞死'입니다. 얼마나 유명하면 우리말과 일본말이 기네스북에 올라갔을

까요?

외국인들도 '빨리빨리'라는 단어를 알 정도로 우리 한국인들 성미가 참 급한데, 동방예의지국에 걸맞은 유교적 전통을 지키려니 화火가 나갈 출구를 못 찾는 것도 이해가 됩니다. 그 화가 안으로 파고들어 병이된 것이 화병입니다. 미국정신학회에서는 이 분노증후군을 '한국 민족 특유의 질환'라고 부릅니다.

이 화병이 옛날에는 여자들의 병이었습니다. 유교의 가부장적인 가족관계 안에서 발생한 온갖 모순을 집안에서 여자들이 다 뒤집어썼기 때문입니다. 저희 어머니 세대에게는 '가슴앓이'라는 병이 있었는데, 문학적으로 보면 우아한 이름 같지만 그 실상은 바로 화병입니다.

이 병이 도지면 통증 때문에 밤에 자다 말고 일어나 두 손, 두 발로 방바닥을 기어 다닙니다. 예전에는 통행금지가 있던 시대라 새벽 4시가 되기 전까지는 아무리 중환자라해도 병원에 갈 수가 없었습니다. 새벽 4시가 되기를 꼬박 기다렸다가 옆집 훈이네 가서 전화를 걸어 택시를 부르고, 그 택시를 타고 시가지의 병원에 가서 모르핀 주사를 한 대 맞아야 비로소 통증이 누그러집니다. 이런 부산을 떨고 있자면 멀리서 동이 텄습니다. 우리 어머니 세대들이 시대의 모순을 자기 가슴으로 껴안고 살았던 것입니다. 이것이 화병입니다.

그랬던 화병이 최근에는 남성 환자의 급증을 보입니다. 그리고 이 병의 진원지가 가정에서 직장으로 바뀌었습니다. 직장생활의 스트레스가 남자들을 갉아먹고 있는 것입니다. 그만큼 사회가 변한 것입니다. 농업사회에서 산업사회로 이행되는 과정에서 피해자군이 바뀐 것입니다.

화병은 우리가 세계에서 부동의 1위를 지키는 병입니다. 문제는 남자고 여자고 간에 이 화를 어떻게 다스릴 것인가 하는 것입니다.

화는 그 자체로 불길입니다. 잘못 다스리면 이것이 내 몸과 내 집을 태웁니다. 그러므로 가정에서든 직장에서든 '분노조절(anger-management)'이 중요합니다. 『황제내경』은 이것을 공부하는 것입니다.

이 점은 불교도 같습니다. 불교는 방대한 양의 경전을 가진 종교이지만, 그 모든 경전은 탐 · 진 · 치 삼독심三毒心의 제거에 초점이 맞춰져 있습니다. 삼독심 중 탐貪이란 탐욕이고, 진嗔이란 분노이며, 치痴란 어리석음입니다. '탐 · 진 · 치' 삼독심은 파멸을 부르는 인생의 세 가지 독입니다. 이 셋은 서로 연결되어 있습니다. 가령, 50캐럿 다이아몬드가 눈앞에 어른거린다고 합시다. 탐이란 이것을 취하고 싶은 것이고, 진이란 취하고 싶은데 취할 수 없으니 화가 나는 것이고, 치란 취하려다 그게 안 돼서 화가 난 것을 못 깨닫는 것을 말하는 것입니다.

3독심
- 貪(탐): 탐욕
- 嗔(진): 분노
- 痴(치): 어리석음

『황제내경』은 일곱 가지를 말하는데, 불교는 딱 세 가지를 말합니다. 그리고 이 셋을 아예 독毒이라고 하고 있습니다. 그중에서도 가장 위험한 독이 진(瞋, 분노)입니다.

부처가 인간의 감정을 이 세 가지로만 규정했다고 보면 안 됩니다.

불교는 이 방면에 심오한 이론체계를 갖추고 있습니다. 불교에서는 인간의 감정을 108가지로 분류했습니다. 이것이 108번뇌입니다. 인간을 휘젓는 복잡한 감정이 무려 108가지나 된다는 것입니다. 108가지를 계산하는 방식이 몇 가지가 있는데 그 중 한 가지를 소개하겠습니다.

안이비설신의×호불호×삼독심×과거 · 현재 · 미래 = 108
(6) (2) (3) (3)

6개의 감각기관(안이비설신의)에 각각 호불호가 있고, 거기에 또 각각 삼독심이 작동하며, 그 모든 것에 과거 · 현재 · 미래가 결부되어 번뇌망상이 108개에 이르는 것입니다.

다시 『황제내경』으로 돌아가 칠정이 어떻게 신체장부와 연결되는지 알아볼 차례입니다. 인간의 정서가 신체장부와 모종의 연결을 갖는다니, 그 발상 자체도 상당히 놀랍습니다.

喜	怒	憂	思	悲	驚	恐
(기쁨)	(분노)	(근심)	(생각)	(슬픔)	(놀람)	(두려움)

먼저 憂와 思는 같이 가는 것이니 하나로 묶습니다. 또 驚과 恐도 비슷하니 하나로 묶습니다. 이것을 다시 써보면 이렇게 됩니다.

喜 怒 憂(思) 悲 驚(恐)

이제 오행의 구조가 나타났습니다. 이제까지 오행 공부를 한 것을 토대로 오장과 연결시켜 보겠습니다.

먼저 기쁨(喜)은 심장(心)에 배속됩니다. 『황제내경』은 이를 '심장의 뜻은 기뻐함이다(心之志爲喜)'라고 합니다. 그래서 심장에 병이 있거나 심장이 안 좋은 사람은 자주 웃어주는 것이 좋습니다. 웃음은 심장 혈류량을 무려 50퍼센트까지 높여줍니다.

둘째로 분노(怒)는 간(肝)에 배속됩니다. 『황제내경』에 '간의 뜻은 화냄이다(肝之志爲怒)'라고 되어 있습니다. 분노가 간에 배속된 이유는 독 때문입니다. 간은 해독을 하는 기관이기 때문입니다.

셋째로 근심 · 걱정(憂)과 많은 생각(思)은 비(脾)에 배속됩니다. 『황제내경』에 보면 '비의 뜻은 생각함이다(脾之志爲思)'라고 되어있습니다. 근심 · 걱정(憂)은 이런저런 생각이 많은 것(思)과 같은 심리상태이기 때문에 근심 · 걱정도 비(脾)에 배속될 수 있겠습니다.

넷째로 슬픔(悲)은 폐肺에 배속됩니다. 『내경』은 이를 '폐의 뜻은 슬퍼함이다(肺之志爲悲)'라고 합니다. 그래서 슬픈 일이 있을 때는 폐기를 강하게 하는 고추 · 마늘 같은 매운 음식을 먹어줘야 합니다. 그래야 기에 균형이 옵니다. 그런데 우울증 환자들은 거꾸로 단 것을 찾습니다. 일시 진정효과가 있기 때문입니다. 하지만 장기적으로 보면 좋지 않습니다.

다섯째로 놀람(驚)과 두려움(恐)은 신장(腎)에 배속됩니다. 『내경』에 보면 '신장의 뜻은 놀람이다(腎之志爲恐)'라고 되어있습니다. 사람은 경악과 공포에 노출되면 성기능과 방광기능에 곧바로 장애가 옵니다.

〈칠정과 오장육부〉

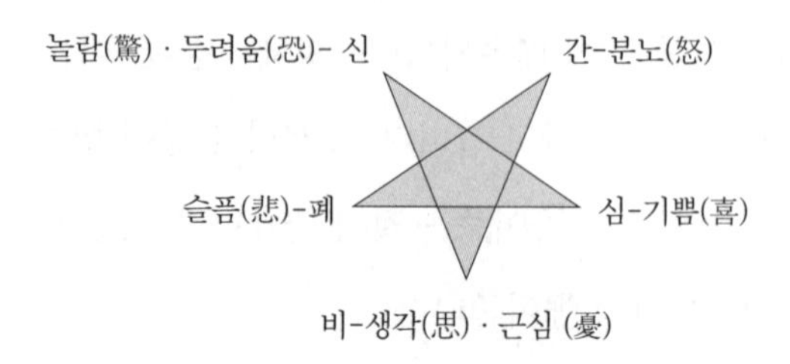

이것이 황제가 말하는 칠정과 오장육부의 상호관계입니다. 여기서 중요한 것은 우리가 마음을 못 다스려 칠정이 요동치면 바로 오장육부에 영향을 끼친다는 사실입니다. 즉, 우리가 스트레스를 받으면 오장육부가 그 스트레스를 다 뒤집어쓴다는 것입니다. 눈 떠서 잠들 때까지 우리의 오장육부는 스트레스로 인해 오그라들고, 붓고, 뒤틀어집니다. 이것을 풀어줘야 합니다.

칠정을 이야기하면 또 빼놓을 수 없는 사람이 하나 있습니다. 바로 로마의 철학자요, 정치가였던 세네카(Seneca)입니다. 세네카는 네로황제의 스승이었습니다. 그러니 얼마나 마음고생이 컸겠습니까? 희대의 정신병자요, 폭군인 네로를 지켜보면서 이 사람이 쓴 책이 『화에 대하여(On Anger)』입니다.

세네카는 말합니다. '분노는 짧은 광기이다.' 모든 분노는 위험한 것이지만, 권력자의 분노는 특히 위험한 것입니다. 주변 사람들을 다 죽일 수도 있고, 온 국민을 공포에 떨게 할 수도 있기 때문입니다. 세네카는 스토아 철학자답게 유려하고 담담한 문체로 그 책을 완성시

켰지만, 네로의 분노를 가라앉히는 데는 성공하지 못했습니다. 결국 황제암살계획 건으로 의심 받아 네로로부터 자결하라는 명을 받고 스스로 독약을 마시고 생을 마감했습니다. 그의 책 『화에 대하여』는 화를 다스리는 법에 대한 인류 최초의 저술 중 하나인데, 거기에 이런 구절이 있습니다.

> 우리는 화가 혼자 힘으로 얼마나 많은 사람들에게 해를 끼쳐 왔는지를 생각해 보아야 한다. 어떤 사람들은 지나치게 흥분한 나머지 혈관이 파열되었고, 어떤 사람들은 목이 터져라 소리 지르다가 목에서 피가 났고, 어떤 사람들은 너무 격렬하게 울어서 시야가 흐려지기도 했으며, 어떤 사람들은 아예 병석에 드러누웠다.
> 화보다 빨리 우리를 광기로 이끄는 것은 없다. … 미친 사람이 자기가 미쳤다는 것을 인정하지 않듯이 그들도 자신의 화를 인정하지 않는다. 그들은 가장 가까운 친구들, 누구보다 사랑하는 소중한 사람들에게 적이 된다.
>
> –『화에 대하여』, 사이, 153쪽

우리는 사랑의 힘이 무엇보다 강하다는 말을 많이 들어왔습니다. 정말 사랑보다 강한 것은 없을까요? 분노는 어떨까요? 여러분들은 사랑과 분노 중에 어느 것이 더 강하다고 생각합니까? 아무래도 분노가 사랑보다 더 강한 것 같습니다. 분노는 한때 사랑했던 사람도 죽이기 때문입니다.

그러면 탐욕과 분노 중에는 어느 것이 더 힘이 셀까요?

역시 분노입니다. 탐욕은 가장 질기고 가장 오래가는 악덕이지만, 분노는 이 탐욕조차 이깁니다. 분노에 사로잡히면 값비싼 재물도 때려 부수기도하고, 심지어 평생 모아 마련한 아파트도 불 질러 버립니다.

부처는 108가지를 이야기했고, 황제는 일곱 가지를 이야기했지만 세네카는 단 한 가지만을 이야기했습니다. 그만큼 위험한 것이 분노입니다.

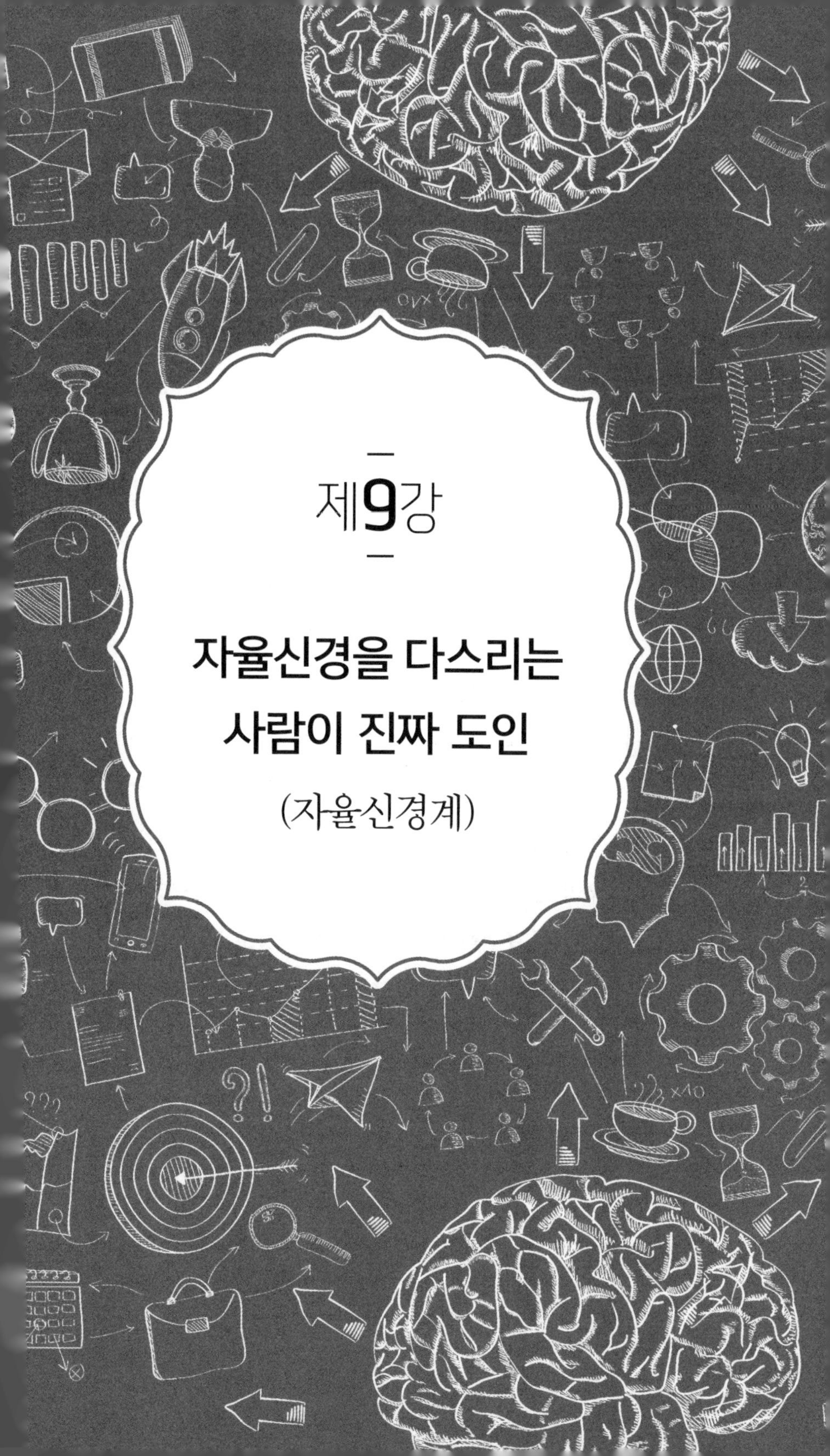

제9강

자율신경을 다스리는 사람이 진짜 도인

(자율신경계)

1
열심,
병의 다른 이름

인도에 유학 가서 15년째 살고 있는 스님이 있는데, 그 분이 얼마 전에 귀국하셔서 "스님, 한국에 오시면 무슨 인상을 받으시나요?"라고 물었더니 그 스님은 "한국은 정말 잘 사는데, 얼굴이 너무 경직돼 있다. 반면 인도는 못 살지만 늘 웃는 얼굴이다."라고 답했습니다. 그 스님은 1년에 한 번씩 귀국하는데, 매번 그런 느낌을 점점 더 강하게 느낀다는 것이었습니다. 저는 스님 말에 일리가 있다고 생각합니다.

그동안 우리 한국인들의 인생 좌우명은 '열심히 살자'였습니다. 인생 모든 방면에서 주먹을 불끈 쥐고 이를 악물고 열심히 사는 것이 오랫동안 우리들의 가훈이자 교훈이었습니다. 매사에 무조건 열심히 살아야한다고 교육 받았습니다. 사실 여기에 문제가 있습니다. 우리는 아무 생각 없이 '열심熱心'이라는 말을 쓰지만, 실은 이게 몸에는 굉장히 안 좋은 것입니다. '심장(心)에 열熱이 있는 것'이 뭐 그리 좋겠습니까? 그 방향으로 계속 가면 결국 고혈압, 당뇨, 심장병, 이런 병이 오는 것입니다. 그래서 저는 '열심히 살자'에 반대합니다. 저의 좌우명은 '무심히 살자'입니다. 세상을 좀 '무심無心히' 살아야 합니다. 무심히 산다는 것은 '평상심平常心'을 잃지 않고 산다는 뜻입니다. 무심히 살면 심장에 열이 내리고 머리가 맑아집니다. 그러면 하는 일도 더 잘 됩니다.

골프 시합 연장전을 본 적이 있습니까? 누가 이기던가요? '무심히' 하는 자가 이깁니다. 너무 '열심히' 하는 자는 오히려 집니다. 너무 열심히 하려고 하면 그 순간 사람의 마음은 유위와 작위에 빠집니다. 그러면 반드시 실수합니다. 인생에서 '평상심'이 가장 중요합니다. 평상심이란 자기 자신의 본마음입니다. 평상심을 잃으면 모든 것을 잃게 됩니다. 『동의보감』에 이런 말이 있습니다.

> 無心卽與道合(무심즉여도합)
>
> 有心卽與道違(유심즉여도위)
>
> 무심하면 도와 합치하고 유심하면 도에서 어긋난다

큰 시합 나갈 때 꼭 명심해야 할 말입니다. '열심'이란 것은 의학적으로 굉장히 안 좋은 것입니다. 일종의 질병상태입니다. 뜨거울 열熱자 아래에 있는 연화발(灬)이 불(火)을 뜻하는 것입니다. 그러므로 '열심(熱心)'이란 말은 단어 그대로 '마음에 불이 붙는 것'입니다. 이것이 좋을 리가 없습니다. 그 상태가 되면 첫째 입이 바짝 마르고 둘째 뒷골이 당깁니다. 그러다 결국 쓰러지는 것입니다. 이것이 다 기가 역상된 것입니다. 한자에서 연화발(灬)이 들어간 글자들은 대체로 위험한 글자들입니다. 가령 불탈 초焦 자는 초초함을 나타내는 글자고, 죽일 살煞 자는 예사롭지 않은 죽음을 의미하는 글자고, 지질 전煎 자는 뜨겁게 지진다고 할 때 쓰는 글자입니다. 이런 글자들에 한 결 같이 연화발(灬)이 들어있습니다. 편안함이 없고 긴장 · 불안 · 공포 등을 연상시키는 글자들입니다.

『주역』에 보면, 이런 말이 있습니다.

> 君子 自彊不息(군자 자강불식)
>
> 군자는 스스로 힘써 쉬지 않는다

조선왕조 500년간 군자라는 이름 아래 떠받들던 말입니다. 스스로 힘쓰는 것까지는 좋은데 쉬지 않는 것, 즉 불식은 위험한 것입니다. 이러기 때문에 한국이 과로사 · 동맥경화 · 암 발생률 등에서 세계 1위를 하는 것입니다. 원래 식息 자는 숨 쉰다는 뜻입니다. 윗부분의 자自 자는 코를 그린 것입니다. 그러므로 식息이란 마음(心)속에 있는 기운이 코(自)를 통해 밖으로 들락날락 한다는 뜻입니다.

그만큼 편안하게 호흡을 한다는 뜻입니다. 호흡이 이렇게 중요한 것입니다. 이것이 발전해서 '휴식'의 뜻을 지니게 됐습니다. 숨 쉬는 것이 곧 휴식입니다. 휴식이 필요할 때 '숨 좀 쉬고 하자'는 말에 이런 뜻이 숨겨져 있는 것입니다. 반대로 『장자』에 보면 이런 말이 있습니다.

> 聖人休休(성인휴휴)
>
> 성인은 쉬고 또 쉴 뿐이다

어딘지 평온한 태도가 느껴지지 않습니까? 성인은 모든 것을 내려놓고 쉬는 사람입니다. 그의 마음은 조급하지 않으며, 의무감에 사로잡혀있지도 않습니다. 어딘지 유연하고 여유 있는 모습, 이것이 성인입니다. 『주역』이 말하는 군자와는 사뭇 다릅니다.

몸을 혹사시키고 머리를 쥐어짠다고 잘 되는 것이 아닙니다. 번쩍하는 영감과 아이디어는 한시도 쉬지 않고 파김치가 되도록 일할 때, 혹은 남들 다 퇴근했는데 혼자 야근할 때 나오는 것이 아니라 산들바람 부는 나무 그늘 밑에서 유유자적하며 쉴 때 나오는 것입니다. 혼자 밤늦도록 야근할 때 오는 것은 아이디어가 아닌 스트레스입니다. 나무 그늘 밑에서 쉬다가 번득이는 영감을 얻은 사람이 뉴턴(Newton)입니다. 뉴턴은 만유인력의 법칙을 사과나무 아래 누워 있다가 발견했지 사무실에서 야근하다 발견한 것이 아닙니다.

수승화강, 몸의 연금술

과로사 직전의 한 남자가 있다고 합시다. 이 사람의 몸은 이미 음양의 균형이 다 깨진 상태입니다. 먹어도 소화가 안 되고, 몸이 자꾸 여기저기 아프고, 마음속에는 우울증이 가득합니다. 그러나 그 마음속을 더 깊이 내려가면 바닥에 깊은 분노와 적개심이 있습니다. 이 적개심(분노)이 '핵심감정(nuclear feeling)'입니다. 이 사람은 지금 보이지는 않지만, 실은 몸이 불길에 휩싸여 있는 것입니다. 세상에 대한 분노가 저 밑바닥에서 부글부글 끓고 있는 상태입니다. 이것을 오행으로 정의하면 '과도한 화'입니다.

'과도한 화'가 지금 이 남자의 몸을 불태우고 있습니다. 그런데 이것을 치유해주는 에너지의 흐름이 오행의 상극 안에 하나 있습니다. 바로 '수극화水克火'입니다. 촉촉한 수水의 기운으로 가슴 속의 화를 내려주는 것입니다. 『황제내경』의 수극화水克火, 이것을 이론적으로 다듬은 것이 바로 도가수행의 '수승화강水昇火降'입니다. 이 수승화강에 대해 좀 더 알아보겠습니다.

수승화강이란, ①독맥을 따라 물기운(水)이 오르고, ②임맥을 따라 불기운(火)이 내리면서, ③가슴이 시원해지고, ④아랫배가 따뜻해지는 것입니다. 사람 몸은 전후로 나누어 보면 뒤쪽은 독맥이고, 앞쪽은 임맥입니다. 또 상하로 나누어보면 배꼽을 중심으로 위는 가슴이고 아래는 배입니다.

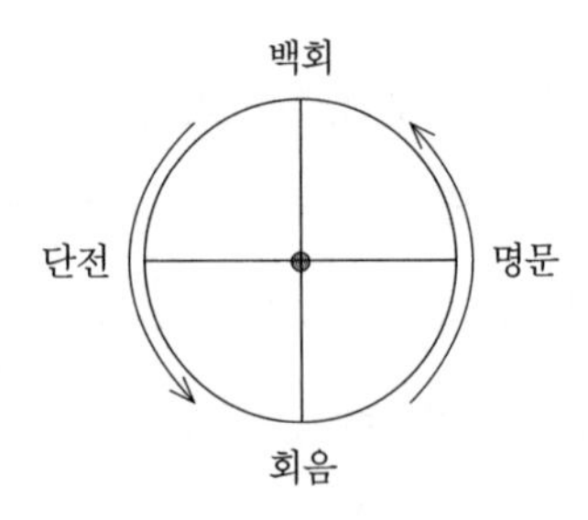

이것이 수승화강을 그림으로 그린, 생명의 수레바퀴입니다. 수승화강은 인체에서 가장 중요한 네 개의 혈과 관련 있습니다. 명문을 타고 백회 쪽으로 상승하는 것이 물기운(水)이고, 배꼽을 따라 단전 쪽으로 하강하는 것이 불기운(火)입니다. 물기운이 오르고 불기운이 내려야 이 생명의 수레바퀴가 돌아갑니다. 이 수레바퀴가 멈추면 죽은 목숨입니다. 그런 사람은 아랫배가 차디찹니다. 아랫배가 차다는 것은 몸의 원자로가 꺼졌음을 의미합니다. 수승화강의 핵심은 아랫배가 설설 끓는 것입니다. 단전에 열이 생겨 아랫배가 끓으면 그때부터는 온갖 좋은 일이 다 생겨납니다. 이렇게 되면 단전의 열이 병을 치료하러 몸 구석구석 다닙니다. 위 · 대장 · 소장 등 할 것 없이 인체의 오장육부를 다 돌아다니면서 치료합니다. 이것이 말로만 듣던 면역력의 실체입니다. 그리고 이것이 우리가 공부했던 수사지신(守邪之神, 사기를 물리치는 신)이며, 신간동기腎間動氣입니다.

여기서 병과 열의 관계를 한 번 살펴봅시다. 싸늘하게 식은 것이 병입니다. 특히 암이 그렇습니다. 반면 열이라는 놈은 가서 그 부분을 치료해주는 것입니다. 우리가 감기에 걸렸을 때 열이 나는 이유가 바로 그 때문입니다. 열이 치유의 핵심입니다. 모든 병을 치료하는 것은 열입니다. 병이라는 것은 몸에 '독'이 쌓인 것인데, 열이 들어가야 독을 몸에서 분리시킬 수 있습니다. 암 환자에게 방사능 치료를 하는 것은 열을 주입하기 위해서 그런 것입니다. 그런데 방사능은 눈먼 열이라 아군 · 적군을 구별 못하고 다 죽여 버리니까 문제가 됩니다.

수승화강을 솥단지 비유로 설명해보겠습니다.

수화불교(水火不交)

수화교류(水火交流)

'수화불교水火不交'는 수승화강이 안 되고 있는 전형적인 유형입니다. 이 상태에서는 솥이 데워질 수가 없습니다. 장작불은 헛되이 허공에 매달려있고, 솥 안의 물은 물대로 냉랭합니다. 물과 불이 교류하지 못하는 것입니다. 요리로 치면 요리가 안 되고, 소화로 치면 소화가 안 되는 것입니다. 이것은 음양의 조화가 깨져 기가 순환되지 못하는 상태입니다. 이 사람은 조만간 몸에 큰 병이 옵니다. 앞서 우리가 살펴본 과로사 직전의 남자 혹은 매사에 무조건 열심히 하는 사람이 여기에 해당합니다.

'수화교류水火交流'는 수승화강이 제대로 이루어지고 있습니다. 이렇게 되어야 솥이 잘 데워져서 요리도 잘 되고 소화도 잘 되는 것입니다. 이런 몸이 신선의 몸입니다. 여기서 말하는 '뜨거운 솥'이 '단전'입니다.

단丹이란 생명에너지를 말합니다. 이게 식으면 인생 끝나는 것입니다. 건강의 비결은 이 단전이라는 원자로가 잘 가동되는 것입니다. 위 그림처럼 솥의 밑바닥이 뜨끈뜨끈해야 합니다. 『동의보감』에 보면 이런 말이 있습니다.

腹中常煖者(복중상난자)

百病自然不生(백병자연불생)

배가 늘 따뜻한 사람은

백가지 병이 자연히 생기지 않는다

이것이 수승화강입니다. 수승화강이 이루어지면 몸 안의 모든 나쁜 병들이 다 떨어져 나갑니다. 어떤 병도 감히 범접하지 못합니다. 수승화강은 위대한 몸의 연금술이고 장생불사의 비결입니다. 우리가 지금 몸 공부를 하고 있는데, 몸 공부에 관한 모든 것들이 집약된 것이 바로 수승화강입니다. 동서고금 인간의 몸에 관한 담론 중에서 이처럼 심오하고 포괄적인 이론은 없습니다. 이것은 몸 전체를 머리끝에서 발끝까지 하나로 관통하는 이론입니다.

그런데 서양의학에는 이런 것이 없습니다. 각론만 있습니다. 서양의학에는 전체를 보고 핵심을 짚어주는 사람이 없습니다. 다 각기 자기분야만 알 뿐입니다. 가령, 사람이 몸에 진액이 모자라져서 입안이 건조할 수도 있고, 안구가 건조할 수도 있고 생식기관이 건조할 수도 있습니다. 그런데 입안이 건조하면 이비인후과에 가고, 안구가 건조하면 안과에 가고, 생식기관이 건조하면 비뇨기과를 찾아갑니다. 그러면 이비인후과 의사는 구강점막에 대한 처방을, 안과 의사는 안구에 대한 처방을, 비뇨기과 의사는 생식기관에 관한 처방을 내립니다. 그럼 그 사람이 치료가 될까요? 증세는 치료될지 모르지만 원인은 그대로 남습니다.

그래서 다음에는 구강건조증이 있던 사람이 안구건조증으로 안과에 가고, 안구건조증이 있던 사람이 질건조증으로 비뇨기과로 가고,

질건조증이 있던 사람이 구강건조증으로 이비인후과로 가는 것입니다. 이렇게 A에서 B로, B에서 C로 그리고 C는 다시 A로 뱅뱅 돌면서 평생 병원을 전전하는 것입니다. 입안의 건조증도, 안구건조증도, 질건조증도 다 진액津液의 문제이고, 수水의 문제인데 말입니다. 이 수가 바로 수승화강水昇火降의 수입니다. 이 사람은 지금 가슴 속에서 화가 끓어올라 수를 고갈시켜서 그런 것이지, 다른 것이 아닙니다. 몸의 균형이 깨진 것입니다. 이것을 바로 잡는 것이 수승화강입니다.

이 위대한 몸의 원리를 발견한 것이 도가 수행자들입니다. 그런데 딱 누가 발견했다는 말은 없습니다. 노자도 아니고, 장자도 아니며, 황제도 아닙니다. 다만, 이들의 정신을 계승한 어떤 누군가가 발견한 것입니다. 인류를 병마에서 구할 수 있는 이런 위대한 발견을 한 사람에게 노벨상 열 개는 줘야 하는데, 이름을 감춰버려서 줄 수가 없다는 것이 아쉬울 따름입니다.

2
스트레스의 증상과 자율신경

초조와 불안, 공포가 오면 네 가지가 증가하고 두 가지가 감소합니다. 증가하는 네 가지는 호흡, 심장박동, 혈압, 동공 크기이고, 감소하는 두 가지는 타액, 소화액입니다.

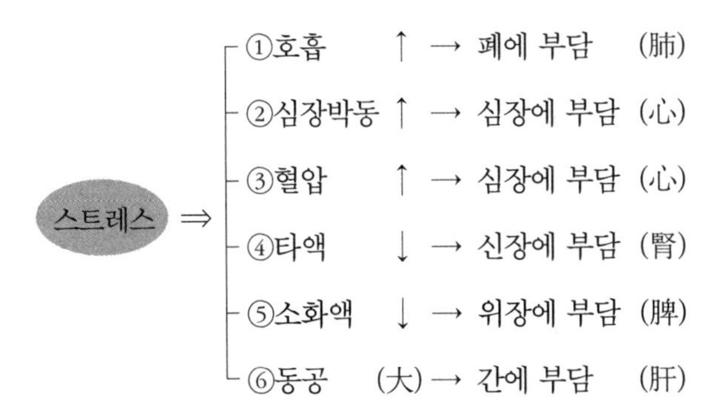

스트레스를 받으면 호흡과 심장박동과 혈압이 증가합니다. 입안의 침은 바짝바짝 마르고 소화액 분비는 억제되어 소화가 안 되고, 동공은 적의 동태를 살피려고 확대됩니다. 이렇듯 과도한 스트레스를 받으면 오장육부가 고장 납니다. 이 상황을 유심히 들여다보면, 영락없이 몸이 불타고 있는 모습 같지 않습니까? 그래서 『불경』에 보면 이런 사람들을 '화택(火宅, 불타는 집)'에 빠졌다고 말합니다. 이른바 부처의 '화택의 비유'입니다. 이것을 현대의학 용어로 바꿔 말하면 '교감신경긴장'이 됩니다. 내용적으로 다를 것이 없습니다. 그 내용은 화火 증대, 수水 고갈입니다.

여기에 심각한 문제는 이것들(①~⑥까지의 신체반응)은 뇌의 명령에 복종하지 않는다는 사실입니다. 오장육부는 뇌의 지시를 따르지 않습니다. 자율적으로 움직일 뿐입니다. 신경학적으로 말하면 '자율신경의 지배를 받는다'고 합니다.

수의근과 불수의근

〈자율신경〉

'자율신경'을 마음대로 제어할 수 있는 사람은 없습니다. 만약에 있다면, '자율신경'이란 말 자체가 틀린 말이 됩니다. 자율신경은 autonomic nerve를 번역한 것으로 오토(auto) 즉, 자동입니다. 자기가 알아서 돌아가는 것입니다. 내가 어떻게 해볼 수가 없습니다. 자율신경은 '제어할 수 없는 신경'이란 뜻이기도 합니다. 영국의 생리학자 랭글리(Rangley, 1852~1925)가 뇌의 지배로부터 독립하여 작동한다는 뜻으로 이렇게 명명했습니다.

우리 신체를 한 번 봅시다. 우리 신체를 작동시키는 근육으로는 두 가지가 있습니다. 하나는 팔 · 다리 같이 내 마음대로 자유롭게 움직일 수 있는 근육입니다. 이것을 수의근(隨意筋, voluntary muscle)이라고 합니다. 내 의지(意)에 따른다(隨)는 뜻입니다. 다른 하나는 간 · 심 · 비 · 폐 · 신처럼 내 마음대로 움직일 수 없는 근육, 불수의근(不隨意筋, involuntary muscle)입니다. 팔 · 다리 등 사지는 '뇌척수신경계'의 지배를 받는 것이고, 간 · 심 · 비 · 폐 · 신 등 오장육부는 '자율신경계'의 지배를 받는 것입니다. 자율신경계의 '자율'이 '불수의(involuntary)'란 뜻입니다. 자율신경계의 '자율(auto)'이란 내 마음대로 하는 것(수의)이 아닌 오장육부의 마음대로 하는 것(불수의)입니다.

옛적에는 산에서 맹수나 산적을 만나는 일이 흔했습니다. 맹수나 산적을 만나면 긴장하고 공포를 느낍니다. 그래서 오장육부가 오그라듭니다. 이런 현상이 '자율신경계'가 작동한 것입니다. 그 다음은 정신을 차리고 공격하거나 도망갑니다. 이때 움직이는 팔 · 다리는 뇌의 명령을 받아 작동합니다. 이것이 '뇌척추신경계'의 지배를 받는 것입니다.

하지만 현대에서는 상황이 복잡합니다. 산이 아닌 사무실에서 적수를 만납니다. 그 적이 불평하는 고객일지, 지시를 내리는 상사일지, 모두를 감시하는 회사 시스템일지, 그것도 아니면 자본주의 자체일지 알 수 없습니다. 긴장과 공포는 맹수나 산적을 만날 때 이상으로 존재하는데 도망도 못가고 공격도 못하는 상황인 것입니다. 우리 현대 문명의 슬픈 점은 탈출할 수 없다는 데 있습니다. 우리는 팔 · 다리가 있어도 도망을 가지 못합니다. 그러다보니 '오장육부'가 스트레스를 모두 견뎌내야 합니다. 그 결과로 각종 화병 · 심장병 · 고혈압 등이 급증했습니다. 다른 말로 하면 '자율신경'의 불균형문제입니다. 몸의 큰 병은 모두 오장육부에서 오는데, 오장육부를 관장하는 것이 자율신경입니다. 그래서 요즘 자율신경 조절이 중요한 화두로 등장한 것입니다. 여기서 우리 몸이 처한 상황을 몸의 입장에서 다시 생각해 봅시다. 몸에서 가장 중요한 것이 오장육부인데, 정작 이 오장육부는 불수의근不隨意筋이라는 것입니다. 제일 중요한데 내 마음대로 못 한다는 사실이 우리 인생 비극의 씨앗입니다.

조물주는 저 중요한 심장 · 간 · 위장들을 왜 수의근으로 만들어주지 않았을까요? 만약 수의근으로 해줬더라면 인생에 아무런 문제가 없었을 텐데 말입니다. 심장이 두근거리면 두근거리지 못하게 꽉 잡아주고, 혈압이 상승하면 상승하지 못하게 꾹 눌러주고, 위장이 쓴 물을 내뿜으면 뿜지 못하게 하면 되는데 말입니다. 그러면 심장마비로 죽을 일 없고, 고혈압으로 쓰러질 일 없으며, 위산과다로 속 쓰릴 일도 없을 것입니다. 우리 몸이 이렇게 만들어지지 않은 이유는 '진화'와 관련되어 있습니다.

〈진화〉

진화를 피할 수 있는 것은 아무것도 없습니다. 우리 신경도 마찬가지입니다.

신경계
- 뇌척수신경계 : 동물신경계
- 자율신경계 : 식물신경계

팔 · 다리는 뇌척추신경계의 지배를 받는 것으로 일명 동물신경계라 합니다. 동물들은 공포를 느끼면 팔 · 다리가 있으니 도망갈 수 있는 이치입니다. 심장 · 위장 같은 오장육부는 자율신경계의 지배를 받는 것으로 일명 식물신경계라 합니다.

진화의 긴 과정에서 볼 때 자율신경계는 식물단계에서 만들어진 신경인 것입니다. 식물도 공포반응을 보입니다. 사람이 도끼를 들고 숲으로 들어오면 나무는 폴리그라프(polygraph, 일종의 심장박동을 재는 기계) 상에서 격하게 반응합니다. 생명체라면 당연히 보일 수밖에 없는 가장 기본적인 반응입니다. 그런데 공포를 느껴도 다리가 없으니 도망가지 못하고 그 자리에 선 채로 당하는 것입니다. 자율신경계는 식물의 단계에서 형성된 것으로 뇌척추신경계보다 진화론적으로 더 오래된 것입니다.

〈자율신경과 수승화강〉

서양의학은 몸을 음양론적으로 볼 줄 모릅니다. 몸을 단순히 기계론적으로 보고 해부학적으로만 접근하기 때문에 몸에 대한 이해가 동양의학에 비해 깊지 않습니다. 그런데 서양의학의 자율신경개념은 동양의 음양 원리와 유사한 데가 있습니다. 서양의학 중 동양적 원리에 가장 근접한 이론이라고 할 수 있습니다. 랭글리는 양을 교감신경, 음을 부교감신경이라 부른 것입니다.

자율신경
- 교감신경(sympathetic nerve) : 양(陽)
- 부교감신경(para-sympathetic nerve) : 음(陰)

오토(자율신경)에는 두 가지 기능이 있습니다. 어떤 상황에 부딪쳤을 때 자동으로 그 상황에 '교감(sympathetic)'하는 신경과 그것이 과하면 다시 균형을 잡으려고 '반대로 교감(para-sympathetic)'하는 신경입니다. 이것이 랭글리가 생각했던 자율신경의 개념입니다.

여기서 핵심은 '공감'한다는 것입니다. 심(sym)이란 심포니(symphony)나 싱크로나이즈(syncronize)에서처럼 동시적인 것(共)을 뜻하고, 파테틱(pathetic)이란 감정(感)을 뜻하는 것입니다. 그러니까 어떤 상황에 공감하고 바로 반응하는 것이 교감신경이 할 일입니다. 그래야 위험 상황에서 살 수 있습니다. '호랑이와 산적'이라는 상황에 부딪치면 자동으로 '긴장' 반응을 보이는 것, 이것이 교감신경입니다. 이는 동양의학적으로 양陽입니다. 이때 긴장이 너무 과도해서 반대로 균형을 잡고자 몸을 이완시키려 하는 것이 부교감신경입니다. 이는 동양의학적으로 음陰이라 할 수 있습니다. 양은 발산지기이고, 음은 수렴지기입니다. 즉, 교감 · 부교감신경 이야기는 우리 몸 안에서 어떻게 음양의 원리가 작동하는지 말해주는 것입니다.

교감신경 : 긴장 · 공포 → 양(에너지 소모) : 火
부교감신경 : 이완 · 휴식 → 음(에너지 회복) : 水
水克火

사람이 불안 · 초조 · 긴장 · 공포를 느끼면 몸에서 전투호르몬인 아드레날린이 마구 분비되면서 싸울 준비를 합니다. 이것이 교감신경입니다. 이것은 양으로써 에너지가 소모되는 것인데 가슴 속에서는 화가 끓어오르는 상황인 것입니다. 하지만 이런 상황이 오래 지속되면 안 되기 때문에 몸은 자동적으로 이완과 휴식을 추구하면서 평화호르몬인 아세틸콜린을 분비합니다. 이것이 부교감신경입니다. 이것은 음으로써 에너지가 회복되는 것이며, 촉촉한 수水기운이 올라와 심화를 가라앉혀주는 것입니다. 이것이 수극화水克火이며, 수승화강水昇火降입니다. 자율신경이론의 가장 행복한 결론이 이미 수승화강 안에 다 들어있습니다. 랭글리는 음양의 도를 깨친 이가 아니기 때문에 이런 것들을 단지 병렬적으로 늘어만 놨을 뿐, 수극화나 수승화강 같은 보다 높은 몸의 원리를 발견하지는 못했습니다.

〈자율신경의 위치〉

자율신경의 위치도 중요합니다. 자율신경 중 교감신경은 척추의 등골뼈입니다. 이것을 교감신경줄기라고 합니다. 이 교감신경줄기에서 신경이 나와 오장육부 전체에 다 연결됩니다. 침샘에 연결되고, 심장에 연결되고, 위장에 연결됩니다. 스트레스를 받으면 침샘이 바짝 마르고, 심장박동이 빨라지며, 위장에서는 소화액의 분비가 줄어듭니다. 이것이 교감신경 작동방식입니다.

반면에 부교감신경은 우선 위치부터 특별납니다. 부교감신경은 곧 척추 등골뼈의 최상단과 최하단입니다. 등골뼈의 최상단이란 뇌와 까까운 곳입니다. 또 등골뼈의 최하단이란 생식기와 가까운 곳입니다.

뇌와 생식기, 이 둘은 우리 인체의 두 개의 초점입니다. 인간의 몸은 이 둘을 위해 존재하는 것입니다. 하나(뇌)는 자기 생존을 도모하는 것이고, 다른 하나(생식기)는 후손 번식을 도모하는 것입니다. 이 둘 없이는 자연 자체가 존속할 수 없습니다. 그런데 부교감신경이 이 두 기관 근처에 포진해 있습니다. 이것이 무슨 뜻이겠습니까? 그것은 생명을 보존하기 위함입니다. 만약 교감신경이 뇌와 생식기 부근에 포진되어 있다고 생각해봅시다. 그럴경우 불안 · 초조 · 긴장 · 공포에 억눌리면 뇌가 멈추고 인체의 생명력은 끊길 것입니다. 때문에 뇌와 생식기에는 교감신경이 아닌 부교감신경을 포진해 놓은 것입니다.

이번에는 신경학적으로 설명해보겠습니다. 등골뼈의 최상단에 있는 것을 후뇌신경이라 하고, 최하단에 있는 것을 천골신경이라 합니다. 후뇌신경은 연수에 세 가닥, 중뇌에 한 가닥 도합 네 가닥이고, 천골신경은 세 가닥입니다. 한 가닥은 직장, 한 가닥은 방광, 한 가닥은 생식기에 연결되어 있습니다.

〈연수와 미주신경〉

여기서 주목을 요하는 것이 '연수延髓'입니다. 후뇌신경은 거의 연수에 분포되어 있다고 할 수 있는데, 이 연수가 중요한 곳입니다. 우리가 극심한 스트레스를 받을 때 '뒷골이 당긴다'고 하는데 이 뒷골이 연수인 것입니다. 우리조상들은 이 연수를 숨골이라 부르기도 했습니다. 이 연수에 중요한 중추(호흡중추, 순환중추, 연하중추, 발음중추 등)들이 많이 연결되어 있습니다. 이 중추들은 모두 오장육부를 말하는 것입니다. 그러니까 '뒷골이 당긴다'는 것은 '오장육부가 당긴다'는 것인데, 그렇게 되면 굉장히 위험한 것입니다. 오장육부가 과도한 스트레스로 뒤틀리고 고통 받고 있다는 뜻입니다.

자율신경에서 또 빼놓을 수 없는 것이 '미주신경(迷走神經, wandering nerve)'입니다. 부교감신경은 연수에서 세 가닥이 나오는데, 이 중에서 가장 긴 것이 바로 미주신경입니다. 이것은 온 몸 구석구석 안 돌아다니는 데가 없습니다. 머리부터 시작해서 목과 식도를 지나 오장육부 안 뻗친 데가 없이 사방팔방으로 돌아다니기 때문에 미주(迷走, wandering)라는 이름이 붙었습니다. 즉, 미주신경은 부교감신경 중 최대의 신경입니다. 그러므로 이 미주신경을 제어하면 번뇌망상을 끊을 수 있고 오장육부를 안정시킬 수 있는 것입니다. 이 미주신경은 일명 '부처의 신경'이라고도 합니다.

〈통삼관〉

도가 수련 중에 '통삼관通三關'이라는 것이 있습니다. 통삼관은 도가 수행에 있어서 기본 중의 기본입니다. 삼관이란 첫째 미려(尾閭, 꼬리뼈), 둘째 옥침(玉枕, 머리 뒷부분 뼈가 튀어나온 부위), 셋째 백회(百會, 정수리)를 말합니다. 수행이 깊어지려면 반드시 '삼관'을 통해야 합니다. 재미있는 것은 수 천 년 된 도가의 '삼관'이 20세기에 출현한 자율신경의 '부교감신경'과 일치한다는 사실입니다.

첫째, 미려입니다. 미려는 천골신경이 있는 부위입니다. 직장 · 방광 · 생식기가 다 미려와 연관됩니다. 미려를 경락 상으로 장강長强이라 하는데, 독맥의 시발점입니다.

둘째, 옥침입니다. 옥침은 목침을 베고 누우면 딱 마주치는 부위라서 베개 침枕자를 써서 옥침이라 하는데, 이곳이 스트레스를 받으면 뒷골이 당기는 바로 그 부분, 연수입니다. 연수가 후뇌신경의 일부이고, 후뇌신경이 뒷골입니다.

셋째, 백회입니다. 백회는 모든 경락이 다 모이는 곳입니다. 미려,

옥침을 거쳐 올라온 경락들은 모두 백회에서 모입니다. 그러므로 백회를 제외하고 몸의 이완과 휴식을 논한다는 것은 어딘가 부족함이 있는 이야기입니다. 랭글리는 자신의 의지로 제어할 수 없는 신경이라는 뜻에서 자율신경(autonomic nerve)이라는 말을 썼지만, 도가 수행자들의 '통삼관'은 신경이든 경락이든 자신의 의지로 제어 가능하다는 뜻을 반영하고 있는 용어입니다. 이것이 의가醫家와 도가道家의 차이입니다.

호흡, 자율신경 조절법

오토(auto)라는 것은 여러모로 편한 만큼 위험이 도사리고 있습니다. 우리 몸도 마찬가지입니다. 자율신경계라 하더라도 오장육부를 완전히 100퍼센트 오토 상태로 놔두는 것은 위험한 발상입니다. 오토는 원래 고장이 많은 것이기 때문입니다. 만약 100퍼센트 오토 상태로 놔둔 채로 스트레스가 계속되면 교감신경이 통제불능으로 항진돼서 몸의 엔진이 망가지게 되는 문제가 발생할 수도 있습니다.

때문에 조물주는 유기체의 보호를 위해 우리 몸 어딘가에 수동 시스템을 숨겨놓았습니다. 이 수동 시스템이 무엇일까요? 다시 과로사 직전의 남자에게로 돌아가 봅시다.

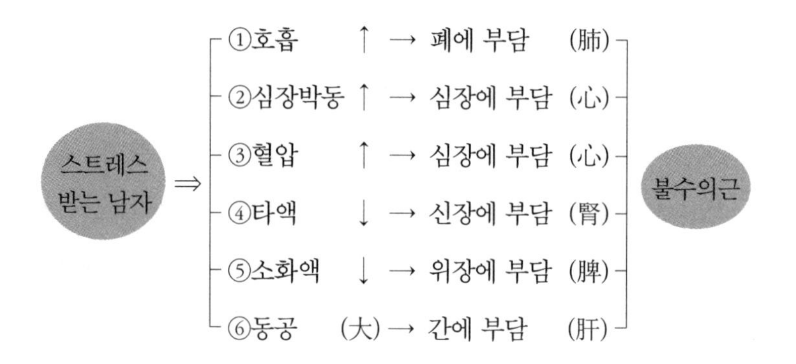

이 불행한 남자는 교감신경이 극도로 긴장된 상태로 터지기 일보 직전입니다. 우리는 이 남자를 어떻게든 살려야 합니다. 그런데 이 기계는 오토 시스템이라서 손을 쓸 수가 없습니다. 이것들은 뇌의 명령에 복종하지 않습니다. 무엇이 안 되는지 살펴보도록 하겠습니다.

①심장아, 천천히 뛰어라 (no)
②혈압아, 내려가라 (no)
③타액아, 촉촉해져라 (no)
④위장아, 소화액 좀 내놔라 (no)
⑤동공아, 축소되라 (no)

이것들은 모두 자율신경이기 때문에 마음대로 할 수 없습니다. 이것이 랭글리가 정의했던 자율신경인데 이것이 랭글리의 한계이기도 합니다. 그런데 자세히 보면 딱 한 가지 가능한 것이 있습니다. 바로 호흡입니다.

조물주가 만일의 경우를 대비해 우리 몸에 숨겨놓은 유일한 수동

시스템이 호흡입니다. 폐 자체는 자동이어서 우리 마음대로 움직일 수 없지만, 호흡으로 몸 전체를 열었다 닫았다 할 수 있는 것입니다. 그래서 지구상의 모든 명상법이 호흡에서 시작해서 호흡으로 끝나는 것입니다. 불교의 위빠사나 명상, 힌두교의 요가 명상, 도교의 단전호흡 또는 복식호흡 등 모두 마찬가지입니다. 호흡이 이렇게 중요한 것입니다.

긴장 · 초조 상태를 유발하는 교감신경 활성화에서 벗어나 이완 · 휴식을 유발하는 부교감신경 활성화 단계로 넘어가는 방법이 호흡입니다. 부교감신경을 활성화시키는 호흡, 그것이 날숨입니다. 절대 들숨이 아닙니다. 장입식長入息은 위험하고, 장출식長出息이 좋은 것입니다.

천천히 그리고 깊숙이 내뿜는 장출식으로 맨 먼저 호흡을 제어합니다. 호흡을 충분히 제어하면 심장박동이 떨어집니다. 심장박동이 고요해지면 혈압이 떨어집니다. 이런 식으로 몸 안에 선순환의 고리가 형성됩니다. 몸이 차분해지면 입 안에 침이 돌아 촉촉해지고, 소화액도 잘 분비되며, 커졌던 동공도 작아져 눈초리도 고요해집니다. 이것이 명상이고 수승화강이고 장출식입니다.

명상의 생리학적 의의는 호흡을 통해 자율신경을 제어하는 것입니다. 자율신경을 제어한다는 것은 자율신경이라는 말의 원 뜻에 반하는 것입니다. 이것은 랭글리가 미처 몰랐던 부분입니다. 그는 의가였기 때문입니다. 그러나 황제와 그의 신하들은 자율신경을 제어할 줄 아는 사람들이었습니다. 그들은 도가이기 때문입니다. 그들은 장출식 하나로 오장육부를 제어합니다.

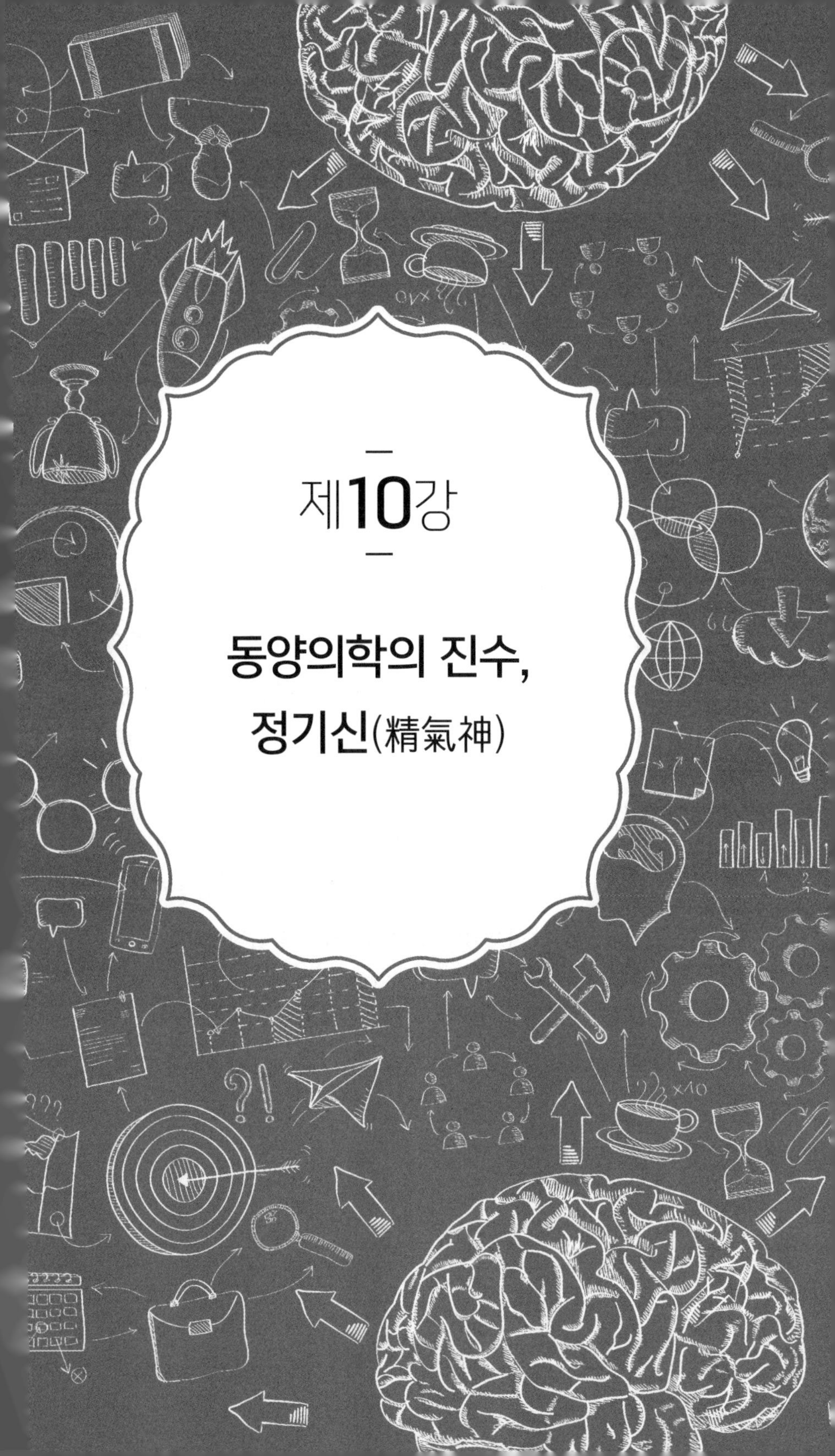

제10강

동양의학의 진수, 정기신(精氣神)

1
오장육부의 주인, 정기신

'정기신精氣神'은 동양의학의 진수이자 핵심입니다. 그동안 우리가 공부했던 모든 것이 '정기신' 안으로 들어와야 합니다. 그렇지 않으면 헛공부한 것입니다. 오장육부는 눈에 보이지만 '정기신'은 보이지 않습니다. 보이는 것의 배후에는 보이지 않는 것이 있기 마련입니다. 그것을 알아야합니다.

'정기신'이라는 단어는 의학용어일까요? '서양의학에서 사용하지 않는 용어'이기 때문에 의학용어가 아니라는 것은 잘못된 생각입니다. 그들은 이러한 개념을 모르기 때문에 사용하지 못하는 것입니다.

저는 현대의학에 별다른 미련이 없어 그렇지만 이것만은 꼭 알아둬야 합니다. '정기신'이라는 개념은 '의학용어'는 아니어도 '생명의 용어'라는 사실입니다. 정기신은 어쩌면 의학을 초월하는 개념입니다. 현대의학은 병리학病理學을 다루느라 생명으로부터 너무 멀어졌습니다. 현대의학은 병리현상에 대해서는 철저해서 수백 · 수천 개의 병명을 만들어냈지만, 생명현상에 대해서는 단 하나의 의미 있는 이름도 만들어내지 못했습니다. 우리 주변에 얼마나 많은 병이 있고, 병명이 있습니까. 그런데 생명을 가리키는 이름은 하나도 없습니다.

'정기신'은 다릅니다. '정기신'은 생명현상의 중심부에 도달했던 고대의 어떤 현인이 지어낸 이름입니다. 이 이름 안에는 어떤 병리적 요소도 들어있지 않고 생명의 기운, 생명의 몸짓이 들어있습니다. 수술하고 투약하는 의료행위는 의사들이 전문입니다. 제 관심은 질병을 고치는 의료행위가 아닌 생명을 기르는 일, 양생養生에 있습니다. 장자莊子는 이 중요성을 깊이 인식하여 이것을 아예 자기 책에서 하나의 장章으로 삼았습니다. 그것이 『장자』 내편에 있는 「양생주養生主」 입니다.

또한 '정기신'이 의학 용어가 아니라면 『동의보감』 역시 의학서적이 아닌 것이 되고 맙니다. 왜냐하면 『동의보감』의 서문에서 아래와 같이 정기신에 대한 논의를 하기 때문입니다.

> 신이 삼가 사람의 몸을 살펴 보건데, 안으로는 오장육부가 있고 밖으로는 근골피 등이 있사온데, 그런데 정기신이 실로 장부백체의 참 주인이니 이것이 바로 도가의 삼보라 하는 것입니다. …

허준의 말에 따르면, 근골피는 밖에 있는 것이고 건강의 핵심은 오장육부인데, 이 오장육부의 참 주인이 '정기신'이라는 것입니다.

> 精氣神 又爲藏府百体之主(정기신 우위장부백체지주)

이렇게 이야기하고, 『동의보감』 내경편이 시작되는데 내경 제1, 2, 3편이 각각 정, 기, 신 입니다. 그 다음 혈血, 몽夢, 오장육부 순으로 전개됩니다. 즉 『동의보감』은 정 · 기 · 신이라는 도가삼보(道家三宝, 도가의 세 가지 보물)를 핵심에 놓고 그것을 중심으로 서술된 책입니다.

> 도가에서는 청정淸淨과 수양修養을 근본으로 삼고
> 의가에서는 약藥과 침구鍼灸로서 치료를 하니,
> 도가는 그 정수를 얻었고, 의가는 그 찌꺼기를 얻은 것이다
> (道得其精 醫得其粗)

본인 스스로가 의가이면서 이렇게 말하기가 쉬울까요? 오늘날 우리나라에서 명의를 자처하는 사람 중에 이렇게 말하는 사람이 있을까요? 허준은 자신의 의술을 통해 많은 돈을 벌고 넓은 땅을 사려 한 것이 아니었습니다. 그의 목표는 '망치요절(妄治夭折, 망령된 치료로 요절하는 것)'을 피하는 것이었습니다. 얼마 전 마왕이라 불리던 유명가수가 병원에 갔다가 죽었습니다. 많지 않은 나이에, 살아서 들어갔는데 죽어서 나왔습니다. 이게 '망치요절'이 아니고 무엇이겠습니까?

눈여겨 볼 점은, 『동의보감』 편찬의 공동참여자인 유의儒医 정작鄭碏이란 인물입니다. 정작은 북창 정렴의 동생입니다. 북창 정렴은 우리나라에서 도가수련서로 유명한 『용호비결龍虎秘訣』의 저자입니다. 북창선생은 조선시대 가장 뛰어난 도가 수행자이고, 동생 정작은 형 밑에서 같이 도가 수행을 했던 사람입니다. 이런 배경을 가진 정작이 『동의보감』 편찬참여자 중 한 명이었던 것입니다.

이를 종합해보면, 『동의보감』은 성리학의 나라 조선에서 탄생했지만, 도가 사상의 영향을 깊숙이 받은 책입니다.

정기신의 발견

우리는 지금 정 · 기 · 신이 동양의학의 핵심개념이라는 것을 살펴보고 있습니다. 그러면 정 · 기 · 신은 어디서 온 것일까요? 정 · 기 · 신의 유래를 알려면 약간의 역사공부가 필요합니다.

고대 동양에는 철학 서적이 딱 세 권 있는데, 그것이 『도덕경』, 『장자』, 『주역』입니다. 이것을 도가삼현(道家三玄, 도가의 3대 철학서적)이라고 합니다. 그런데 내용이 좀 어렵습니다. 그래서 일반인들이 접하기에는 상당한 어려움이 있었습니다. 이럴 때 민중의 접근을 용이하게 하는 작업을 하는 사람들이 있습니다. 철학을 종교로 만드는 사람들입니다. 이런 사람들에 의해 도가(道家, 도가철학)가 도교(道教, 도교라는 종교)로 변하게 된 것입니다.

이렇게 해서 도가는 도교와 분리됩니다. 그 후 도교에 삼대경전(도덕경, 참동계, 황정경)이라는 것이 생겨납니다. 여기에도 『도덕경』은 들어가는데, 이것을 보더라도 『도덕경』의 권위는 절대적임을 알 수 있습니다. 도가든 도교든 『도덕경』에서 시작되는 것입니다. 『참동계』와 『황정경』은 모두 본격적인 도교수련서로 몸에 관한 이야기가 많이 나옵니다. 그래서 일반 민중들이 접근하기에도 용이했습니다.

『참동계』는 『주역周易 참동계』라고도 불리는데, 후한 때 위백양이 쓴 책입니다.

참동계	參: 三의 뜻 同: 通의 뜻 契: 書의 뜻

참參은 삼三인데, 일이 주역, 이가 황로(黃老, 황제와 노자를 종합한 학문), 삼이 화로火爐입니다. 일이 주역인 것은 이 책이 주역의 괘와 효를 가지고 설명하기 때문이고, 이가 황로인 것은 황로학이 중국 민중 속에 얼마나 깊이 침투했는지를 보여주는 것입니다. 삼이 화로(솥단지)인데, 이는 연금술을 의미합니다. 이 점이 특이한 점입니다. 화로, 이것을 잘 다루어야 잡철이 금이 됩니다.

동同은 위의 세 가지(주역, 황로, 화로)가 하나로 통한다는 뜻이고, 계契는 책書이란 뜻입니다. 즉, 『참동계』의 목표는 위로는 도를 취하고 아래로는 화로를 취해 불로장생의 영약靈藥을 만들어내는 것입니다. 이 영약을 이른바 '구전지단(九轉之丹, 불에 아홉 번 연단한 단약)'이라 합니다.

『참동계』는 이렇듯 단약 제조에 관한 이론과 실제를 상세히 기술하고 있는 책으로, 연금술에 관한 책 중에서는 세계에서 가장 오래된 책이며 화학사에서도 중요한 지위를 차지하는 책입니다. 그래서 이 책을 가리켜 '단경丹經의 왕'이라 칭송했던 것입니다.

'단丹'이란 것에는 두 측면이 있습니다. 하나는 외단外丹이고, 다른 하나는 내단內丹입니다. 외단은 위에서 언급한 연금술을 말하는 것으로 어떤 금속(납과 수은 따위)을 불로 연마하여 먹을 수 있는 신비의 영약을 추출해낸다는 것인데, 이것은 사실상 부작용이 심해 방사方

士와 술사術士들이 많이 죽어나가며 점점 쇠퇴했습니다. 앞에서 언급했던 손사막의 '일초이황삼탄' 역시 이들이 추구했던 신비의 영약 중 하나입니다. 손사막은 죽지 않았지만 이처럼 잘못된 단약丹藥을 먹고 죽는 사람이 많았던 것입니다.

그래서 외단은 쇠퇴일로에 접어들었고, 내단의 필요성이 대두되었습니다. 내단은 내 몸 안에서 스스로 단이 형성되도록 수련하는 것을 말합니다. 어떻게 수련해야 내부에 단이 형성되는지 집중적으로 연구한 책이 다음에 나오는 『황정경』입니다. 주희나 이황도 『주역 참동계』에 관심이 많아 해설서도 쓰고 가르치기도 했습니다.

『황정경』은 후한 때 장도릉張道陵이 썼습니다. 『황정경』이란 중앙중의 중앙이요, 핵심 중의 핵심이란 뜻입니다.

황정경
- 黃 : 중앙의 색
- 庭 : 중앙의 장소
- 經 : 경전

세상만물의 핵심이 여기 다 들어있다는 뜻입니다. 이 책을 쓴 장도릉은 오두미도(五斗米道, 쌀 5말을 바치면 그 도의 신도가 된다는 뜻에서 생긴 이름)의 창시자이며, 장량張良의 8대손입니다. 장도릉은 노자를 섬기던 사람인데, 『도덕경』을 읽다 크게 도를 깨쳐 산속에 들어가 도서道書 스물네 권을 저술하였는데, 그 중의 하나가 『황정경』이라는 말이 있습니다. 그는 그 후 하산하여 신도들을 모아 이른바 '오두미도'란 종교를 창도했던 것입니다.

원래 도교의 원류는 오두미도와 태평도 두 가지입니다. 노자의 『도덕경』이 세상에 출현한 후 700여 년이 흘러 천하가 다시 혼란에 빠지게 되는 후한 말에 이 두 종교가 출현하는데, 이 종교들이 도교입니다. 즉, 도가(철학)가 700년 만에 도교(종교)가 되어 민중 속으로 깊숙이 파고든 것입니다. 오두미도의 창시자는 앞서 본 장도릉이고, 태평도의 창시자는 장각張角 입니다. 둘은 동시대 인물로 AD 184년 황건적의 난이 일어나는데, 이 황건적의 두목이 장각입니다. 장각은 한 종교의 창시자이자, 도적떼의 두목인데 이 도적떼는 무려 수십 만에 이르는 엄청난 규모로 단순한 도적떼가 아니었습니다. 장각은 머리에 누런 띠(황건)를 두르고 "푸른 하늘은 이미 갔으니, 장차 누런 하늘이 들어설 것이다."라며 '황천태평黃天泰平'이란 구호를 내걸고 봉기했습니다. 결국은 패배하지만, 이 여파로 후한은 멸망합니다. 이때 패배한 태평도의 군사들은 삼국지에 나오는 조조의 군대로 편입되고, 나머지 일부는 오두미도로 흡수됩니다.

재미있는 것은 이들이 만사에 누를 황黃 자를 쓸 정도로 황黃 자를 좋아한다는 사실입니다. 장도릉의 『황정경』, 장각의 황건(黃巾), 황천태평黃天泰平 등 이들은 중대한 일에는 '황黃' 자를 앞세웠습니다. 왜냐하면 장도릉, 장각 모두 '황로(黃老, 황제와 노자)'를 섬기던 이들이었기 때문입니다. 천하 만민 또한 '황로'의 도를 따랐습니다.

이 점을 보면 한무제가 한나라 때 동중서를 내세워 '독존유술 파출백가'(獨尊儒術 罷黜百家, 오직 유가만 존중하고 백가를 축출한다)를 외쳤지만, 일반 백성들은 황로의 도를 계속 섬겼음을 알 수 있습니다.

시대상은 이쯤하고, 『황정경』의 특징을 보도록 합시다.

『황정경』에는 세 가지 특징이 있습니다.

첫째는 성명쌍수性命雙修입니다. 성性은 마음을 가리키는 것이고, 명命은 몸을 가리키는 것입니다. 즉 성을 닦는 것은 마음의 본성을 밝혀 깨달음에 이른다는 뜻이고, 명을 닦는 것은 몸을 연마하여 장생불사에 이른다는 뜻입니다. 그러므로 성명쌍수는 마음공부(性)와 몸 공부(命) 두 가지를 다 아우르는 것입니다. 도교는 이 점에서 불교와 차별화를 시도했습니다. 불교는 오직 정신적 깨달음만을 중시하여 육체를 부정합니다. 이른바 사대(지 · 수 · 화 · 풍)는 허망한 것이어서 집착할만한 것이 못된다고 봅니다. 대신 도교는 몸 공부를 도외시하지 않습니다. 몸 공부를 중시하는 도교 덕택에 중국에서는 한의학 등 의술이 발달하는 계기가 되었습니다.

둘째는 내단수련파의 등장입니다. 이들은 외단을 버리고 내단에 집중하는 사람들입니다. 『참동계』가 외단에 주력했다면, 『황정경』은 내단에 주력합니다. 이것이 단학丹學, 선도仙道등의 이론적 시발점이 됩니다.

셋째는 다름 아닌 정기신 개념의 확립입니다. 정기신이라는 도가 삼보의 개념이 『황정경』에서 확립된 것입니다. 이것은 노자 · 장자에는 없는 개념입니다. 노자 · 장자는 우주의 근원적 개념으로 넓은 의미의 기를 말했던 것인데, AD 3~4세기경 내단수련파들이 이를 분화시켜 체계를 잡은 것입니다. 이로써 도교는 성명쌍수의 기치를 높이 들 수 있었고, 몸 공부에 관한 가장 심오한 이론 체계를 수립하여 의술의 권위자가 되었습니다. 놀라운 점은 『동의보감』 서문에 이 『황정경』 이야기가 나온다는 것입니다.

그런데 정기신이 실로 장부백체의 참 주인이니 이것이 바로 도가의 삼보라 하는 것입니다. …『황정경』에 내경內經이라는 글이 있고, 의서에도 역시 내경과 외경의…

『황정경』은 공공연한 도교 서적인데, 허준이 서문에 떡하니 이 책 이야기를 하고 있습니다. 『황정경』이 곧 『황정내경黃庭內經』인바, 이 책은 36장으로 되어 있는데 간 · 심 · 비 · 폐 · 신과 더불어 호흡법을 논하고 있는 책으로써 의학적 내용이 풍부한 도가 수련서입니다.

『황정내경』과 『황제내경』은 비슷하면서도 다른 점이 보이는데 둘 다 도가 계통의 책이며, 인체를 보는 관점이 흡사합니다. 다만 『황제내경』은 의서인 반면, 『황정경』은 수련서라는 점에 차이가 있습니다. 두 책은 서로 영향을 주고받은 것으로 보입니다. 도가 계통의 사람들 중 의술에 밝은 그룹이 모여 『황제내경』을 쓰고, 수련에 미련이 남은 그룹이 모여 『황정경』을 쓰지 않았을까요?

2
삼단전과 삼보

우리 인체에는 세 군데의 중심이 있습니다. 이것이 삼단전입니다. 삼단전이란 상단전, 중단전, 하단전을 말합니다.

인당은 양미간의 중간이고, 전중은 양 젖꼭지의 중간이며, 단전은 배꼽 아래 4.5센티미터 지점입니다.

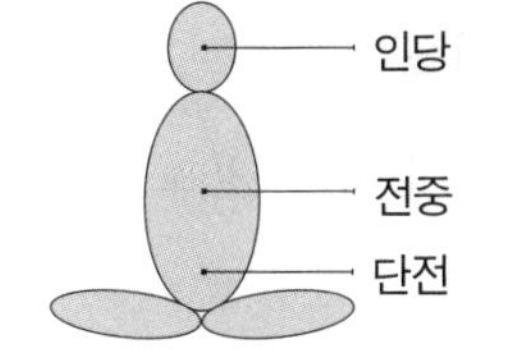

상단전 - 인당 - 영적 중심(뇌의 중앙)
중단전 - 전중 - 심리적 중심(심장의 중앙)
하단전 - 단전 - 생리적 중심(신장의 중앙)

하단전을 신장의 중앙이라고 하는 것은 우리가 공부한 '양신중간兩腎中間'을 말하는 것입니다. 그 곳에 신령한 '일점동기一点動氣'가 있습니다. 우리는 앞서 '신간동기腎間動氣'라고 불렀습니다.

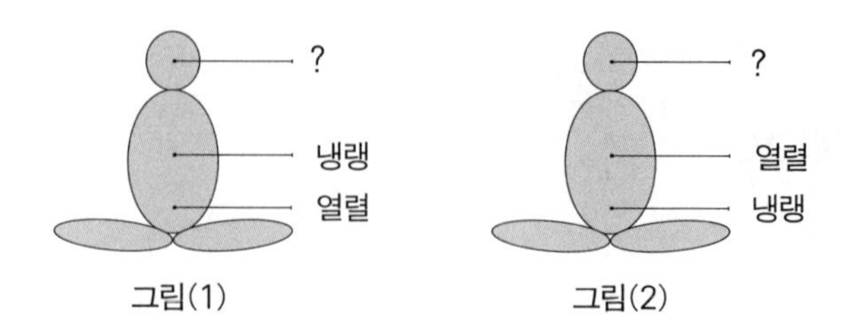

그림(1)은 단전이 뜨겁고, 전중이 서늘한 상태입니다. 이때 이 사람의 인당(뇌)은 어떤 상태일까요? 사람의 기분을 날씨라고 한다면 쾌청일까요, 우중충일까요? 정답은 '쾌청'입니다. 이 사람은 지금 몸의 원자로가 잘 가동되고 있는 것입니다.

그림(2)는 반대로 단전이 차디차고, 전중이 뜨거운 상태입니다. 이때 이 사람의 뇌는 어떨까요? '우중충'할 것입니다. 이 사람은 지금 음양의 조화가 깨진 상태입니다. 화병이 있는 사람과 우울증 환자의 몸 구조가 이 상태입니다.

인생이 행복하려면 그림(1)과 같이 되어야 합니다. 그림(1)이 바로 음양화평지인의 상태입니다. 몸의 수행은 이 상태를 지향하는 것입니다. 단전이 뜨거워야 하는 것이 핵심입니다. 북창 정렴은 『용호비결』에서 이것을 가리켜 이렇게 말합니다.

> 膀胱如火熱(방광여화열)
>
> 兩腎如湯煎(양신여탕전)
>
> 방광이 불에 덴 것처럼 뜨겁고
>
> 두 신장이 탕처럼 펄펄 끓는다

수승화강이 아주 잘 이루어지고 있는 상태입니다. 이래야 가슴이 시원해지고 머리가 맑아지는 것입니다.

단전과 비슷한 것으로 인도의 차크라(chakra)라는 개념이 있습니다. 이 둘을 한 번 비교해봅시다. 차크라는 인도의 요기(yogi)들이 정리한 개념인데, 바퀴라는 뜻을 가지고 있습니다. 에너지가 그 부위에 고여 소용돌이치며 도는 모습이 바퀴와도 같다는 뜻에서 나온 이름입니다.

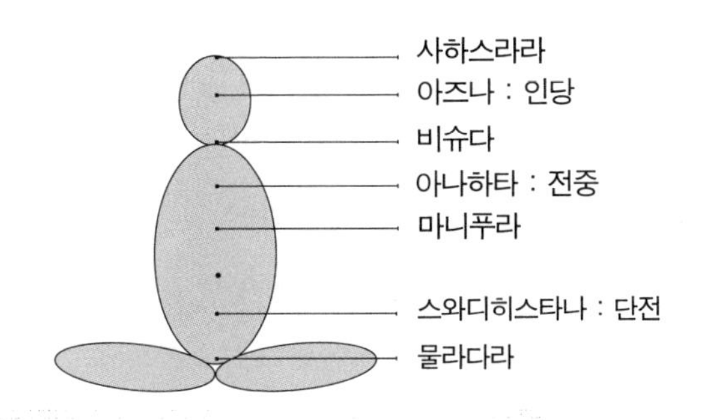

차크라는 일곱 개입니다. 그 옆에는 경혈을 표시한 것입니다. 즉, 아즈나는 인당이고, 아나하타는 전중이며, 스와디히스타나는 단전에 해당합니다. 실은 이 셋이 가장 중요합니다. 이 셋에 관한 설명은 앞서 우리가 삼단전에서 했던 설명이 그대로 해당됩니다. 다만, 인도인들은 우리와 설명방식이 조금 다릅니다.

1)물라다라 차크라(muladhara chakra)

회음會陰입니다. 흔히 뿌리 차크라(root chakra)로 불리는데, 남성의 성기능과 여성의 난소에 영향을 미칩니다. 내분비선으로는 전립선이 여기 해당합니다.

2)스와디히스타나 차크라(swadhistana chakra)

단전입니다. 스와(swa)는 자기 자신을 뜻하고, 아디히스타(adhista)는 거주처란 뜻이므로 스와디히스타나는 '자기 자신의 거주처'라는 의미입니다. 생명이 잉태되는 자궁부위라서 이런 이름이 붙은 듯합니다. 난자와 정자의 생성에 영향을 미치며, 내분비선으로는 생식선이 여기 해당합니다.

3)마니푸라 차크라(manipura chakra)

중완中脘입니다. 마노(mano)는 보석이며, 푸라(pura)는 도시라는 뜻입니다. 그러므로 마니푸라는 '보석의 도시'라는 의미입니다. 태양신경총이 밀집한 곳이고 비장, 위장, 췌장 등에 영향을 미칩니다. 내분비상으로는 부신이 여기 해당합니다.

4)아나하타 차크라(anahata chakra)

전중膻中입니다. 아나하타(anahata)란 끊어지지 않는 상태를 의미한다고 합니다. 끊임없이 고동치는 것이 심장이기 때문에 심장과의 관계에서 이 이름이 지어졌다고 합니다. 그래서 흔히 심장 차크라라고 합니다. 가슴 한복판에 위치하고 있으며 심장, 폐 등에 영향을 미칩니다. 내분비선으로는 흉선이 여기 해당합니다.

5)비슈다 차크라(vishuddha chakra)

천돌天突입니다. 산스크리트어로 슈디(shuddhi)는 정화를 뜻한다고 합니다. 대립하는 감정들을 잘 정화시키는 일을 이 차크라가 합니다.

목 부위에 위치하기 때문에 목 차크라라고 부릅니다. 이 차크라는 감정변화에 민감합니다. 화가 나거나 불안 · 초조하면 감정이 정화가 안 돼 목소리가 나오지 않고 침이 마르는데, 이것이 이 차크라와 관계됩니다. 내분비선으로는 갑상선이 여기 해당합니다.

6)아즈나 차크라(ajna chakra)

인당印堂입니다. 양 미간에 위치하며, 제3의 눈(the third eye) 또는 영안靈眼이라 불립니다. 부처님의 미간백호상이 바로 이것입니다. 투시력, 예지력, 직관력 등이 이 차크라와 관련 있습니다. 내분비선으로 송과체, 뇌하수체가 여기 해당합니다.

7)사하스라라 차크라(sahasrara chakra)

백회百會입니다. 정수리에 위치하며 모든 수행자들이 이르고자 하는 최고의 자리입니다. 일명 크라운 차크라(crown chakra)라고 하며 해탈을 의미하는 자리입니다. 이 차크라가 열리면 머리 주변에 후광後光이 발산된다고 알려져 있습니다. 내분비선으로 송과체가 여기 해당합니다. 송과체 · 뇌하수체는 아즈나와 사하스라라에 공통되는 면이 있습니다.

인도의 차크라 개념은 몸과 관련해 나름 유용한 개념입니다. 다만, 차크라는 너무 몸의 전면에 치우친 감이 있습니다. 도가에서는 몸의 앞뒤 면을 고루 취해 전삼관 · 후삼관을 논합니다. 전삼관은 앞서 말한 삼단전이고, 후삼관은 몸 뒤 쪽의 미려, 옥침, 백회를 말합니다 전삼관, 후삼관을 합치면 여섯 개로 인도의 7차크라와 흡사해집니다.

다만, 도가에서는 임맥(전삼관)과 독맥(후삼관)을 모두 아우르는데 반해, 차크라는 거의 임맥에만 치우쳐 있다는 점이 다릅니다.

삼보

도가에서는 우리 몸에 정精 · 기氣 · 신神 세 가지 보물이 있다고 말합니다. 이것이 도가삼보道家三宝입니다.

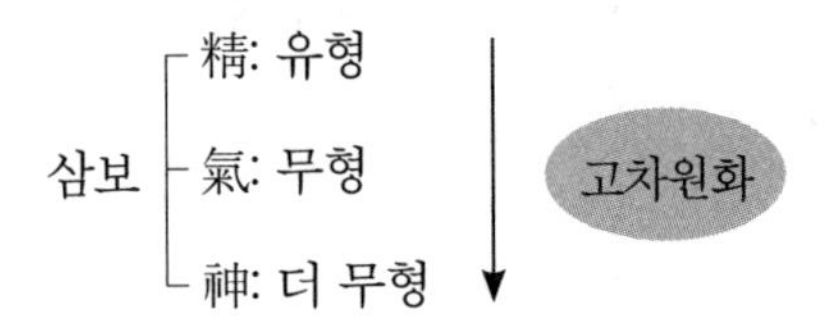

기는 천지만물의 근원입니다. 기는 가만히 있지 않고 제 몸을 늘 변화시킵니다. 같은 하나의 기이지만 기보다 물질적인 형태를 띨 때에는 정이라 하고, 기보다 정신적인 형태를 띨 때에는 신이라 합니다. 이것들은 하나이면서 셋이고, 셋이면서 하나입니다. 도서에 보면,

> 精能生氣 氣能生神(정능생기 기능생신)
> 정精은 능히 기氣를 낳고 기氣는 능히 신神을 낳는다

라고 되어있습니다. 정이 기가 되고, 기가 신이 되는 연금술의 3단계를 표현한 것입니다. 거칠었던 기가 점차 고차원화 되며 영묘해지는 것입니다.

삼단전과 삼보의 관계

앞서 본 삼보는 삼단전과 정확히 1대1 대응을 이룹니다.

하단전 – 정(精)

중단전 – 기(氣)

상단전 – 신(神)

기가 하단전에 가있을 때에는 보다 물질적 · 생리적 형태를 띱니다. 이것을 정이라 합니다. 기가 중단전, 가슴 부위에 가득하면 보다 심리적 · 정서적 형태를 띠게 됩니다. 이것이 기입니다. '기분氣分이 좋다', '심기心氣가 불편하다'는 말들이 이 기氣를 뜻합니다. 기가 상단전, 뇌에 가있을 때에는 보다 영적 · 정신적 형태를 띠게 됩니다. 이것을 신神이라 합니다. 여기서 신은 조물주, 절대자가 아닌 영묘하고 신령하다는 뜻을 가집니다.

『황정경』의 저자들은 처음부터 이러한 연결을 염두에 두고 단전을 7단전(7차크라)으로 하지 않고 3단전으로 한 것으로 보입니다. 인도인들처럼 7차크라 개념을 받아들였다면 삼단전과 삼보의 절묘한 결합을 찾아낼 수는 없었을 것입니다. 『황정경』은 7단전의 개념을 필요로 하지 않습니다. 『황정경』은 3단전만을 취합니다. 그리고 이 3단전을 각각 정 · 기 · 신에 연결시켰습니다.

이렇게 정 · 기 · 신이 제 들어갈 자리를 찾자 그 이후부터 동양의학은 몸에 관한 설명이 안정적으로 틀이 잡혀 단순하고 명쾌하게 진행되었습니다. 도가는 항상 모든 것을 우주와의 연결 속에서 생각하는 사람들입니다. 그들은 인간의 몸도 우주와의 연결 속에서 생각합니다. 정 · 기 · 신이라는 것이 바로 그것입니다.

서양의학은 인간의 몸을 우주적으로 사고하지 못합니다. 그들이 볼 때 인체는 다만 물질 덩어리일 뿐입니다. 하지만 우주는 물질의 층, 에너지의 층, 의식의 층 3중으로 이루어져 있습니다. 이 세 가지 층을 아우르지 못하면 그 의학 이론은 반토막짜리에 불과합니다. 정기신의 관점에서 보면 물질의 층이 정이고, 에너지의 층이 기이며, 의식의 층이 신입니다.

동양의학의 정기신은 우주 전체를 포섭하고 아우르는 것입니다. 이렇게 함으로써 몸을 몸으로만 보지 않고 생명의 본질에서 바라보고 치유의 대도를 찾으려 하는 것입니다.

3
정(精), 몸의 근본

정은 몸의 근본이다

『황제내경』을 보면 이런 말이 있습니다.

> 남녀가 만나 교합하여 사람의 형체를 이루는데, 항상 몸이 생기기 전에 먼저 생기는 것이 정精이다.
>
> 그러므로 정은 몸의 근본이다(精者 身之本也).

정이 있어야 그 다음에 몸身이 있습니다. 정이 없으면 몸도 없습니다. 그러므로 정精이 몸의 근본입니다.

> 五穀之津液(오곡지진액)
>
> 和合而爲膏(화합이위고)
>
> 滲入於骨空(삼입어골공)
>
> 補益於髓腦(보익어수뇌)

오곡에서 나온 진액이

조화롭게 합해져 기름덩어리처럼 되는데

이것이 몸 안의 뼈 속 빈 곳으로 스며들어가

골수(髓)와 뇌(腦)를 보하고 채워준다

'오곡에서 나온 진액'(五穀之津液)이 정精입니다. '조화롭게 합해져 기름덩어리처럼 된 것'(和合而爲膏)도 정입니다. 이 정이 마치 삼투압작용을 하듯 우리 뼈 속 빈 곳으로 스며드는 것입니다. 그래서 가깝게는 뼈 속의 골수를 채우고 멀게는 머릿속의 뇌를 채우는 것입니다. 이것이 정精이 행하는 일입니다.

정은 두 방향으로 움직입니다. 상행할 수도 있고 하행할 수도 있습니다. 정이 하행하면 음부에 이르러 정액을 채우고, 상행하면 뇌에 이르러 뇌수를 채웁니다. 만약 이때 하행이 과도하면 뼈 속이 비게 됩니다.

여기서 '수髓'라는 것은 골수(marrow)를 말하는 것입니다. 골수는 뼈를 채우는 것입니다. 그래서 골수 수髓 자 안에 뼈 골骨 자가 있는 것입니다. 골수(髓)가 가장 많이 모인 곳은 다름 아닌 뇌(腦)입니다. 『내경』은 이렇게 말합니다.

髓者 骨之充(수자 골지충)

腦者 髓海也(뇌자 수해야)

골수라는 것은 뼈를 채우는 것이요,

뇌라는 것은 골수의 바다이니라.

놀라운 말입니다. 『내경』은 이미 척추 속에 들어있는 골수(髓)와 뇌 속에 들어있는 뇌수(髓)가 같은 것임을 알았습니다. 서양의학이 뼈 속에 차있는 물질과 뇌 속에 차있는 물질이 동일하다는 것을 알게 된 것은 근대의 일입니다. 그런데 『내경』은 그 옛날에 이미 인간의 뇌가 뼈를 채우는 골수로 가득 차있다고 말하고 있습니다. 몸을 완전히 꿰뚫고 있는 것입니다. 머리에 차있는 뇌수가 부족하면 머리만 아픈 것이 아니라 온 몸의 뼈마디가 쑤시고 아픈 것입니다. 『내경』은 이렇게 말합니다.

> 腦髓不足時(뇌수부족시)
> 腦轉而耳鳴(뇌전이이명)
> 腰痛而脛痠(요통이경산)
> 뇌수가 부족하게 되면
> 머리가 도는 것 같고 귀가 울리며,
> 허리에 요통이 오고 정강이뼈가 시큰거린다.

쌀과 푸를 청(靑)

정은 다른 곳에서 오는 것이 아닙니다. 우리가 매일 먹는 음식이 정이 됩니다.

정精 자를 보면, 쌀 미米 자와 푸를 청靑 자가 합쳐져 있습니다. '쌀'

이란 곡식을 뜻하는 것이고, '청靑'이란 청년을 뜻하는 것입니다. 정의 반대가 조입니다. 찌꺼기라는 뜻을 지닌 조粗 자는 쌀 미米에 할아비 조且 자를 합한 것입니다. 정은 곡식에서 나오는 청년이고 조는 곡식에서 나오는 노년입니다.

고서에 보면 이렇게 말합니다.

精者極好之稱(정자극호지칭)

最貴而甚少也(최귀이심소야)

通有一升六合(통유일승육홉)

정이란 가장 좋은 것을 지칭하는 것이다.

사람의 정은 최고로 귀한 것이지만 그 양은 매우 적어서,

다 합해야 모두 한 되 여섯 홉(1.6리터)이 된다.

-『양성서』

정은 이렇게 귀한 것이므로 함부로 써서는 안 됩니다. 이는 보배와도 같으니 마땅히 비밀스럽게 잘 지녀야 합니다. 『동의보감』에 이런 인용구가 있습니다.

施人則生人(시인즉생인)

留己則生己(유기즉생기)

정이란 다른 사람에게 베풀면 사람을 낳고

나에게 머무르게 하면 나를 살린다

기(氣), 우주의 생명에너지

기는 생명에너지의 근원이다.

『황제내경』은 우주의 근본을 기로 보며, 이 기가 우리 몸 안에 들어와 생명에너지의 근원이 된다고 봅니다. 특히, 이 기가 두 신장 사이에 잠복해 있기 때문에 그 기에 특별한 이름을 붙여 '신간동기'라 부릅니다. 이 신간동기가 움직이면 산 사람이고, 움직이지 않으면 죽은 사람입니다.

'신간동기'에 대해서는 이미 공부했지만 간단히 복습해보도록 하겠습니다. 『황제내경』에 쓰인 신간동기는 '오장육부의 근본이고, 십이경락의 뿌리이고, 호흡의 문이며, 사기를 물리치는 신'입니다. 즉, 생명의 핵심이라는 소리입니다. 또 고서에서 말하기를 '양신 중간의 하얀 막 안에 일점동기(한 점의 움직이는 기운)가 있는데, 그 크기가 마치 젓가락 머리만하다'고 되어있습니다.

쌀과 기운 기(氣)

기氣 자나 정精 자나 모두 쌀 미米 자를 품고 있습니다. 고대인들이 수렵 · 채취 생활을 끝내고 쌀을 발견했을 때의 안도감과 환호성이 글자 속에 배어있는 듯합니다. 기는 정에서 한 단계 더 나아간 것입니다.

기氣 자는 쌀 미米 자와 기운 기气 자가 합해진 것입니다. 기(气)라

는 것은 원래 뭉게뭉게 피어오르는 구름의 기운을 상징하는 글자입니다. 즉, 정과 달리 기는 수증기처럼 한 번 쪄서 증류됐을 때 나오는, 보다 미묘한 것이라 하겠습니다. 정은 형체가 있지만, 기는 형체가 없습니다. 정은 액체 상태이고 기는 기체 상태입니다.

도가양생술에서 생각하는 최고의 몸 상태란 정 · 기 · 신 삼자가 왕성한 것을 가리킵니다. 정이 왕성한 것을 '정충'(精充, 정이 충만함)이라 하고, 기가 왕성한 것을 '기장'(氣壯, 기가 장함)이라 하며, 신이 왕성한 것을 '신왕神旺'이라 합니다.

하단전 - 정충(精充)

중단전 - 기장(氣壯)

상단전 - 신왕(神旺)

'신왕'이 되지 않으면 우울증이 생깁니다. 신왕이란 결국 정보처리 능력이 왕성하다는 뜻입니다. 이와 반대되는 것이 우울증인데 우울증은 자기한테 밀려드는 어떤 정보들(특히 기분 나쁜 정보)에 대한 처리 능력이 떨어지는 것을 말합니다. 고서에 보면 이렇게 되어있습니다.

精充則氣壯(정충즉기장)

氣壯則神旺(기장즉신왕)

정이 충만하면 기가 왕성하고

기가 왕성하면 신이 왕성하다

셋은 이렇게 단계적으로 연결되어 있는 것입니다. 정충 · 기장 · 신왕 이것이 우리 공부의 지향점입니다. 『동의보감』의 인용구에는 이런 것도 있습니다.

> 정충 · 기장 · 신왕에 이르게 되면 속으로는 오장이 널리 번성하고, 겉으로는 피부가 윤택하고, 얼굴에서는 광채가 나며, 눈과 귀가 총명하고, 늙어서는 더욱 건강하다.
>
> – 『동의보감』, 내경 편

신(神), 정신활동의 총체

신은 가장 영묘한 기운을 이르는 말이다.

그리스 신화에서 제우스가 번개를 날리는 장면이 자주 나오는데, 신적神的인 것은 동서양 모두 번개와 관련이 있습니다. 번개란 이 우주에서 가장 빠른 것이기 때문입니다.

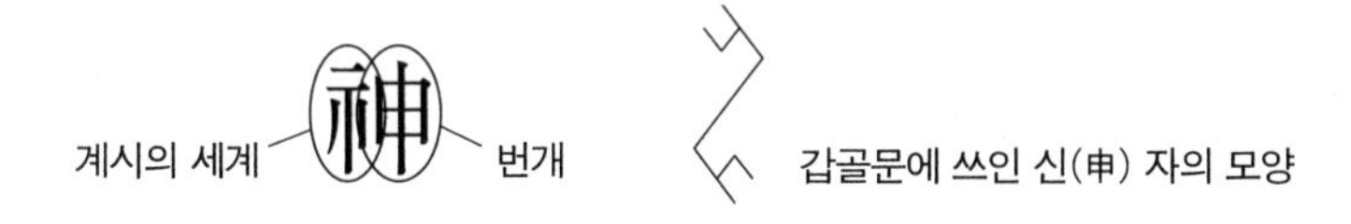

신령할 신神 자는 보일 시示 자와 납 신申 자가 합해진 글자입니다. 갑골문을 보면 보일 시示는 하늘에 제사지내는 제단을 표시한 것으로 나타나 있습니다. 신申 자는 잔나비 신자로 알려져 있지만 갑골문을 보면, 원숭이와는 아무런 관계가 없습니다.

자못 기이한 모습이기도 한 이 글자는 '번개'를 형상화한 것입니다. 영적인 세계, 계시의 세계에 접촉하기 위해서는 번개 같은 빠른 것이 필요합니다. 번개는 순식간에 번쩍하는 것입니다. 우리 인간에게서 번개와 가장 비슷한 것은 정신精神입니다. 정신이 바로 신神입니다.

신은 안정시키는 것이 중요하다.

『황정경黃庭經』에 보면 신에 대해 이런 구절이 나옵니다.

> 泥丸百節皆有神(이환백절개유신)
>
> 뇌(이환) 백 마디 모두에 신이 있다

여기서 말하는 신은 흰 수염이 길게 난 신을 말하는 것이 아니고 '신명神明이 머무른다'는 뜻입니다. '신명'이란 인간이 지닌 고도의 정신활동의 총체를 의미하는 것입니다. 이것이 인간의 모든 지적 활동을 처리합니다. 이것은 일을 순식간에 처리합니다. 아주 신령스럽고 밝습니다. 불가에서는 이것을 '원광명청정체元光明淸淨体'라 부릅니다. 『능엄경』 등에서 쓰는 용어입니다. '원광명청정체'나 '신'이나 똑같은 뜻입니다.

신은 무엇보다 안정시키는 것이 중요합니다. 이를 '안신安神'이라 합니다. 우황청심원 같은 약들이 다 '안신'을 위한 약들입니다.

우리 마음속에서 '안신'을 방해하는 것들이 바로 '칠정'입니다. 칠정이 동요하면 심이 요동치고, 심이 요동치면 신명과 통할 수 없게 됩니다. 이렇게 되면 결국 판단 혼미가 옵니다. 그래서 신을 안정시키는 것이 그만큼 중요한 것입니다. 이런 연유로 고서에서도 이렇게 일렀습니다.

心靜而通於神明(심정이통어신명)

事未發而先知也(사미발이선지야)

마음이 고요해지면 신명과 통하게 되어

일이 일어나기도 전에 미리 안다

정·기·신 3자의 관계

초에 불이 타오르니 온 세상에 환한 빛이 퍼집니다. 정은 초(fuel)와 같습니다. 기는 불꽃(flame)과 같습니다. 신은 빛(light)과 같습니다. 초가 다 타면 불꽃이 사그라지고 빛도 소멸합니다. 초가 충분하면 불꽃도 크고 빛도 더욱 환합니다. 그러니 초를 아껴야 합니다. 고서에 이런 말이 있습니다.

一度火滅(일도화멸)

一度增油(일도증유)

한 번 불길을 끄면

한 번 기름을 아끼는 것과 같다.

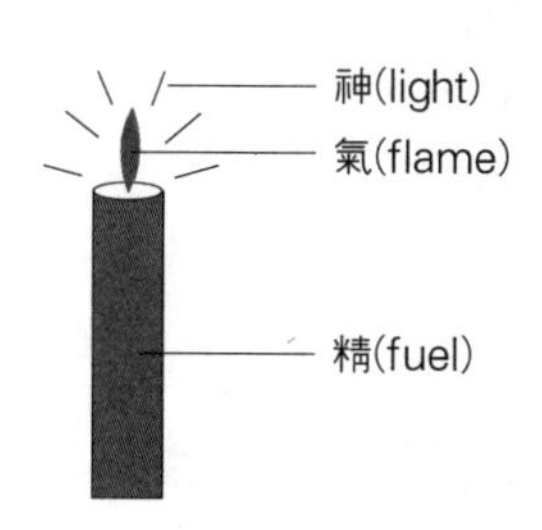

여기서 말하는 불길은 성적인 불길을 의미하는 것입니다.

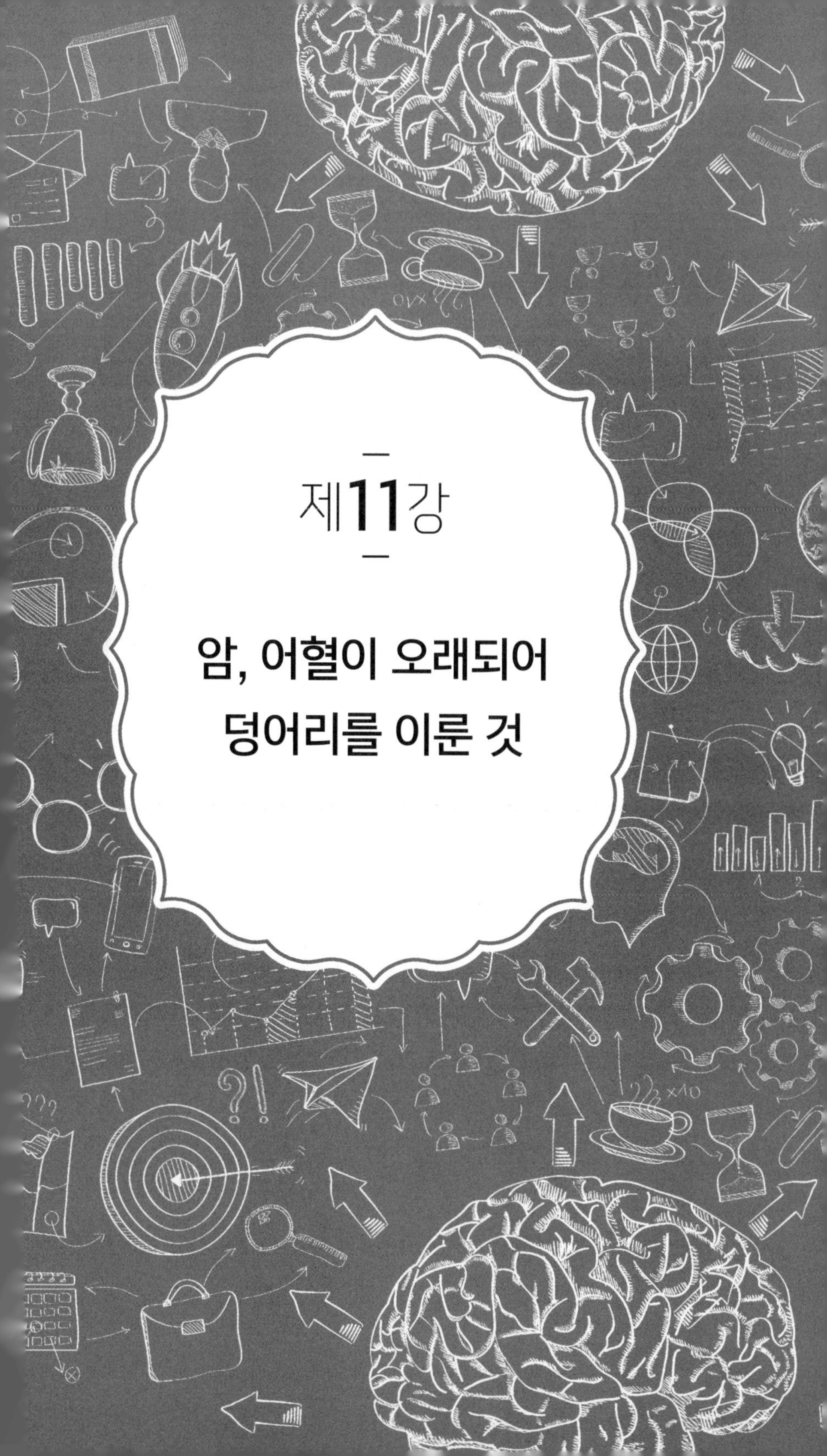

제11강

암, 어혈이 오래되어 덩어리를 이룬 것

1
암의 천적, 면역력

드디어 암癌에 대해 공부할 차례입니다. 몸 공부를 하는데 암을 피해갈 수는 없습니다. 암을 이기기 위해서는 암에 대한 정확한 이해가 필요합니다. 암을 정확하게 이해하려면 다시 『황제내경』의 질병 4단계론으로 돌아가야 합니다.

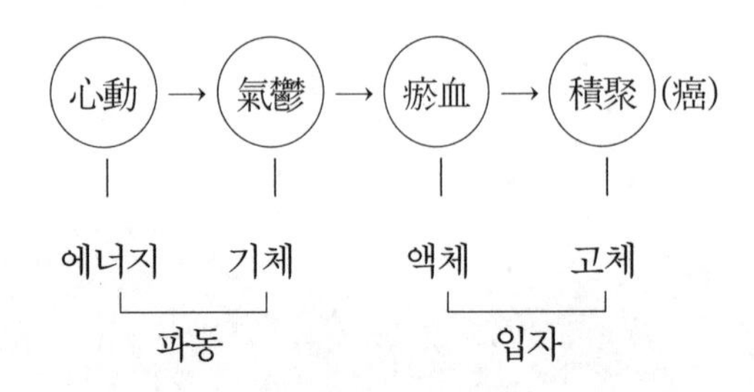

이제는 '심기혈병心氣血病 4단계론'에 익숙해졌을 것입니다. 황제의 질병관은 여기에 고스란히 들어있습니다. 평소에도 늘 이 도표를 염두에 두고 몸과 마음을 점검하면 건강에 많은 도움이 될 것입니다. 스트레스가 발생하면 맨 먼저 마음(心)에 동요가 생깁니다. 마음에 동요가 생기면 기氣에 울결이 옵니다. 잘 흐르던 기가 답답하게 꽉 막히는 현상입니다. 기에 울결이 오면 그 다음은 피(血)가 탁해지면서 엉키기 시작합니다. 이것이 어혈瘀血입니다. 어혈은 일종의 죽은피입니다.

이 어혈에서 만병이 옵니다. 한의학에서는 이를 두고 '백병필어(百病必瘀, 백병이 필시 어혈에서 온다)'라고 합니다. 황제는 '백병생어기百病生於氣'라고 말해 한 단계 앞선 기의 단계에서 병의 조짐을 논합니다. 한의사들은 어혈단계에 와야 치료가 가능하니까 이렇게 보는 것입니다. 그런데 어혈단계에서까지 오래 방치하면 큰 덩어리가 생깁니다. 이것이 이른바 '구어성괴(久瘀成塊, 어혈이 오래되어 덩어리가 된다)'입니다. 말하자면 좋지 않은 덩어리 무리들이 몸 안에서 세력을 형성하는 단계입니다. 이 중 가장 나쁜 놈이 바로 적취積聚, 암癌입니다.

적취란 말 그대로 무언가 잔뜩 쌓이고(積) 모여(聚) 덩어리 진 것입니다. 암이란 글자도 유심히 보면 병을 뜻하는 병질 엄(疒)에, 덩어리 같은 것이 세 개나 모여 있는데(品), 그것들이 결국 산(山)을 이룹니다. 적취와 암은 글자만 봐도 나쁜 놈인 줄 쉽게 알 수 있습니다. 옛 사람들은 암을 적취라고 불렀습니다. 매우 정확한 이름이라 하겠습니다. 글자 그대로 적積을 녹이고, 취聚를 흐트러뜨리는 것이 암을 이기는 길입니다.

우리 몸은 건강할 때에는 '에너지화' 상태에 머물지만, 병들면 '물질화' 상태로 급격히 기울어집니다. 이것이 건강할 때에는 몸이 가볍지만, 병이 나면 몸이 무거워지는 이유입니다.

심-기-혈-병 4단계는 에너지-기체-액체-고체의 4단계로 이어집니다. 심기心氣는 에너지이고, 혈병血病은 물질입니다. 에너지가 맑고 깨끗하면 물질도 에너지를 따라 맑고 깨끗해집니다. 에너지가 탁하고 더러우면 물질도 탁하고 더러워집니다. 에너지가 물질을 좌우하는 것이며 파동이 입자를 결정하는 것입니다. 요즘 서구에서 각광받는 '양자의학'도 바로 이런 것입니다. 양자의학은 서구의 최신 의학이지만, 사실 2,000년 전 황제내경적 질병관을 이제 따르기 시작한 것에 불과합니다. 양자의학적 관점에서 본다면, 우리 몸 안에서 이루어지고 있는 일은 '에너지가 물질을 재조직한다'는 것입니다. 이것이 바로 『황제내경』이 말하는 심기혈병 4단계론입니다. 에너지를 충만하게 하면 모든 병을 물리칠 수 있지만, 에너지가 허약해지면 언제든 병들 수 있는 것입니다.

정기신이 허약해져서 몸에 병이 났는데 하필 가장 나쁜 병인 암에 걸렸습니다. 이 암은 대체 어떤 놈일까요? 암은 심기혈병 4단계 중 맨 마지막에 나타나는 놈으로써 고체固体입니다. 몸 안에 이상한 고체가 생겨나니까 좀 더 빨리 발견할 수 있을 것 같은데 현실은 전혀 그렇지 않습니다. 21세기 최첨단 의료기기인 MRI나 CT가 이 덩어리를 처음 발견하는 때가 직경 10밀리미터일 때입니다. 운 좋으면 5밀리미터일 때 발견되는 사람도 있지만 그것은 간혹 있는 일입니다. 그럼 지금부터 이 '10밀리미터'라는 말의 진정한 의미를 세 가지 질문에 답을 하며 알아보도록 하겠습니다.

1개의 암세포가 직경 10밀리미터 종양으로 자라는데 걸리는 시간은 얼마일까요? '10년'입니다. 앞에서도 잠시 언급했습니다. 엄마 뱃속에서는 단 한 개의 세포가 3킬로그램의 신생아로 자라는 데 불과 10개월밖에 걸리지 않지만, 암세포는 겨우 10밀리미터 자라는데 무려 10년이라는 세월이 걸립니다. 정말 긴 세월입니다. 이 엄청난 시간동안 우리를 무엇을 했을까요? 매일 밤, 도둑이 집에 들어와 살림을 털어 가는데 대체 주인이라는 사람은 10년간 무엇을 하고 있었던 것일까요? 좀 바빴다고요? 그런데 그렇게 바쁜 것을 암이 알아주지 못해서 어쩌지요? 요컨대, 암은 만성질환 중의 만성질환입니다. 일단 발견됐다 하면 최소 10년 내공 베테랑이라 생각하면 됩니다. 그 어떤 암도 결코 '조기암'이라는 단어와는 어울리지 않습니다.

10밀리미터 종양은 몇 개의 암세포가 모여 만들어진 것일까요? 10만 개라고 하면 어떻습니까? 너무 많아서 감이 잘 안 옵니까? 그런데 이정도로는 턱도 없습니다. 고작 10밀리미터에 자그마치 '10억 개'입니다. 군대로 치면 어마어마한 병력입니다.

1개의 암세포가 10억 개까지 불어나는데 필요한 세포분열횟수는 얼마나 될까요? 약 30회입니다. 세포는 2^n으로 분열합니다. 여기서 30회는 2^{30}을 말하는 것입니다. 2^{30}이 곧 10억입니다.

'10(밀리미터), 10(년), 10(억)' 10이라는 숫자가 공교롭게도 세 번 등장했습니다. 별로 기분 좋은 현상은 아닌 것 같습니다. 암이 참 나쁜 녀석 같은데 다르게 생각하면 꼭 그런 것만도 아닌 것 같습니다.

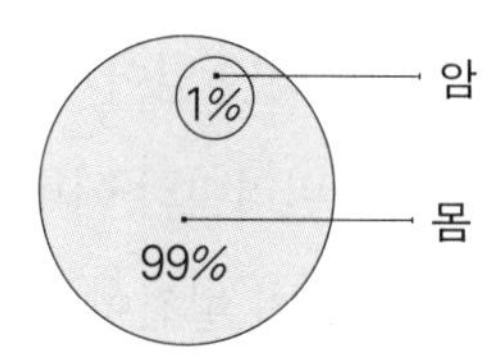

암과 몸이 있습니다. 암보다 나쁜 놈은 몸입니다. 암은 사실 피해자

입니다. 몸이 잘못했기 때문에 암이 생겨난 것입니다. 잘못은 몸이 저질렀는데, 암이 십자가를 지는 형국입니다. 비난을 받아야 할 것은 암이 아니라 오히려 몸입니다. 이런 상황에서는 몸이 무릎 꿇고 암한테 싹싹 빌어야 합니다. 그러면 암이 빨리 낫습니다.

아까 10억 개로 돌아가 봅시다. 암세포가 10억 개에 도달했습니다. 여기부터가 더 문제입니다. 10억 개가 되고 나면 그 다음부터는 걷잡을 수가 없게 됩니다. 10억 개에서 세포분열을 하면 20억, 40억, 80억, 160억 이렇게 기하급수적으로 불어납니다. 암 종양이 10밀리미터가 되는데 10년이나 걸리지만, 그 2배인 20밀리미터가 되는 데는 불과 1년밖에 걸리지 않습니다. 직경 10밀리미터가 되려면 세포분열도 30회나 해야 했지만 직경 20밀리미터가 되는 것은 불과 3회면 됩니다. 10억 개가 3회 세포분열을 하면 직경이 2배가 되고 세포 수는 80억 개로 늘어납니다.

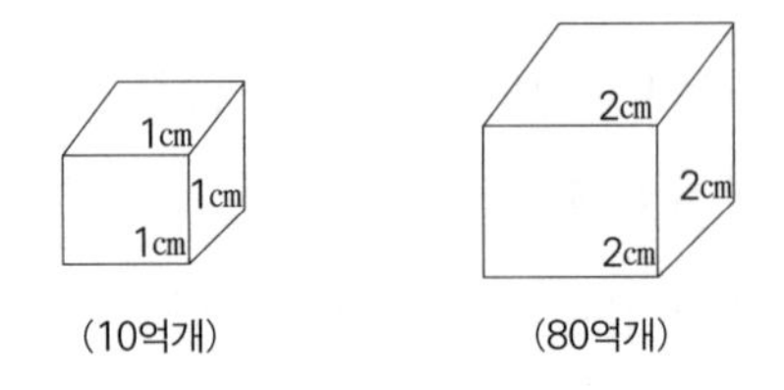

(10억개) (80억개)

암 덩어리의 직경이 20밀리미터가 넘어가면 위험하다는 것이 의사들의 말입니다. 그래서 통상 20밀리미터 이내를 '조기암'이라 부릅니다. 그러면서 하는 말이 '암은 조기 발견이 중요하다'고 합니다. 이것이 맞는 말일까요? 현대의학은 '암을 조기에 발견하면 이길 수 있다'고 말하는데, 이것은 모두 거짓말입니다. 괜히 조기 발견했다가 과다

한 침습적 수술과 항암제 투여로 사람이 사망에 이를 수도 있습니다. 현대 암치료의 황당한 결과는 '병은 나았는데 환자는 죽어버렸다'는 것입니다. 왜 이런 일이 생길까요? 항암제는 독약 중의 독약이기 때문입니다. 성한 사람도 이거 먹으면 죽습니다. 항암제 치료 중의 사망은 독성사라는 것이 의사 본인들도 인정하는 사실입니다.

– 『암으로 죽지 않고 독성으로 죽는다』, 마군, 버들미디어, 32쪽

방사능이라는 것은 원자폭탄이 터질 때 나오는 것입니다. 때문에 방사능 치료라는 것은 엄밀히 따지면 사람에게 원자폭탄을 쏘는 것과 같은 것입니다. 이렇게 살상용 무기를 무차별적으로 사용하는데 과연 어떤 생명이 살 수 있겠습니까?

우리가 공부했던 것을 다시 떠올려봅시다.

善治者 治皮毛(선치자 치피모)

其次 治肌肉(기차 치기육)

其次 治筋脈(기차 치근맥)

其次 治六府(기차 치육부)

其次 治五臟(기차 치오장)

治五臟者 半生半死(치오장자 반생반사)

가장 잘 치료하는 자는 피모(피부와 털)에서 치료하고

그 다음은 기육(살)에서 치료하고

그 다음은 근맥(근육과 혈맥)에서 치료하고

그 다음은 육부에서 치료하고

그 다음은 오장에서 치료하는데
오장에 와서 치료하면
반은 살고 반은 죽는다.

황제의 말입니다. 앞 단계에서 치료해야 삽니다. 뒤 단계로 오면 치료해도 살기 어렵습니다. 오죽하면 황제가 '치오장자 반생반사治五臟者 半生半死'라 하겠습니까? 암이 생겼다는 것은 이미 병이 오장육부를 점령했다는 뜻입니다. 그러므로 암의 발견은 아무리 조기라도 조기가 될 수 없는 것입니다. 사람을 살리는 것은 '조기발견'이 아니라 '면역력'을 높이는 것입니다. 이것이 암에 대한 진정한 해결책입니다. 면역력만 강화되면 암은 자연히 소멸하고, 면역력이 약화되면 암이 자연히 달라붙는 것입니다. 면역력이 핵심입니다. 면역력을 높이는 것, 그것이 바로 우리가 앞서 공부한 '정기신'입니다. 정충 · 기장 · 신왕, 이것이 바로 면역력의 핵심입니다.

암세포와 줄기세포

세포에 대해 좀 더 공부해봅시다. 우리 몸의 세포는 무한히 분열하는 것이 아닙니다. 분열횟수에는 한계가 있습니다. 조물주가 그렇게 정해놓은 것입니다. 무한히 분열하면 노화도 오지 않고 참 좋을 텐데 말입니다. 세포분열의 한계치는 통상 약 50회라 합니다. 이렇게 세포 복제에 한계가 생기는 이유는 무엇일까요? 과학자들은 염색체 끝부분에 있는 완충장치(telomere)가 손실되기 때문이라 봅니다. 위험방지

용으로 달아놓은 자동차의 범퍼 같은 것입니다. 완충장치가 다 닳아 없어지면 위험해지니까 그 순간 세포분열을 멈춘다는 것입니다. 그렇게 되기까지의 분열횟수가 약 50회라는 것입니다.

우리 몸 안에서 세포복제가 일어날 때마다 DNA는 조금씩 손상됩니다. 쓰는데도 손상되지 않는 물건은 이 우주에 하나도 없습니다. 그런데 DNA에는 자연의 1급비밀이 인쇄되어 있어서 이것이 손상되면 다른 종자가 복제되어서 큰 문제가 일어날 수 있습니다. 손상되면 안 될 것이 손상됨으로 발생하게 될 문제점을 해결하기 위해 아예 그 자리에 자동차 범퍼 같은 소모품을 배치하는 것입니다. 그것이 바로 완충장치, '텔로미어'입니다. 텔로미어는 아무런 유전정보가 쓰여있지 않은 일종의 백지 같은 것입니다.

하나의 세포가 50회 세포복제를 하고 나면 염색체 끝부분에 붙어 있던 텔로미어가 바닥나고, 그때부터 DNA가 손상을 입을 차례가 되는 것입니다. 그러면 손상된 DNA가 복제되는 위험천만한 상황이 발생합니다. 예를 들면, DNA 상 '홍길동'이란 유전정보가 복제되어야 하는데 끝부분이 손상되어 '홍길순'이 복제되면 어떻게 되겠습니까? 여기서 까딱 잘못하면 트랜스젠더가 나오지 않겠습니까? 얼추 이러한 문제가 생기는 것입니다. 그래서 영특한 우리 몸은 이 순간이 오면 세포분열을 딱 멈춰버립니다. 즉, 몸이 스스로를 보호하는 것입니다. 여기까지가 세포분열에 관한 일반론입니다.

– 『아파야 산다』, 샤론 모알렘, 김영사, 232쪽

그러나 이러한 세포분열의 한계가 작동하지 않는 두 가지 경우가 있습니다. 첫째는 암세포이고 둘째는 줄기세포입니다. 전자는 가장 나쁜 놈이고 후자는 가장 좋은 놈입니다. 이 둘은 불멸의 존재입니다. 암세포는 무한 증식 · 무한 분열을 합니다. 보통 세포는 통상 50회 정도만 분열하고 멈추는데, 암세포는 멈출 줄을 모릅니다. 통제 불능인 브레이크 없는 스포츠카와 같습니다. 이에 반해 줄기세포는 정반대 방향에 있습니다. 줄기세포는 분열이 아니라 통합으로 갑니다. 세포 발생론에서는 역분화라고 합니다. 자연의 흐름을 거슬러 진화의 흐름을 역방향으로 돌려놓는 것입니다. 줄기세포는 암세포도 이길 수 있습니다.

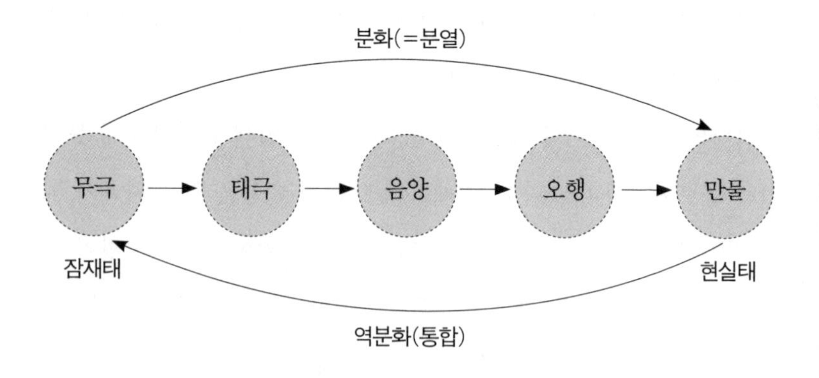

이 우주는 무극에서 시작해서 태극 · 음양 · 오행을 거쳐 마침내 만물로 분화되는 에너지의 자기전개과정입니다. 무극은 '에너지 상태'로서 무엇이든지 될 수 있는 무한의 가능태이고 잠재태입니다. 이 단계를 장자는 '물지초物之初'라 불렀습니다. 여기서는 장자가 나비가 되고 나비가 장자가 될 수 있습니다. 이에 반해 반대편인 만물은 '고체 상태'로, 이미 무엇인가로 결정되고 확정된 현실태입니다.

학자들은 만물의 번지수를 이미 다 분류해놓았습니다. 종 · 속 · 과 · 목 · 강 · 문 · 계가 그것입니다. 가령, 우리 인간이란 종은 척추동물문 포유강에 속하고, 나비라는 종은 절지동물문 곤충강에 속합니다. 그러므로 여기서 장자는 장자이고 나비는 나비일 뿐 결코 물物과 물物이 서로를 넘나들 수 없습니다. 이것이 무극과 만물 사이를 오고 가는 우주 전체의 분화와 역분화의 기본 틀입니다.

분화(분열)에는 두 가지가 있습니다. 하나는 몸에서 일어나는 세포분열, 다른 하나는 마음에서 일어나는 정신분열입니다.

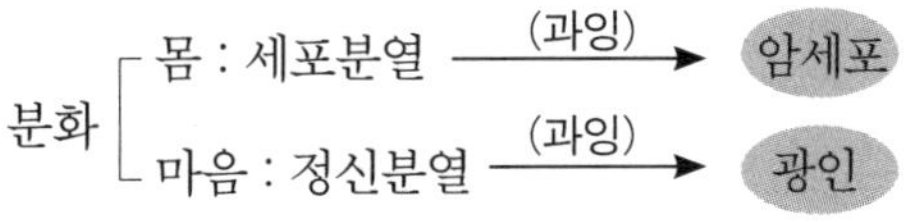

분화
- 몸 : 세포분열 —(과잉)→ 암세포
- 마음 : 정신분열 —(과잉)→ 광인

세포분열이 일정한 한계에서 멈추지 않고 과잉되면 그것이 암세포이고, 마음이 일정한 한계에서 멈추지 못하고 과잉 분열되면 그것이 광인입니다. 과도한 분열은 위험한 것입니다. 그것은 생명에너지를 소진시키기 때문입니다. 그러므로 이것을 바로잡을 역분화가 필요합니다. 다윈(Darwin)은 진화, 즉 분화에 많은 관심을 기울인 사람이지만 노자 · 장자는 반대로 진화로는 결코 설명할 수 없는, 역분화에 관심을 기울였습니다. 역분화란 결국 만물의 초기상태로 돌아가는 것입니다.

역분화(통합)에도 두 가지가 있습니다. 하나는 몸에서 일어나는 세포의 초기이고, 다른 하나는 의식에서 일어나는 마음의 초기입니다. 세포의 초기를 '줄기세포'라 부르고, 마음의 초기를 '무념무상無念無

想'이라 부릅니다.

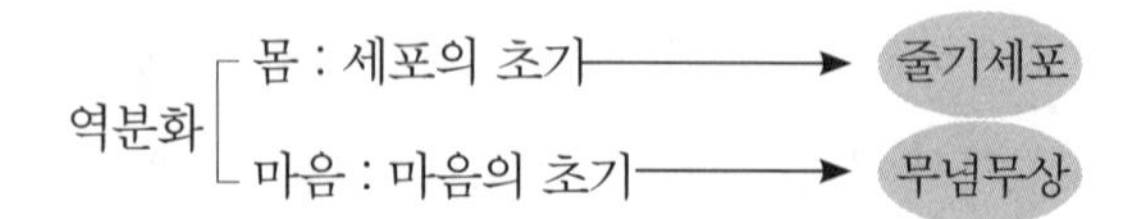

줄기세포나 무념무상은 둘 다 같은 경지에서 일어나는 것입니다. 둘 모두 개체로서의 극極이 없어진 상태입니다. 말하자면 일종의 무극無極입니다. 줄기세포는 불로장생을 추구하는 황제의 길이고, 무념무상은 도를 추구하는 노자의 길입니다. 이 둘은 다른 것이 아닙니다. 둘 다 물과 물 사이의 경계가 녹아 없어진 이른바 '무경계無境界'의 상태입니다. 무경계란 동양철학의 핵심과도 같은 것입니다. 모든 존재는 자아라는 경계를 넘어섰을 때 비로소 불가사의한 영역에 도달하게 됩니다. 이것이 노자가 말하는 '현지우현玄之又玄'의 경지이며, 장자가 말하는 '만물제동萬物齊同'의 경지입니다.

이 점이 또한 서양철학과의 차이점이기도 합니다. 서양철학은 아직도 어떤 '경계'에 머물러 있습니다. 그들은 여전히 자아에 집착하고 물 자체에 집착하고 있습니다. 플라톤의 이데아론이나 칸트의 물자체론은 둘 다 여전히 개체의 경계 안에 머물러있는 이론들입니다. 이에 반해 동양철학은 모두 역분화를 지향합니다. 그래야 참된 생명의 근원으로 돌아갈 수 있기 때문입니다. 이것이 명상이며 심재 · 좌망입니다.

2
명상,
역분화의 예술

명상(심재 · 좌망)은 인류의 위대한 스승들이 발견한 역분화의 예술입니다. 부처, 노자, 장자는 그 역분화의 끝에서 큰 깨달음을 얻고 일체만물이 하나임을 설파했던 것입니다. 명상은 대체 얼마나 특별한 것일까요? 우리 같은 평범한 사람들도 도달할 수 있을까요? 어떤 사람들은 명상이 매우 어려운 것이라 말합니다. 또 어떤 사람들은 명상을 정말 특별한 것처럼 선전합니다. 그러나 그런 태도들은 모두 잘못된 것입니다.

명상은 전혀 특별한 것이 아닙니다. 명상을 특별한 것으로 생각하지 마시기 바랍니다. 특히 인도인들이 명상을 특별한 것으로 생각하는 경향이 강한데, 우리 동아시아인 들은 전혀 그렇지 않습니다. 오히려 특별해지려하는 그 마음, 특별심을 내려놓는 것이 명상입니다. 명상이란 모든 특별심을 잠재우고 평상심으로 돌아가는 것입니다. 그래서 옛 사람들은 '평상심시도'(平常心是道, 평상심이 곧 도이다)라 했던 것입니다.

어딘가에 달라붙는 것이 특별심이고, 자연스럽게 흐르는 것이 평상심입니다. 어딘가에 특히 집착하고, 특히 슬퍼하고, 특히 애증을 드러내는 것이 특별심이고, 만물 사이에서 평온히 처하는 것이 평상심입니다. 흐르지 못하고 어딘가에 멈춰있는 것은 특별심이며, 멈춤 없이 꾸준히 흘러가는 것은 평상심입니다.

눈을 들어 저 멀리 우주를 살펴봅시다. 우주 자체가 흐름(flow)입니다. 이 우주 안에 멈춰있는 것은 아무것도 없습니다. 태양도, 달도, 별도 그리고 태양계나 은하계도 다 흘러가고 있습니다. 또 대우주만 그런 것도 아니고 소우주도 마찬가지입니다. 원자도, 전자도, 미립자도 다 움직입니다. 물도, 바람도, 공기도 마찬가지입니다.

명상은 이 우주의 흐름을 따르는 것입니다. 다시 말해 명상이 흐름이고, 흐름이 명상입니다. 흐르다보면 막힌 것이 뚫리고, 탁한 것이 맑아지고, 복잡한 것이 다 정리됩니다. 그런데 이 우주 안에서 유일하게 인간의 마음만 흐르지 못합니다. 자꾸 과거에 달라붙고, 미래에 달라붙습니다. 고인 것은 썩습니다. 인간의 마음이 고여 썩으면 모든 병의 근원이 됩니다.

우리 인간은 심신으로 이루어져 있습니다. 매순간 과거의 마음이 떠나가고 새 마음이 오는 것이 마음의 신진대사입니다. 그래야 늘 정신이 맑고 개운합니다. 우울증이나 분노증후군은 이것이 안 돼서 오는 것입니다. 또 몸(身) 역시 매순간 낡은 기운이 나가고 새 기운이 들어와야 합니다. 이것이 몸의 신진대사입니다. 그렇지 못하고 정체되면 몸에 병이 옵니다. 몸이든 마음이든 순환(flow)이 중요합니다.

이 순환에는 일정한 원리가 있습니다. 몸과 마음의 순환 원리를 터득하는 것이 수행이고 명상입니다. 명상에는 몸 공부와 마음공부가 있습니다. 몸 공부는 '기의 흐름'을 터득하는 것이고 마음공부는 '의식(識)의 흐름'을 터득하는 것입니다. 우리 몸 안에서 기가 어떻게 흘러야 가장 자연스러운 것일까요? 기가 자유자재로 '오르락내리락'해야 합니다. 이것이 '수승화강水昇火降'입니다. 말하자면 몸 안에 오르락내리락하는 '승강기'가 있다는 것입니다.

우리 몸 안에서 의식(consciousness)이 어떻게 흘러야 가장 자연스러운 것일까요? 의식이 안팎으로 자유자재로 '들락날락'해야 합니다. 이것이 '회광반조廻光反照'입니다. 이것은 우리 내면에 들락날락하는 '문'이 있다는 의미입니다.

몸 공부 — 기의 흐름 — 수승화강

마음공부 — 의식의 흐름 — 회광반조

수승화강과 회광반조가 명상의 두 기둥입니다. 수승화강에 대해서는 몇 차례 다뤘지만, 회광반조는 처음 나온 개념이라 조금 생소할 것입니다. 회광반조란 의식의 광선을 되돌려서(廻光) 근원을 비춘다(反照)는 뜻입니다. 즉, 존재의 근원으로 회귀한다는 의미입니다.

우리나라도 산업사회 후기로 접어들면서 사람들의 몸과 마음에 각종 병리현상이 많아지면서, 20~30년 전부터 명상에 관한 책들과 논의들이 많이 쏟아져 나왔습니다. 저는 그 많은 것들을 뒤로하고 명상을 수승화강과 회광반조, 이 두 가지로 정리합니다. 명상은 특별한 사람들의 전유물처럼 멀리 있는 것이 아닙니다. 명상에는 명확한 두 가지 원리가 있습니다. 첫째는 몸의 원리이고 둘째는 마음의 원리입니다. 전자가 '수승화강'이고, 후자가 '회광반조'입니다. 이걸 터득하고 깨우치는 것이 명상입니다. 명상의 실체는 한편으로는 기가 오르내리는 원리, 즉 '승강昇降'의 원리를 터득하는 것이고, 다른 한편으로는 의식이 드나드는 원리, '반조反照'의 이치를 깨우치는 것입니다.

암 치료법

머리로 이해하는 데 그쳐서는 안 되고 몸으로 터득해야 합니다. 몸으로 터득하지 못한 철학은 공허한 언어유희에 불과한 것으로 급할 때 전혀 써먹을 수가 없습니다. 단어 몇 개 암기하는 것이 중요한 것이 아니라 그 핵심을 몸으로 익히고 터득하는 것이 중요한 것입니다. 그래서 옛말에 '3일 동안 배운 것을 3년 동안 익혀야 한다'는 말이 있는 것입니다.

수승화강은 몸의 '가분수상태'를 바로 잡아주는 일입니다. 원래, 인체의 기는 오르락내리락하는 것입니다. 이것이 정상입니다.

즉, 올라올 것은 올라오고(水기운), 내려갈 것은 내려가야(火기운) 합니다. 그러면 몸이 안정됩니다. 삼각형으로 치면 정삼각형(△)이 되는 것입니다. 그런데 대다수는 이와 반대로 몸 안의 기가 위로 솟구쳐 역삼각형(▽)처럼 되어있습니다. 올라와야 할 것이 올라오지 못하고(水기운), 내려가야 할 것이 내려가지 못하는(火기운) 것입니다. 상하불통이니 심신이 불안정합니다. 몸 안의 '승강기'가 고장난 것입니다.

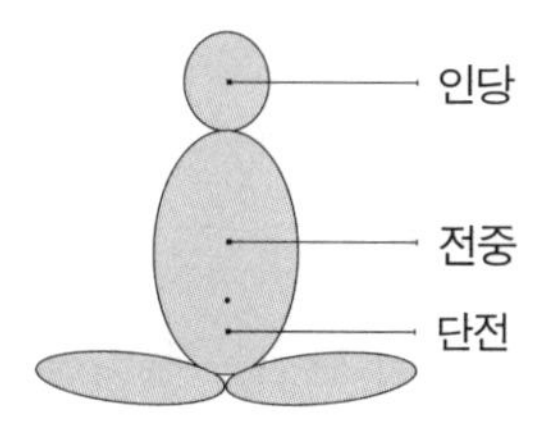

어떻게 승강기를 고쳐야 할까요? 위에서부터 고쳐야 할까요 아래에서부터 고쳐야 할까요? 아래에서부터 고쳐야 합니다. 승강기 고장은 곧 단전의 고장입니다. 단전은 몸의 뿌리입니다. 이것을 고쳐야 합니다. 기운을 '아래'로 내리는 것이 그 방법입니다. 기운을 아래로 내린다는 것은 단전에 기운을 모으는 것입니다. 그리하여 단전이 가동되면 기가 저절로 승강운동을 합니다. 이것이 수승화강입니다. 단전이 가동되면 수승화강이 이루어지는 것이고, 단전이 가동되지 않으면 수승화강은 깨지는 것입니다. 단전이 무력한데 수승화강을 백 번 논해봐야 소용 없는 일입니다.

단전에 대해 정리해봅시다.

첫째 단전은 우리 몸 전체에서 암과 가장 관련이 깊은 부위입니다. 암은 결국 체온의 문제인데, 몸의 체온을 올리고 내리는 것이 단전이기 때문입니다. 따라서 단전이 살아나면 암에 걸리지 않는다는 것이 제 견해입니다.

둘째 단전의 위치는 배꼽 아래입니다. 그래서 제하단전(臍下丹田, 臍란 배꼽)이라 합니다. 배꼽 밑 4.5센티미터 정도입니다. 어른과 아이가 조금씩 다를 수 있는데 배꼽에서 자기 손가락 세 개(2 · 3 · 4번 손가락) 아래입니다. 단전의 뒷면이 명문命門입니다. 양자는 서로 연결되어 있습니다. 단전이 뜨거워지면 명문도 뜨거워집니다. 단丹은 생명에너지란 뜻이고, 전田은 밭입니다. 그러므로 단전이란 생명에너지가 가득한 밭이라는 의미입니다.

셋째 『동의보감』에 의하면 단전은 우리 몸의 원자로입니다. 『동의보감』은 단전을 가리켜 '옥로玉爐'라 합니다. 옥으로 된 화로라는 뜻입니다. 이 화로가 꺼지면 안 됩니다. 이것이 가동되어 설설 끓어야 합니다. 단전이 끓는 사람은 면역력이 최고에 이르고, 온갖 폐질악병에서 벗어납니다. 단전이 설설 끓기 시작하면 어혈과 적취가 녹고, 암도 녹아 없어집니다. 모든 암환자의 특징은 단전이 차디차다는 것입니다.

한방, 양방을 불문하고 요즘 의사들 중에 '체온 1℃'의 중요성을 이야기하는 사람이 많습니다. 좋은 현상입니다. 그런데, 어느 부위의 1℃를 말하는 것일까요? 머리도 아니고 심장도 아닌 단전입니다. 단전이 몸의 중심이기 때문에 단전이 살아나야 온몸에 열기가 고루 퍼집니다.

모든 암은 체온 저하에서 옵니다. 불같이 화를 내거나 속을 끓이거나 다른 사람이랑 싸우면 체온이 올라가는 것이 아니라 내려갑니다. 화를 내는 동안은 체온이 잠시 오르는 듯하지만 곧바로 뚝 떨어집니다. 그것은 생성되는 열이 아니라 소모되는 열이기 때문입니다. 얼굴이 자주 달아오르는 사람의 단전은 항상 싸늘하게 식어있습니다. 암세포는 35℃에서 가장 빨리 증식하고, 39℃에서 사멸하는 것으로 알려져 있습니다. 체온 1℃가 이렇게 중요합니다.

우리 주변을 보면 암에 안 걸리는 두 가지가 있습니다. 사람 중에서는 지적 장애자이고 신체 장부 중에서는 심장입니다. 지적 장애는 그 자체로 너무 슬픈 병이지만 본인은 세상과 교류가 끊긴 자폐상태인 까닭에 스트레스가 없습니다. 스트레스가 없다는 것이 핵심입니다. 심장 역시 암에 걸리지 않습니다. 수많은 암이 횡행하고 있지만, 심장암이라는 소리는 들어본 적이 없습니다. 심장암이 없는 이유는 심장이 우리 몸에서 가장 뜨겁기 때문입니다. 이 두 가지 경우를 보면 자연스럽게 결론이 도출됩니다. 암에 안 걸리려면 첫째 스트레스를 피하고, 둘째 몸을 뜨겁게 하는 것입니다.

외공보다 내공

무술에 외공外功과 내공內功이 있습니다. 외공은 몸의 바깥을 닦는 것으로 근 · 골 · 피를 단련하는 것이고, 내공은 몸의 내부를 닦는 것으로 정 · 기 · 신을 연마하는 것입니다. 운동을 하는 것은 좋지만, 너무 지나치게 외공 위주의 운동을 하면 사실 몸에 별로 안 좋습니다. 외공은 몸을 소모시키기 때문입니다. 특히 나이가 들어갈수록 외공은 힘을 잃습니다. 반면 내공은 기운을 축적시켜 몸을 회복시켜 줍니다. 그래서 내공 위주의 운동을 하는 것이 좋습니다.

내공과 외공의 가장 큰 차이는 단전에 열이 생기느냐, 안 생기느냐 하는 것입니다. 달리기를 하거나 과격한 운동을 한 후에 아랫배를 만져보면 차갑습니다. 외공은 오히려 열을 빼앗아갑니다. 그래서 운동선수들이 오래 못사는 것입니다.

달마 대사가 숭산 소림사에서 면벽 9년을 하고 세상을 떠나기 전에 제자들을 위해 두 권의 책을 남겼는데, 하나가 『역근경易筋經』이고,

다른 하나가 『세수경洗髓經』입니다. 참선 수행은 고도의 집중력을 요하는 행위로서 체력이 받쳐줘야 제대로 할 수 있는데, 승려들의 체력이 약해 수행이 제대로 이루어지지 않자 달마가 이 두 권의 책을 쓴 것입니다. 『역근경』은 몸 공부를 하는 책으로 근골을 단련시키는 방법이고 『세수경』은 마음공부를 하는 책으로 주로 호흡법에 관해 쓰여있습니다.

달마는 인도인이었기에 요가에 능통했을 것입니다. 그런 관점에서 수행자를 위해 명상의 보조수단으로 두 권의 책을 남긴 것입니다. 달마는 몸 공부와 마음공부를 절묘하게 조화시켜 제자들이 참선수행을 깊이 있게 할 수 있도록 도움을 준 것입니다. 이렇게 해서 중국에서 선종禪宗이 탄생했던 것입니다.

하지만 오늘 날 중국 소림사는 이러한 불교의 근본정신을 완전히 상실했습니다. 위대한 불교 선종의 발상지로서 깊고 그윽한 정신의 향기가 감돌아야 할 곳이 사방에서 창과 봉을 휘두르는 기합소리만이 요란한 무술도장이 되어버렸습니다. 소림사 주변은 온통 여관과 식당이고, 그곳을 지배하는 것은 신자본주의적 상술입니다. 달마가 무덤에서 깨어나 지금의 모습을 보면 뭐라고 할지 자못 궁금합니다.

정기신을 충만히 하면 모든 병은 물러간다

이런 말이 있습니다. 사람이 산삼이나 녹용을 먹으면 5년 더 살고, 운동 꾸준히 하면 10년 더 살 수 있는데, 스트레스를 받으면 20년 먼저 죽는다고 합니다. 즉, 산삼이나 녹용을 아무리 많이 먹고 운동을 열심히 해봤자 스트레스 한 방이면 다 무너지는 겁니다. 스트레스가 그만큼 무서운 것이지요. 그러니 스트레스 관리가 얼마나 중요한 일입니까? 오늘날 우리는 멋없이 그냥 '스트레스'라고 부르지만, 옛사람들은 무지개에도 일곱 색이 있듯이 스트레스에도 일곱 가지가 있음을 알아 이를 칠정七情이라 불렀습니다. 그래서 이 칠정을 다스리는 것을 양생의 큰 기틀로 알고 옛사람들은 자기 몸을 돌봤던 것입니다. 이것이 옛사람들이 말하던 이른바 '수신修身'이라는 겁니다. 그런데 우리 세대는 이 수신을 잊어버린 것 같습니다. 수신을 잊어버리고서는 그 공백을 비싼 건강보조제를 사 먹는 것이나 헬스장에 가서 운동하는 것으로 대신하려 했던 것입니다. 그러니 몸이 다스려지겠습니까? 그래서 우리나라가 화병, 분노 증후군, 자살률 등에서 세계 1위라는 부동의 타이틀(?)을 유지하는 것이 아니겠습니까?

저는 잊혀진 저 '수신'을 찾고 싶었습니다. 그리고 기왕 수신을 찾을 바에야 공허하거나 말뿐인 수신, 혹은 지나치게 의례적 이거나 관념적인 수신이 아닌 제대로 된 수신, 내용이 있는 수신을 찾고 싶었습니다. 그래서 저는 이 문제를 다른 사람이 아닌 『동의보감』의 저자 허준에게 문의해 보기로 했습니다. 왜냐하면 허준은 한국 역사상 가장 뛰어난 명의이고, 몸 철학자 인지라 그가 해답을 알고 있을 것 같았기 때문입니다.

그런 생각으로 『동의보감』을 읽다가 마침내 저는 진정한 수신에 대해 얻어듣게 되었습니다. 허준은 『동의보감』 서문에서 이렇게 말했습니다.

> 신이 삼가 사람의 몸을 살펴보건대, 안으로는 오장육부가 있고 밖으로는 근골피(…) 등이 있어 그 형체를 이룹니다.
> 그런데 정기신精氣神이 실로 장부백체의 참 주인이니 이것이 바로 도가의 삼보三宝라 하는 것입니다.
> 도가에서는 청정과 수양을 근본으로 삼고, 의가에서는 약과 침·뜸으로서 치료를 하니 도가는 그 정수를 얻었고 의가는 그 찌꺼기를 얻은 것입니다.

허준의 말에 따르면, 근골피는 밖에 있는 것이고 건강의 핵심은 안에 있는 오장육부인데, 이 오장육부의 참 주인이 '정기신'이라는 것입니다. 그러니 청정과 수양을 통해 이 정기신을 안으로 잘 갈무리하는 것이야 말로 진정한 '수신'이 아니겠습니까? 저는 이렇게 허준의 『동의보감』을 통해 수신의 참된 의미를 알게 되었습니다. 그런데 한 가지 재미있는 점은 우리나라 의학계의 보물인 『동의보감』에 주요 내용의 70~80퍼센트가 『황제내경』에서 온 것이라는 사실입니다. 다시 말하면 『황제내경』에서 중요한 내용을 허준이 뛰어난 통찰력으로 항목별로 뽑아 쉽고 간단하게 재정리한 책이 바로 『동의보감』입니다. 그러니 『동의보감』이야말로 『황제내경』의 핵심을 고스란히 담고 있는 책이라 할 수 있습니다. 그러므로 우리는 『황제내경』과 『동의보감』을 통해 진정한 수신으로 돌아갈 수 있습니다.

근골피筋骨皮가 강하다고 우울증, 화병, 스트레스를 이길 수 없습니다.

기육모肌肉毛가 단단하다고 우울증, 화병, 스트레스를 이길 수 없습니다.

우울증, 홧병, 스트레스를 이길 수 있는 것은 오직 정기신精氣神뿐입니다. 『황제내경』에서 가장 중시하는 것이 정기신이며, 허준이 동의보감』에서 가장 중시 했던 것도 역시 정기신입니다. 정기신은 도가道家의 삼보三宝입니다. 우리 몸 안에 들어있는 세 가지 보물이란 뜻입니다. 이 보물 셋을 잃으면 병이 오는 것이고, 이 보물 셋을 잘 갈무리하면 장생불사하는 것입니다. 불로장생의 영약靈藥이 저 바다 건너 신비한 섬에 있는 것이 아니고 내 몸 안에 있다는 뜻입니다. 『황제내경』과 『동의보감』에 있는 건강에 관한 많은 정보를 큰 가마솥에 넣고 찌면 결국 '정기신精氣神' 세 글자만 남게 될 것입니다. '정기신을 충만하게 하라, 그러면 모든 병이 물러갈 것이니라.' 이것이 황제가 우리에게 전하는 양생의 도입니다.

참고문헌▶▶▶

1. **건강도인술백과** 하야시마 마사오/김종오, 정신세계사, 2010.
2. **게 놈** 매트 리들리/하영미, 김영사, 2008.
3. **경락경혈** 주춘재/정찬현 외, 청홍, 2009.
4. **금궤요략** 이케다 마사카즈/김은아, 청홍, 2009.
5. **기적을 부르는 뇌** 노먼 도이지/김미선, 지호, 2011.
6. **나는 고백한다, 현대의학을** 아툴 가완디/김미화, 소소, 2003.
7. **나는 현대의학을 믿지 않는다** 로버트 멘델존/남점순, 문예, 2000.
8. **나의 세계관** 아인슈타인/홍수원, 중심, 2005.
9. **내몸 사용설명서** 마이클 로이젠/유태우, 김영사, 2010.
10. **냉기제거 건강법** 신도 요시하루/고선윤, 중앙생활사, 2011.
11. **놀라운 자연건강법** 이근영, 글벗, 2012.
12. **뇌과학의 모든것** 박문호, 휴머니스트, 2013.
13. **도덕경** 노태준, 홍신문화사, 1995.
14. **도덕경** 오강남, 현암사, 2004.
15. **도덕경** 왕필/임채우, 한길사, 2005.
16. **도덕경 1, 2, 3** 차경남, 글라이더, 2013.
17. **동의보감** 고미숙, 그린비, 2011.
18. **동의보감 제1권** 동의과학연구소, 휴머니스트, 2002.
19. **동의보감 제2권** 동의과학연구소, 휴머니스트, 2008.
20. **동의수세보원** 이제마/이민수, 을유문화사, 2002.
21. **마음** 이영돈, 예담, 2006.
22. **마음 VS 뇌** 장현갑, 불광출판사, 2008.
23. **마음은 몸으로 말을 한다** 앤 해링턴/조윤경, 살림, 2012.
24. **마음을 과학한다** 카렌 샤노어/변경옥, 나무심는사람, 2010.

25. **마음치료 이야기** 전현수, 불광출판사, 2010.

26. **맘놓고 병좀 고치게 해주세요** 장병두, 정신세계사, 2010.

27. **명령하는 뇌, 착각하는 뇌** 라마찬드란/박방주, 2012.

28. **박희선박사의 생활참**선 박희선, 정신세계사, 2006.

29. **밥따로 물따로** 이상문, 정신세계사, 2011.

30. **부분과 전체** 하이젠베르그/김용준, 지식산업사, 2002.

31. **불면증과의 동침** 빌 헤이스/이지윤, 사이언스, 2009.

32. **붓다의 호흡과 명상 Ⅰ, Ⅱ** 정태혁, 정신세계사, 2000.

33. **붓다의 호흡법** 아나빠나 삿띠 붓다다사/김열권, 불광, 2001.

34. **사람은 왜 늙는가** 디팩 초프라/이균형, 휴, 2010.

35. **사랑을 위한 과학** 토마스 루이스/김한영, 사이언스, 2009.

36. **상한론** 이케다 마사카즈/김은아, 청홍, 2009.

37. **생명과 전기** 로버트 베커/공동철, 정신세계사, 1997.

38. **생활침뜸학** 정민성, 학민사, 1995.

39. **선의 탄생** 대커 켈트너/하윤숙, 옥당, 2012.

40. **소크라테스 이전 철학자들의 단편선집** 김인곤, 아카넷, 2010.

41. **식물의 정신세계** 피터 톰킨스/황금용, 정신세계사, 2005.

42. **신선전** 갈홍/임동석, 고즈윈, 2007

43. **신약본초** 김일훈, 광제원, 1996.

44. **신주무원록** 왕여/김호, 사계절, 2003.

45. **심천 사혈요법** 박남희, 정신세계사, 2002.

46. **아기들은 어떻게 배울까** 엘리슨 코프닉/곽금주, 동녘사이언스, 2011.

47. **아내를 모자로 착각한 남자** 올리버 색스/조석현, 이마고, 2006.

48. **아파야 산다** 샤론 모알렘/김소영, 김영사, 2013.

49. **암, 자신이 못고치면 누구도 못고친다** 이상헌, 고요아침, 2010.

50. **암으로 죽지않고 독성으로 죽는다** 마준/김용환, 버들미디어, 2011.

51. **암은없다** 황성주, 청림출판, 2012.

52. **에크하르트와 선** 스즈끼/강영계, 주류, 1995.

53. **에티카** 스피노자/강영계, 서광사, 1990.

54. **역경** 주춘재/김남일 외, 청홍, 2009.

55. **오행은 뭘까** 어윤형 외, 와이겔리, 2009.

56. **용호비결** 정렴/서해진, 바나리, 2007.

57. **용호비결강의** 윤홍식, 봉황동래, 2013.

58. **우주변화의 원리** 한동석, 대원출판, 2004.

59. **유뇌론** 요로 다케시/김석희, 재인, 2011.

60. **유혹하는 심리학** 스콧 릴리언펠트/문희경, 타임북스, 2009.

61. **음양오행설의 연구** 양계초 외/김홍경, 신지서원, 2000.

62. **음양오행으로 가는길** 어윤형 외, 와이겔리, 2009.

63. **음양이 뭐지** 전창선 외, 와이겔리, 2009.

64. **의사가 못고치는 환자는 어떻게 하나** 황종국, 우리문화, 2010.

65. **의사에게 살해당하지 않는 47가지 방법** 곤도 마코토/이근아, 더난, 2015.

66. **의지와 표상으로서의 세계** 쇼펜하우어, 곽복록, 을유, 2000.

67. **의학상식 대반전** 낸시 스나이더맨/김유신, 랜덤하우스, 2008.

68. **의학에서 기의세계 들여보기** 윤성철, 단국대학교, 2011.

69. **이기적 유전자** 리처드 도킨스/홍영남, 을유문화사, 2011.

70. **이중나선** 왓슨/하두봉, 전파과학사, 2007.

71. **인체** 스티브 파커/박경환 외, 사이언스, 2010.

72. **자연에서의 의지에 관하여** 쇼펜하우어, 김미영, 아카넷, 2015.

73. **자연치유** 앤드류 와일/김옥분, 정신세계사, 2005.

74. **장자 1, 2, 3** 차경남, 미다스북스, 2011.

75. **주역** 박일봉, 육문사, 1997.

76. **주역강의** 남회근/신원봉, 문예, 2001.

77. **주역강의** 리하르트 빌헬름/진영준, 소나무, 2000.

78. **주역의 과학과 도** 이성환, 정신세계사, 2004.

79. **주역의 생성논리와 과정철학** 박재주, 청계, 2002.

80. **주역의 이해** 곽신환, 서광사, 2003.

81. **주역이란 무엇인가** 다카다 아쓰시/이기동, 여강, 1997.

82. **주화론** 최원철, 경희대학교, 2010.

83. **참동계 천유** 이윤희, 여강, 2001.

84. **천고의 명의들** 쑨리췬 외/류방승, 옥당, 2012.

85. **철학과 물리학의 만남** 하이젠베르그/최종덕, 한겨레, 2000.

86. **체온 1° 도가 내몸을 살린다** 사이토 마사시/이진후, 나라원, 2009.

87. **최원철 박사의 고치는 암** 최원철, 판미동, 2011.

88. **카발라** 찰스 폰스/조하선, 물병자리, 2003.

89. **커넥톰, 뇌의지도** 승현준/신상규, 김영사, 2014.

90. **테라피 타이치** 이찬, 동아E&D, 2010.

91. **통속한의학 원론** 조현영, 학원사, 2009.

92. **포박자** 갈홍/장영창, 자유문고, 2003.

93. **표준경혈위치** WHO 서태평양지역사무처/한국한의학연구원 외, 2008.

94. **플라톤과 우파니샤드** 비트삭시스/김석진, 문예, 1998.

95. **피타고라스가 보여주는 조화로운 세계** 이광연, 지식전람회, 2009.

96. **피타고라스를 말하다** 존 스트로마이어/류영훈, 퉁크, 2008.

97. **한의약식** 주춘재/정찬현 외, 청홍, 2009.

98. **한의학 탐사여행** 윤영주, U Book, 2008.

99. **현명한 이기주의** 요리후지/노재현, 참솔, 2010.

100. **홀로그램우주** 마이클 탤보트/이균형, 정신세계사, 2011.

101. **화** 틱낫한/최수민, 명진출판, 2012.

102. **황정경 연구** 최창록, 태학사, 1995.

103. **황제내경** 마오싱 니/조성만, 청홍, 2004.

104. **황제내경** 이창일, 책세상, 2007.

105. **황제내경** 장치청/오수현, 판미동, 2015.

106. **황제내경 소문(상,하)** 최창록, 국학자료원, 1999.

107. **황제내경(난경)** 이케다 마사카즈/노지연, 청홍, 2001.

108. **황제내경(소문)** 이케다 마사카즈/이정환, 청홍, 2001.

109. **황제내경(소문)** 주춘재/정찬현 외, 청홍, 2009.

110. **황제내경(영추)** 이케다 마사카즈/이정환, 청홍, 2001.

111. **황제내경(영추)** 주춘재/정찬현 외, 청홍, 2009.

112. **회남자** 이석명, 사계절, 2005.

113. **히포크라테스** 자크 주아나/서홍관, 아침이슬, 2005.

114. **DNA독트린** 리처드 르원틴/김동광, 궁지, 2010.

인문학으로 만나는 **몸 공부**

1쇄 발행 2016년 2월 25일 **개정판 1쇄 발행** 2017년 9월 30일

지은이 차경남
펴낸곳 글라이더 **펴낸이** 박정화

등록 2012년 3월 28일(제2012-000066호)
주소 경기도 고양시 덕양구 은빛로43(은하수빌딩 8층 801호)
전화 070)4685-5799 **팩스** 0303)0949-5799 **전자우편** gliderbooks@hanmail.net
블로그 http://gliderbook.blog.me/
ISBN 979-11-86510-47-6 03000

책값은 뒤표지에 있습니다.
잘못된 책은 바꾸어 드립니다.

이 도서의 국립중앙도서관 출판예정도서목록(CIP)은 서지정보유통지원시스템 홈페이지(http://seoji.nl.go.kr)와 국가자료공동목록시스템(http://www.nl.go.kr/kolisnet)에서 이용하실 수 있습니다.(CIP제어번호: CIP2017024343)